최성훈 교수 기독교교육 시리즈 3

Leader†Ship: The Biblical Application of Leadership Theories

리더십

리더십 이론의
성경적 적용

최 성 훈 지음

CLC

기독교문서선교회(Christian Literature Center: 약칭 **CLC**)는 1941년 영국 콜체스터에서 켄 아담스에 의해 시작되었으며 국제 본부는 영국의 쉐필드에 있습니다.

국제 CLC는 59개 나라에서 180개의 본부를 두고, 약 650여 명의 선교사들이 이동도서차량 40대를 이용하여 문서 보급에 힘쓰고 있으며 이메일 주문을 통해 130여 국으로 책을 공급하고 있습니다.

한국 CLC는 청교도적 복음주의 신학과 신앙서적을 출판하는 문서선교 기관으로서, 한 영혼이라도 구원되길 소망하면서 주님이 오시는 그날까지 최선을 다할 것입니다.

Leader † Ship
The Biblical Application of Leadership Theories

Written by
Seong-Hun Choi

Korean Edition
Copyright © 2016 by Christian Literature Center
Seoul, Korea

추천사 1

조용기 목사
여의도순복음교회 원로목사

　최성훈 교수는 하나님의 말씀이 현대인들의 귀에 울려 퍼질 수 있도록 고민하는 종입니다. 이번에 출간된 책은 리더십 이론을 꼼꼼히 정리하여 설명할 뿐만 아니라, 리더십에 관한 영적인 지침들도 제공하고 있습니다. 현대적 의미의 리더십의 본질을 일깨우는 본서를 통해 많은 분들이 하나님의 마음을 품으시길 바라며 본서를 추천하는 바입니다.

추천사 2

이 영 훈 박사
여의도순복음교회 담임목사

　좋은 리더를 만난다는 것은 참으로 중요합니다. 그런데 그 리더의 공과를 평가하는 기준은 생각하는 관점에 따라 조금씩 차이가 있습니다. 맡겨진 일을 정해진 시간 안에 효율적이고 생산적으로 처리하는 리더를 훌륭한 리더라고 평가하는가 하면, 공동체의 구성원 중 어느 한 사람 낙오시키지 않고 공동체의 화합과 안정을 도모하는 리더를 훌륭한 리더라고 평가하기도 합니다. 이밖에도 급변하고, 다원화되는 시대에 바람직한 리더를 규정하는 기준은 매우 다양합니다.
　이처럼 올바른 리더십의 기준이 다양한 상황 가운데서 진정으로 바람직한 리더십은 어디에서 찾을 수 있을까요?
　그것은 바로 성경 안에서 찾을 수 있습니다. 최성훈 교수의 저서 『리더†십: 리더십 이론의 성경적 적용』은 성경적 리더십을 심도 있게 고찰한 연구서입니다. 저자는 성경이 말하는 리더십을 명쾌하고 깊이 있게, 또 재치 있는 필체로 독자들에게 전달해줍니다. 성경 속 인물들의 소명과 삶, 성경에 나타나는 사건들을 리더십 이론이라는 렌즈를 통해 바라보고 해석한 본서를 통해 독자들은 큰 깨달음과 유익을 얻을 것입니다. 본서를 읽는 모든 독자들이 성경이 말씀하는 올바른 리더로서 세워져, 교회와 사회를 진리로 굳게 세우고 빛 가운데로 인도할 수 있게 되기를 소원합니다. 그로 인해 하나님께서 기뻐하시고, 영광 받으시기를 간절히 기도합니다.

추천사 3

이장균 박사
여의도순복음교회 강남성전 담임목사

어린 시절 가장 많이 읽게 되는 책 중의 하나는 위인전과 영웅전입니다. 어느 나라나 위인과 영웅을 자랑하고 소개합니다. 그 이유는 무엇일까요?

시대적 상황에 따라 위인들과 영웅들은 더욱 빛을 발하기 때문입니다. 21세기는 위기의 시대로 정의될 수 있습니다. 수많은 위기의 상황이 몰려옵니다. 이런 때일수록 위기를 극복할 리더를 기다리게 됩니다. 그러나 안타깝게도 21세기 초반인 현 시대에 가장 큰 불안감은 위기를 극복할 탁월한 리더가 보이지 않고 있다는 점입니다. 즉, "리더(Leader) 부재의 시대"를 살아가고 있기 때문입니다.

성경 속에서도 우리는 수많은 위기를 찾을 수 있고, 동시에 수많은 위기를 극복해 내는 탁월한 리더들을 발견할 수 있습니다. 또한 이를 통하여 리더들이 갖추어야 할 특징과 덕목들을 파악할 수 있습니다. 리더십을 연구한 책들은 많습니다. 그러나 리더십을 성경과 접목하여 학문적이며 체계적으로 기술해 놓은 책들은 많지 않습니다.

이러한 상황에서 본서의 저자인 최성훈 교수는 본서를 통하여 오늘을 살아가고 있는 크리스천들에게 리더십과 리더에 대한 훌륭한 통찰을 제시해 주고 있습니다. 그의 리더십에 대한 학문적 접근은 리더와 리더십에 대한 이해를 돕는데 부족함이 없는 길잡이 역할을 해주고 있으며, 동시에 그 내용을 성경의 내용과 인물에 접목시킨 부분은 크리스천들에게 강력한 방향계가 되어주고 있습니다.

우리는 누구나 직, 간접적으로 리더의 자리를 경험합니다. 또한 그 경험을 통하여 자신의 리더십이 드러나게 됩니다. "어리석은 지휘관은 적보다 무섭다"는 말이 있습니다. 어리석은 리더는 위기보다 더 무섭습니다. 훈련되지 않고 체계화되지 않은 리더는 수많은 사람들을 위기보다 더 큰 위험에 빠뜨리기 때문입니다.

최고의 리더십은 하나님께 있으며, 우리의 리더십도 하나님께 있습니다. 모든 리더십의 근원은 하나님이시기 때문입니다. 하나님은 우리가 리더로서 하나님께서 주신 영향력을 나누며 살기를 원하고 계십니다. 본서를 통하여 얻을 수 있는 가장 큰 가치는 하나님이 기뻐하시는 올바른 리더가 될 수 있는 지침을 얻는다는 것입니다.

리더 부재의 시대를 살아가고 있는 오늘날, 본서를 읽는 여러분은 부디 본서를 통하여 수많은 사람들이 기억하는 리더로서의 삶을 살아가시기를 바랍니다. 이 책은 성경과 더불어 함께 읽어야 하는 필독서이기에 본서를 적극 추천하는 바입니다.

추천사 4

정정미 박사
제15대 한국기독교교육정보학회 회장, 백석대학교 학사부총장

최성훈 교수님은 참 말이 빠르십니다. 그러나 그보다 더 빠른 것은 그의 생각입니다. 무슨 주제이던지 간에 바로 할 말이 나오고, 그것도 조리있게 논리적으로 풀어나갑니다. 우리처럼 대중 앞에서 말하는 게 직업인 사람들에게는 참으로 부러울 수밖에 없는 달란트입니다. 순간적인 대화도 순발력있게 잘 풀어가는 분이니, 앉아서 글로 생각을 전하는 일이야 더 말할 나위가 없겠다 싶어 본서의 추천사를 의뢰하는 말씀에 주저함 없이 응했습니다. 그리고 그 기대는 역시 틀리지 않았습니다.

오늘의 시대는 그 어느 때보다도 리더를 원합니다. 그런데 그 리더의 모습이 그동안 갖고 있던 전형적인 모습과는 사뭇 다름을 보게 됩니다. 강한 카리스마를 지닌 리더십을 지나서 섬기는 리더십을 운운하더니 요즘은 팔로워십(followership)을 리더십의 상반적 개념이 아닌 상보적 개념으로 강조하기까지 이르렀습니다. 이와 같은 변화를 저자는 술술 잘도 풀어냈습니다.

『리더†십』이라는 제목처럼 본서는 1, 2부로 나누어 1부에서는 "리더" 자체에 초점을 두고 2부에서는 "리더십"의 의미를 청지기,

전사, 목자, 제사장, 예수님이라는 은유적 방법으로 소개합니다. 내용을 일목요연하게 조직한 탁월한 선택이었습니다.

　우리 기독인들은 모두 제사장직을 맡은 지도자입니다. 그러나 본서는 기독인의 리더십을 교회 내 영적 리더십에만 국한하지 않습니다. 우리 모두가 각자 처한 가정에서, 학교에서, 직장에서, 사회에서 기독인으로서 갖는 자신의 영적 리더십을 어떻게 발휘할 것인지를 풍성한 예화와 함께 쉽게 전했습니다. 이 또한 저자의 탁월한 선택입니다.

　『리더†십: 리더십 이론의 성경적 적용』은 기독인들이 자신의 신앙과 영적 리더십을 이해하도록 도울 뿐 아니라 일상에서 십분 활용하여 자신에서부터 세상까지 그 영향력을 키우고 변혁시키도록 이끄는 귀한 도구임을 믿어 의심치 않습니다. 귀한 글에 감사를 드립니다.

추천사 5

김영한 박사
성균관대학교 경영학과 교수

　본서는 "경영학적인 리더십 이론을 역사와 성경으로 재해석한 역작"입니다. 15년 전 미국에서 가장 춥기로 유명한 미네소타주립대의 MBA 과정에서 같이 공부하던 시절로 우리의 인연은 거슬러 올라갑니다. 미국 학생들과 수업들을 같이 들으면서, 아주 거침없이 열정적으로 토론에 참여하던 최성훈 교수의 모습이 아직도 눈에 선합니다. 동료들과 선후배들과도 친화력있게 잘 지냈지만, 특히 열정적인 최 교수의 주장들의 근저에는 늘 하나님의 말씀이 굳건히 깔려있음이 느껴졌었습니다.
　사실, 자본주의와 시장원리가 지배적인 오늘날 세태 속에 교회의 리더들의 역할을 재해석하고 성경적으로 확고히 정립하는 것은 대단히 중요한 일이라고 봅니다. 그런 점에서 경영학을 공부했던 최성훈 교수야말로 그런 사명을 완수시키기 위해 하나님께서 가장 좋은 길로 지금까지 이끌어 오신 것이 아닌가 하는 생각을 본서를 통해서 확고히 하게 되었습니다.
　본서는 우리가 교회에서 많이 들어왔던 대표적 성경인물들(모세, 야베스, 바울, 에스더, 다윗, 느헤미야, 베드로, 나다나엘 등)의 심층적인 고찰을 통해 기존의 경영학에서 다루었던 방대한 리더십 이론을 성경의 관점에서 일목요연하게 정리하고 재미있게 재해석했습니다. 지난 시간동안 최성훈 교수의 신학적인 연구와 고뇌를 엿볼 수 있을 뿐만 아니라, 성경 곳곳에 숨어있던 하나님이 세우신 리더들의 모습을 통해 하나님이 기존의 어떠한 리더십 이론의 대가들보다도 더 뛰어난 리더십의 표본이었음을 잘 드러냈습니다.

경영학에서 리더의 특성을 인물이론으로 정리했다면 본서에서는 하나님의 섬김 도구로 청지기 의식을 강조했고 리더십의 효과가 상황적 조건에 따라 달라질 수밖에 없는 리더십의 모습을 영적 전쟁으로 풀이하였으며, 리더가 조직을 이끌어가는 모습을 은혜를 입은 목자의 마음 등으로 잘 설명하고 있습니다.

본서는 성경의 인물들뿐만 아니라, 현실의 정치경제에서 접하게 되는 많은 유명한 리더들(스티브 잡스, 힐러리 클린턴, 버치 오헤어, 존 우든, 가가와 도요히꼬 등), 그리고 최근의 심리학과 경영학의 이론과 실험들을(스탠리 밀그램의 실험, Chevallier and Mazzalovo의 연구 등) 적절하게 제시함으로써 독자들에게 이 모든 이론들과 성경적 해석이 현실에서도 적용 가능한 것이라는 점을 잘 일깨워주고 있습니다. 또한, 최 교수의 해박한 역사적 지식도 적절하게 신학적 논의와 조합을 이루어 독자로 하여금 읽는 재미를 더하게 합니다.

마지막으로 최 교수는 교회의 리더도 인간인 이상, 성공을 거듭하다 보면 오만과 자기중심성의 시험에 걸려 넘어질 수밖에 없음을 지적하였는데, 이는 최근 행태경제학에서 소개하는 "Overconfidence의 이론"과도 멋지게 맞닿아 있습니다. 그러면서 결국 교회뿐만 아니라 모든 조직을 이끌어 가는 리더의 모습은 예수님을 닮아가는 섬김의 리더십이라는 아주 중대한 메시지를 우리에게 던져주면서 책을 맺어줍니다. 저는 본서가 비단 교회의 리더십을 지향하는 신학도들뿐만 아니라, 일반 경영의 현장에서도 보다 나은 내일을 위해 생활전선이라는 영적 전쟁에서 리더십을 발휘해야 하는 모든 사람들에게 널리 읽혀져야 한다고 과감히 추천하는 바입니다.

저자 서문

최성훈 박사
한세대학교 신학부 기독교교육학과 교수

리더십이란 지도자 또는 인도자를 의미하는 "리더"(leader)와 지도자의 자질, 특성, 성향 등을 의미하는 "십"(ship)이란 단어가 결합된 개념입니다. 그러므로 간단히 요약하면 리더십이란 리더에게 기대되는, 다른 구성원들과 구별되는 특별한 요소를 의미합니다.

리더십은 인류의 역사를 통해 관심의 초점이 집중되어 온 주제입니다. 인류학자들은 사람들 간의 계층 분화가 시작된 시점을 수렵, 어로, 채집에서 목축업을 지나며 농업을 통해 비로소 정착이 가능해진 시기라고 설명합니다(Hiebert, 1986). 잉여 생산물이 생기자 더 이상 이리 저리로 돌아다니며 사냥을 하거나 목축을 할 필요가 없어졌고, 그 남는 곡식을 가장 힘이 센 사람이 차지하여 지도층을 형성하고, 나머지 사람들이 지도층을 떠받드는 사회 구조가 형성되었다는 것입니다.

그러한 계층 구조를 고려하지 않더라도 리더십은 필연적으로 사람들이 하나의 목표를 이루기 위해서 모인 것을 전제합니다. 그렇게 모인 조직 안에는 리더(leader)와 팔로워(follower), 또는 지도자와 구성원들로 역할이 구분되어, 목표를 이루기 위해 매진하는 것입니다. 그러므로 사람과 사람이 만나서 조직을 이루는 곳에서는 언제나 리더십이 발휘됩니다.

인류 역사를 통해 개인과 개인, 그리고 조직과 조직의 이해관계가 상충될 때에 전쟁이 벌어졌고, 승자의 리더십은 조명을 받았습니다. 따라서 리더십 이론이 경영학의 인사관리, 조직행동론 등을 통해 형성되었고, 그 배경이 사관학교에서 장교들을 양성하기 위한 지침을 필요로 했기 때문이라는 사실이 놀랍지 않습니다.

경영학은 20세기 초부터 제1차 세계대전까지 테일러 시스템 등 과학화를 통한 생산관리 시대, 이후 제2차 세계대전까지의 조직을 구성하는 인간에 대한 새로운 관심을 보이는 조직관리 시대, 그리고 세계대전이 끝나서 전쟁의 특수가 사라지고 유휴 생산시설을 가동하여 전후 복구사업과 새로운 수요창출에 총력을 기울였던 1950년대의 마케팅관리 시대를 지나며 발전했습니다. 1960년대부터 1973년 제1차 석유파동 때까지는 경제불황을 타개하기 위해 기획조정 기능 중심의 기획관리 시대를 거쳤고, 이후 급변하는 세계 정세 및 소비자 수요에 부응하고, 경영혁신을 이루어 시장을 선도하기 위한 전략경영 시대를 맞이하게 되었습니다.

최근 들어서는 결국 조직의 목표를 이루기 위해서는 사람이 핵심적인 요소임을 강조하며 지식경영과 사람경영을 강조합니다. 성경적 리더십도 목표를 달성하기 위해 발휘된다는 점에서는 크게 다르지 않습니다. 하지만 그 목표가 사람들이 자신의 욕구를 충족하기 위해 세운 것이 아니라, 하나님의 뜻으로 세워진 것이라는 데에 결정적인 차이가 있습니다. 하나님께서 독생자 예수 그리스도를 이 땅에 보내신 이유는 온 인류를 죄에서 구원하시기 위함이고,

또한 이 세상에 하나님의 나라가 임하게 하시기 위함입니다. 그러므로 사람의 눈에 크게 보이고 위대하게 보이는 인물이 아니라, 그 마음에 하나님의 나라를 품고, 예수 그리스도의 마음을 품은 사람이 영적 리더십을 발휘하는 것입니다.

따라서 성경적 리더십은 반드시 사람을 품고, 사람을 섬김을 통해, 사람을 세우고 구원하는 일을 수행합니다. 조직을 잘 이끌어서 목표를 이루고 성과를 내려는 궁극적인 목적은 사람(영혼)들을 위한 것이고, 영혼을 살리는 복음의 사역 또한 사람을 위해서, 그리고 사람을 통해서 수행됩니다.

예수님이 이 땅에 오신 목적은 잃은 양들을 찾아 구원하시는 것이고(마 18:12-14; 눅 15:3-7), 의인이 아니라 죄인을 불러 회개시키러 오셨기 때문입니다(눅 5:31-32). 예수님께는 한 영혼이 천하보다 귀합니다(마 16:26). 그래서 이 땅에서 겨우 열두 명의 제자들을 세우시고, 그들에게 그 뜻을 다 전하신 다음에는, 십자가에 달려 돌아가시면서도 "다 이루었다"(요 19:30)고 말씀하실 수 있었던 것입니다.

그러나 급변하고 다원화되는 사회에서 리더십은 도전에 직면하고 있습니다. 교회도 마찬가지입니다. 수많은 교회들이 현대사회에서 성공적인 목회를 이루기 위해 세속적인 리더십 이론을 무조건 받아들이고 있습니다. 그 결과, 교회의 지도자인 목회자가 점점 그리스도를 닮은 목자보다는 기업의 대표(CEO) 역할을 수행하기 시작한지 오래입니다. 이 때문에 교인이 늘어나고 교회 재정이 많아져서 교회가 성장하기만 하면 목회자의 인격이나 도덕적 결함도 눈감는 사례가 종종 일어납니다. 이는 리더십 이론들의 대부분이

성경적 가치에 기반하고 있다는 사실을 간과했기 때문에 벌어지는 현상입니다(Blackaby and Blackaby, 2011). 그러나 리더는 구성원들을 사랑으로 섬겨야 하고, 진실을 말해야 하며, 단기적인 눈앞의 이익보다는 장기적인 관점에서 고차원적 목표를 향해 달려가는 인격을 갖추어야 한다는 리더십 이론의 주장은 매우 성경적입니다. 교회가 놓친 본질을 오히려 세속적인 조직들이 붙잡은 것입니다.

교회도 다시 본질을 붙들어야 합니다. 리더십의 본질이란 사람이 세운 이론에 기인하는 것이 아니라, 하나님의 뜻에 기반하는 것입니다. 예수님께서 십자가 구원을 이루신 후, 부활, 승천하시면서 하나님의 형상으로 창조된 사람을 통해 인류의 구원역사를 위임하시고, 보혜사 성령을 보내셔서 그 일을 가능케 하셨기 때문에 이 땅에 하나님의 나라가 임하도록 하는 것이 성경적이고 영적인 리더십입니다.

본서는 1, 2부로 나누어 리더십의 이론들을 살펴보고, 이를 성경적 원리로 조명하여 리더십의 본질을 제시하였습니다. 1부(1-5장)에서는 "리더"에 초점을 맞추어 리더십 이론을 통해 리더의 특성, 행동, 능력 등에 관해 살펴보았습니다. 1장에서는 리더십을 개관하여 정리하고, 2-5장에서는 인물이론(2장), 상황이론(3장), 조직이론(4장), 현대적 통합이론(5장)을 점검하는 한편, 관련된 성경적 원리를 각 장에서 조명하였습니다. 2부(6-10장)에서는 "십"에 초점을 맞추어 성경에 나타난, 하나님께서 세우신 지도자의 모습을 조명했습니다. 인물, 상황, 조직, 통합이론을 성경에서 리더십을 발휘한 인물들이 수행한 청지기(6장), 전사(7장), 목자(8장), 제자직(9장)을 통해 구체적으로 적용하고, 마지막으로 예수님의 섬김의 리더십(10장)을 통해 영적 리더의 자질과 수행해야 할 특별한 역할들을 정리했습니다. 각 장들은 서로 짝을 이룹니다. 1장은 전체적인 리더십 이론의 개관을 제공하지만, 2장과 6장은 인물이론을 청지기의 시각으로, 3장과 7장은 상황이론을 전사의 유비로 조명하고, 4장과 8장은 조직이론과 목자의 마음을 연결하며, 5장과 9장은 통합이론을 제자의 삶으로 정리했습니다. 마지막으로 10장은 섬김의 리더십을 통해 영적 리더십의 본질을 종합했습니다.

본서는 모든 그리스도인들이 자신의 믿음과 영적 지도력을 점검하는 참고서적으로 활용될 뿐만 아니라, 제직들의 교재로서 영적 지도자들이 교회 공동체 내에서 리더십을 발휘하는 지침을 제공하기 위해 집필되었습니다. 영적 리더십은 교회의 지도자들에게 수여되는 훈장이 아닙니다. 이는 돈으로 사고 팔 수 있는 것도 아니요, 권력이나 연배에 의해 부여되는 것도 아닙니다. 영적 리더십은 오직 하나님의 섭리를 향한 신실한 믿음과 그리스도를 따르는 겸손한 인격으로부터 나오는 것입니다.

본서가 그러한 리더십의 본질을 조명하여 오늘을 사는 그리스도인들이 삶 가운데에서 성경적인 건강한 지도력을 발휘하며, 그리스도의 몸된 교회를 평안하게 든든히 세우는 것은 물론(행 9:31), 섬김의 삶을 통해 예수 그리스도의 선교명령(마 28:18-20)을 실천하도록 하는 버팀목이 되기를 소망합니다.

2016년 8월

목차

추천사 1 _ **조용기** 목사(여의도순복음교회 원로목사)	4
추천사 2 _ **이영훈** 박사(여의도순복음교회 담임목사)	5
추천사 3 _ **이장균** 박사(여의도순복음교회 강남성전 담임목사)	7
추천사 4 _ **정정미** 박사(제15대 한국기독교교육정보학회 회장)	9
추천사 5 _ **김영한** 박사(성균관대학교 경영학과 교수)	11
저자 서문	14

1부 현대 리더십 이론의 개관   24

1장 리더십의 정의와 발전과정   30
    1. 리더십의 정의   32
    2. 리더십 이론의 발전과정   34
    3. 리더십의 구성요소와 성경적 원리   37
    4. 리더십과 영적 권위   39

2장 인물이론   42
    1. 일본 전국 시대 삼영걸(三英傑)의 리더십   43
    2. 특성이론(Trait Approach)   47
    3. 리더십의 역량연구(Skills Approach)   55
    4. 리더십의 유형연구(Style Approach)   63

3장 상황이론   73
    1. 상황에 대한 고려의 중요성   74
    2. 상황적 접근법(Situational Leadership)   77
    3. 상황적합이론(Contingency Theory)   84
    4. 경로-목표이론(Path-Goal Theory)   93

4장 조직이론   102
    1. 목표를 이루는 하나됨   104
    2. 리더-구성원 교환이론   106
    (LMX Theory: Leader-Member Exchange Theory)
    3. 변혁적 리더십(Transformational Leadership)   114
    4. 팀리더십(Team Leadership)   121

5장 통합이론   129
    1. 통합적 사고: 목표와 전략의 분별력   130
    2. 여성의 리더십(Women's Leadership)   133
    3. 문화 리더십(Cultural Leadership)   142
    4. 정직한 리더십(Authentic Leadership)   152

2부 리더십 이론의 성경적 적용   164

6장 인물이론과 청지기 의식   166
    1. 채움과 비움, 그리고 청지기 의식   169
    2. 광야: 모세 청지기 의식의 근원   172
    3. 야베스의 기도에 나타난 청지기 의식   195
    4. 하나님을 경외하는 청지기의 삶   207

7장 상황이론과 영적 전쟁 　　　　215
　1. 영적 전쟁과 하나님의 도우심 　　　217
　2. 바울의 영적 전쟁 　　　221
　3. 죽음을 각오한 에스더 　　　243
　4. 나의 힘과 방패되신 하나님 　　　260

8장 조직이론과 목자의 마음 　　　　263
　1. 목자의 마음이란? 　　　264
　2. 다윗이 품은 목자의 마음 　　　267
　3. 느헤미야의 목자의식과 신앙건축 　　　284
　4. 목자의 마음을 품은 사람이 이룬 일 　　　302

9장 통합이론과 제자의 삶 　　　　306
　1. 제자와 무리 　　　307
　2. 나그네의 소망: 베드로의 제자도 　　　309
　3. 간사함이 없는 제자 나다나엘 　　　323
　4. 누구의 제자인가? 　　　334

10장 섬김의 리더십과 영적 지도력 　　　　339
　1. 섬김을 통해 이룬 꿈 　　　341
　2. 섬김의 리더십 　　　343
　3. 예수님의 가르침 　　　348
　4. 감독과 집사의 직분 세우기 　　　355

참고문헌 　　　365

1부
현대 리더십 이론의 개관

1장　리더십의 정의와 발전과정
1. 리더십의 정의
2. 리더십 이론의 발전과정
3. 리더십의 구성요소와 성경적 원리
4. 리더십과 영적 권위

2장　인물이론
1. 일본 전국 시대 삼영걸(三英傑)의 리더십
2. 특성이론(Trait Approach)
3. 리더십의 역량연구(Skills Approach)
4. 리더십의 유형연구(Style Approach)

3장　상황이론
1. 상황에 대한 고려의 중요성
2. 상황적 접근법(Situational Leadership)
3. 상황적합이론(Contingency Theory)
4. 경로–목표이론(Path–Goal Theory)

4장　조직이론
1. 목표를 이루는 하나됨
2. 리더–구성원 교환이론(LMX Theory)
3. 변혁적 리더십(Transformational Leadership)
4. 팀리더십(Team Leadership)

5장　통합이론
1. 통합적 사고: 목표와 전략의 분별력
2. 여성의 리더십(Women's Leadership)
3. 문화 리더십(Cultural Leadership)
4. 정직한 리더십(Authentic Leadership)

1부

현대 리더십 이론의 개관

리더십에 대한 역사적 논의는 유사 이래로 존재해 왔습니다. 고대 중국 병서인 삼략, 법가의 사상서인 한비자, 플라톤의 국가론, 마키아벨리의 군주론 등은 모두 리더십을 조명하고 있습니다. 그러나 그러한 논의들은 사변적인 수준에 머물러 있었는데, 본격적으로 리더십 이론이 발전한 것은 제1, 2차 세계대전 등 전쟁을 겪으며 군대의 편성과 운영의 전략의 중요성이 증대되면서부터이며, 이후 세계 경제의 대공황과 무한경쟁의 시대를 맞아 다국적 기업을 중심으로 이론적 발전이 급속도로 이루어졌습니다.

리더십 이론은 경영학의 인사관리와 조직행동론에서 비롯되었기 때문에 필연적으로 심리학의 도움을 필요로 합니다. 따라서 초기에 리더십 이론을 개발하고 전개했던 학자들 중에는 심리학자들이 다수를 차지합니다. 이는 리더십이 필연적으로 사람을 중심으로 하는 개념이라는 사실을 잘 드러냅니다. 기독교 리더십 역시 사람을 중시합니다. 예수님도 하늘로 올라가시며 "하늘과 땅의 모든 권세를 내게 주셨으니 그러므로 너희는 가서 모든 민족을 제자로 삼아 아버지와 아들과 성령의 이름으로 세례를 베풀고 내가 너희에게 분부한 모든 것을 가르쳐 지키게 하라 볼지어다 내가 세상 끝날까지 너희와 항상 함께 있으리라"(마 28:18-20)고 말씀하시며 하나님 나라의 복음을 전파하는 일을 당신을 따르는 사람들에게 맡겨주셨습니다.

이를 신학용어로는 "대위임령"이라고 합니다. 그러므로 그리스도인을 통해 이 땅에 하나님 나라가 임하게 하는 것이 신앙으로 조명한 리더십의 목적입니다.

하지만 이 일은 사람의 힘으로 이룰 수 있는 것이 아닙니다. 하나님께서 이 일을 성취하기 위한 능력을 허락하셔야 하나님의 뜻을 이룰 수 있는 것입니다. 그러므로 하나님 나라가 이 땅에 임하도록 하는 성경적 리더십 또는 영적 리더십은 하나님을 출발점으로 합니다. 하나님 앞에 겸손히 머리를 숙인 사람을 통해 하나님의 리더십이 세워지는 것입니다.

겉으로 드러난 인간적인 모습은 리더십과 아무런 상관이 없습니다. 키가 큰 사람이 큰일을 하고, 작은 사람은 큰일을 하지 못하는 것이 아니라, 신장과 체중의 균형을 이룬 건강한 사람이 큰일을 감당하는 것처럼, 말씀의 양식을 통해 이성과 경건, 다른 말로 하면, 지성과 영성을 고루 갖춘 건강한 신앙인이 큰일을 하는 것입니다.

교회도 마찬가지입니다. 규모가 큰 교회는 대규모 프로젝트나 프로그램을 운영할 수는 있지만 그 일이 그리스도를 따라 영혼을 살리는 사명을 수행하려면 그 교회가 말씀과 삶, 이론과 실천의 균형을 이룬 건강한 교회이어야 합니다. 사람이 지식과 경험을 활용해서 교회를 세우고, 사역을 통해서 하나님 나라를 이루는 것 같지만 그 뒤에서 이를 뒷받침하시는 분은 하나님입니다. 그래서 전도서 기자는 "의인들이나 지혜자들이나 그들의 행위나 모두 하나님의 손 안에 있다"(전 9:1)고 고백한 것입니다.

영적 리더십은 하나님께로부터 시작됩니다. 하나님께서 이 땅에 하나님 나라를 세우시고, 온 인류를 구원하시는 사역을 이루시기 위해 당신의 주권대로 사람을 택하셔서 다듬으시고, 리더로 세우시는 것입니다. 베드로가 오순절에 설교했을 때에(행 2:14-36), 사람들은 마음이 찔려서 "우리가 어찌할꼬"(행 2:37)하고 물었습니다.

이에 베드로가 "너희가 회개하여 각각 예수 그리스도의 이름으로 세례를 받고 죄 사함을 받으라"(행 2:38)고 답했을 때, 3천 명이 회개하고 주님을 믿었습니다(행 2:41). 베드로가 요한과 함께 성전에 올라가다가 태어나면서부터 못 걷게 된 사람을 만나 불쌍히 여기고 "은과 금은 내게 없거니와 내게 있는 이것을 네게 주노니 나사렛 예수 그리스도의 이름으로 일어나 걸으라"(행 3:6)고 말하자 그 사람이 갑자기 힘이 생겨서 걷고, 뛰며 하나님을 찬송했습니다.

이후 솔로몬의 행각이라는 곳에서 베드로가 설교하자 예수님을 믿게 된 사람이 남성의 숫자만해도 5천 명이나 되었습니다(행 4:4). 이런 모습을 보면서 현대의 리더십 이론가들은 베드로의 리더십의 본질이 무엇이냐고 달려들어 분석하려고 할 것입니다.

하지만 베드로의 설교 때문에 사람들이 예수님을 주님으로 믿은 것이 아닙니다. 예수님은 공생애 사역 동안 수많은 기적을 보이셨고, 하나님의 나라가 이 땅에 임하게 하고, 온 인류를 구원하시는 것이 당신께서 세상에 오신 목적임을 선포하셨습니다.

일례로 복음서에 나타난 치유 사역만 해도 귀신을 쫓으신 치유가 11회, 말씀을 통한 기적이 21회, 안수로 치유하신 경우가 14회, 다른 사람의 기도나 믿음을 보시고 치유하신 것이 각각 5회와 8회, 설교 중에 일어난 기적이 6회, 병자 자신의 믿음으로 인한 응답이 7회, 동정으로 고치신 것이 5회, 만지셔서 치유하신 것이 2회, 그리고 가르침을 통해 치유하신 예가 4회나 기록되어 있습니다(김남수, 2006). 수많은 군중들은 예수님께서 보여주신 이적을 목격했고, 그 이적이 영혼을 살리시기 위한 것임을 깨달았습니다.

또한 예수님은 십자가 위에서조차 사랑과 섬김의 모습을 보여

주셨습니다. 마지막 순간에도 예수님은 "아버지 저들을 사하여 주옵소서 자기들이 하는 것을 알지 못함이니이다"(눅 23:34)라고 기도하시며 자신을 십자가에 매단 사람들을 긍휼히 여기셨습니다. 함께 십자가에 매달렸던, 회개한 강도 한 사람을 구원하셨고(눅 23:43), "아버지 내 영혼을 아버지 손에 부탁하나이다"(눅 23:46)라고 기도하시는 겸손한 모습으로 죽으셨습니다. 사람들은 예수님의 그런 모습을 보고 마음이 움직여졌습니다. 이방인 로마의 백부장은 그 일을 보고 하나님께 영광을 돌리며 "이 사람은 정녕 의인이었도다"(눅 23:47)라고 고백했습니다. 구경하러 모였던 무리들도 그 일을 보고 다 가슴을 치며(회개하며) 돌아갔습니다(눅 23:48). 십자가 사건 직후에 성소의 휘장이 위에서 아래로 찢어지며, 하나님과 사람들 사이를 가로막고 있던 죄의 장벽이 무너졌습니다. 로마로부터의 독립을 위해 정치적 혁명가로서의 메시아를 고대했던 유대인들은 이제 메시아의 역할이 유대인뿐만 아니라 온 인류를 구원하시는 사역이었음을 어렴풋이나마 깨닫게 되었습니다.

예수님께서 제자들을 고아와 같이 버려두지 않으시고, 보혜사요, 진리의 영인 성령(요 14:16-17)을 보내주신다고 말씀하셨던 약속(요 14:18)이 사도행전 2장의 오순절 성령강림 사건을 통해 이루어졌습니다.

그 자리에 모인 모든 사람이 다 성령의 충만함을 받고(행 2:4), 이제는 예수께서 맡기신 사명을 감당할 리더십을 발휘하기 시작한 것입니다. 성령께서 그리스도를 머리로 하는 몸된 교회를 위해 각종 은사를 주시고(고전 12, 14장), 예수님 닮은 인격과 성품으로 변화되어 삶을 통해 복음을 전하도록 성령의 열매(갈 5:22-23)를 허락하

섰기 때문에 베드로를 비롯한 제자들의 리더십 역할의 수행이 가능해졌던 것입니다.

　영적 리더십은 하나님으로부터 시작하며, 하나님의 뜻을 향할 때에 제대로 발휘됩니다. 그러므로 그리스도인이 발휘할 리더십의 가장 중요한 기반은 하나님의 말씀이요, 예수 그리스도의 이름의 능력과 권세요, 성령께서 주시는 열매와 은사입니다. 이 세상에서 지혜롭게 영적 리더의 역할을 수행하기 위해 리더십 이론들을 조명하는 작업이 필요합니다. 하지만 리더십의 근원이 주님이심을 잊어서는 안 될 것입니다. 주님은 "알파와 오메가요, 처음과 마지막이요, 시작과 마침"(계 22:13)이시기 때문입니다.

1장
리더십의 정의와 발전과정

21세기의 특징은 빠른 변화와 이로 인한 불확실성의 증대입니다. 과거에는 기업이나 국가와 같은 조직이 기술의 우위로 진입장벽을 설치하거나, 자본의 우위로 규모의 경제를 달성하며 경쟁력을 확보했지만 정보화 사회로 접어든 오늘날은 무한경쟁의 시대가 되었습니다.

하지만 조직의 목표를 달성하는 가장 핵심적인 요소는 인적자원, 특히 리더십이며, 따라서 여전히 사람을 중시해야 하며, 또한 사람의 마음을 얻는 창의력과 아이디어가 관건입니다.[1] 임직원의

---

[1] 일례로 미국의 발명가 토마스 에디슨(Thomas Edison)이 1878년 설립한 전기조명회사를 모체로 성장한 제너럴 일렉트릭(General Electric)의 모토는 "Imagination at Work"이다. 이는 상상력이 기술을 통해 구현됨을 강조하는 것으로서, 기술에 초점을 맞추었다. 이에 비해 오늘날 전자산업을 선도하는 미국의 애플사(Apple Inc.)의 모토는 "Think Different"로서 인간의 창의력을 훨씬 더 중요시한다. 이러한 모토의 변화는 기업경영과 산업 리더십이 강조하는 요소의 변천을 잘 보여주는 사례이다.

수가 수백 명에 불과한 컨설팅 펌의 기업가치가 수만 명의 임직원을 거느린 제조업의 기업가치를 능가하는 경우가 종종 나타나는 것은 토지, 건물, 생산라인 등의 유형자산보다 무형자산, 즉 인적자원의 가치가 결국은 기업가치의 핵심이라는 사실을 잘 드러냅니다.

그러므로 오늘날, 시대를 선도하는 초일류기업의 특징은 인재중시, 가치경영, 사람 중심의 문화이며, 따라서 조직구성원들의 마음을 얻는 리더십이 요구됩니다(Pfeffer, 1996).

하지만 사람을 얻는 것은 하나님과의 관계에 달려있습니다. 하나님과 친밀한 관계를 통해 하나님의 마음을 품은 리더는 자신에게 내재된 하나님의 형상으로서의 능력과 죄성의 한계를 직시하는 균형 감각을 유지합니다. 부족한 모습에도 불구하고 자신을 통해 큰일을 이루실 하나님의 뜻을 기대하며 자신을 긍정적으로 받아들이며, 그러한 마음으로 다른 사람들을 통해 역사하실 하나님의 뜻을 또한 기대하며 다른 이들을 존중합니다.

그러므로 하나님과 바른 관계를 맺으면 다른 일들은 자연스럽게 제자리를 찾게 마련입니다. 자신의 욕심을 위해 다른 사람들을 이용하는 리더는 단기적으로는 성과를 낼 수 있을지 몰라도 장기적으로는 좋은 사람들이 곁을 떠납니다. 인간의 이기적인 욕심을 앞세우고, 자신의 욕망을 이루기 위해 헛된 우상을 찾는 사람은 포도나무에 포도가 없고, 무화과나무에 무화과가 없을 것이며, 그 잎사귀가 마르는 벌을 받습니다(렘 8:13).

하지만 비록 무화과나무가 무성하지 못하고 포도나무에 열매가 없을지라도 여호와로 말미암아 즐거워하며 구원의 하나님으로 인해 기뻐하는 사람, 곧 하나님을 마음의 중심에 둔 사람은 하나님의 도우심으로 형통하는 것입니다(합 3:17-18). 그러므로 영적 리더십의 근원은 하나님과의 바른 관계입니다.

1. 리더십의 정의

리더십이란 무엇일까요?

리더십이란 "리더"(leader)와 "십"(ship)이란 단어가 합쳐진 말입니다. 리더란 지도자(a person who leads) 또는 인도자를 의미하며, "십"(ship)이란 어떤 위치에 부합되는 자질, 역량, 성격, 기술(character, skill, condition, position, quality, state, act)등을 의미합니다. 그러므로 리더십이란 지도자의 행동, 자질, 성향 등을 뜻하는 것입니다.

하지만 리더십을 정의하는 것은 쉬운 일이 아닙니다. 여러 가지 요소들이 복합적으로 작용하여 리더십을 구성하기 때문입니다. 따라서 리더십에 대한 보편적인 정의를 내리는 데에는 합의가 이루어지지 않았습니다(Northhouse, 2013).

또한 미국의 경영학자 조셉 로스트(Joseph Rost, 1991)는 1900-1990년의 리더십 이론들을 분석한 결과, 리더십의 정의에 대하여 일치된 의견은 없으며, 단 하나의 공통적인 언급만이 존재하는데, 그것은 모든 사람이 공감할 수 있는 리더십에 대한 정의는 찾을 수 없다는 것이었다고 지적했습니다.[2]

---

[2] 그러나 특성연구를 통해 리더의 성격요인에 대해서는 학자들 사이에 의견일치가

로스트는 리더십 정의의 역사를 년대 별로 구분했습니다. 그는 1900-1929년까지 리더십은 리더의 지배와 통치, 통제와 권력의 집중을 강조하는 것이었고, 1930년대는 리더의 특성과 영향력을 리더십으로 개념화했던 시대이며, 1940년대에는 집단접근법이 대두되어 집단 활동을 지도하는 리더의 행동을 리더십으로 강조하는 흐름이 주도했으며, 1950년대는 집단이론이 이어진 시대로서 리더의 관계성, 집단의 효과성에 미치는 영향을 리더십으로 정의했다고 분류했습니다(Rost, 1991). 1960년대는 세계대전 등 격변을 겪은 후 일치된 목소리를 강조하며 공유된 목표를 달성하도록 하는 영향력으로 리더십을 정의했고, 1970년대는 조직을 강조하는 도요타(Toyota), 소니(Sony) 등 일본기업의 부상으로 조직행동론의 영향을 받아 리더십이란 조직의 목표 달성을 위해 조직의 업무수행을 촉진하고 유지하는 능력이라는 주장이 설득력을 얻었으며, 1980년대에 들어 리더십의 본질에 대한 연구가 폭증하며 리더십을 리더의 영향력, 특성, 변화와 변혁을 이끄는 능력 등으로 복합적으로 이해하는 움직임이 전개되었다고 구분했습니다.

이러한 흐름을 따라 각종 리더십 이론들이 대두되고, 사라지기를 거듭하며 리더십의 정의에 대하여도 수많은 정의들이 제시된 끝에, 모든 사람이 공감할 수 있는 리더십 정의를 찾을 수 없다고 결론을 내린 것입니다.

이루어졌다. 리더가 보유하는 대표적인 성격을 다섯 가지로 요약하여 "The Big Five"라고 일컫는데, 감정안정성(emotional Stability), 사교성/동조성(agreeableness), 외향성(extraversion), 성실성/면밀성(conscientiousness), 개방성(openness)이 이에 해당한다(Barrick and Mount, 1991).

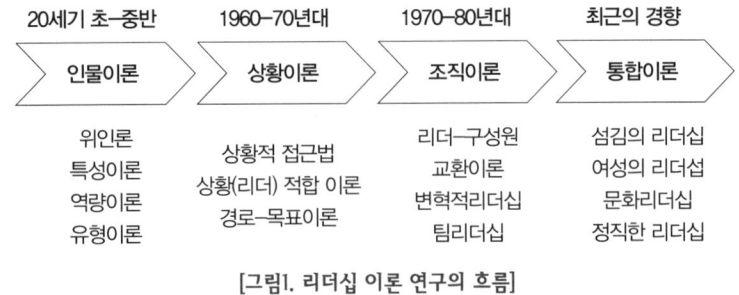

[그림1. 리더십 이론 연구의 흐름]

2. 리더십 이론의 발전과정

1) 인물이론

초기의 리더십 이론은 리더라는 개인에 초점을 맞추어, 리더의 특성과 문제해결력, 그리고 행동유형에 관심을 두었습니다. 이러한 인물연구는 리더십 이론의 고전적 토대를 형성하였습니다. 20세기 초에는 지배와 통치라는 개념을 중심으로 리더십을 설명하였는데, 이는 권력의 집중과 통제에 초점을 맞추어 구성원들의 복종과 존경, 충성을 이끌어 내는 리더의 타고난 자질과 특성을 강조했습니다.

뒤를 이어 1930년대에는 리더의 영향력과 문제해결력을 강조했고, 1940년대에 들어서는 집단활동을 지도하는 리더의 행동에 초점을 맞추어 리더십을 설명했습니다. 하지만 인물연구가 20세기 초에서 중반에 끝나버린 연구가 아니라는 사실을 간과해서는 안 됩니다. 처음 등장하고 이목을 끌었던 시기가 100여 년 전이었을 뿐입니다.

오늘날에도 인물 중심의 리더십연구는 가장 쉽게 이해할 수 있고, 직접 개인의 삶과 조직 유형에 적용할 수 있는 실행력으로 인해 변함없이 각광을 받고 있습니다.

2) 상황이론

1960년대 들어서 모든 상황에서 성공적인 리더의 특성과 행동은 있을 수 없음을 지적하는, 기존의 리더십연구에 대한 비판들이 고개를 들었습니다. 자신의 이익을 지키고, 욕구를 충족시키며, 목표를 달성하기 위해 다른 사람들의 행동에 영향을 미치려는 시도인 조직 내의 정치적 행동에 대한 분석이 강조되며, 상황이론이 효과적인 것으로 주목을 받았습니다.

조직구성원들 간의 정치적 행동은 의사결정 절차 및 성과지표가 불확실하거나 복잡해서 명확하지 않을 때, 그리고 희소자원에 대한 경쟁이 치열할 때에 더 많이 일어납니다. 그러므로 정치적 행동이란 개인적 차이에 기인할 수도 있지만, 상황에 따라 더 영향을 많이 받는다는 것입니다. 즉, 구성원들의 조합이나 과업의 특성과 같은 상황적 요소에 따라 동일한 리더의 특성이나 행동도 그 효과가 달라진다는 주장입니다.

이와 같이 리더십에 대한 패러다임이 상황변수를 포함하는 방향으로 변화되어, 리더십 효과는 리더의 특성, 행위와 함께 상황적 조건에 따라 달라진다는 주장이 힘을 얻었습니다. 요약하면, 상이한 상황은 상이한 유형의 리더십을 요구한다는 것입니다.

3) 조직이론

1970년대 이후에 리더십이란 조직의 목적을 달성하기 위해 조직의 업무수행을 촉진하고 이를 유지, 발전시키는 것이라는 인식이 폭넓게 수용되었습니다. 이러한 인식은 리더와 구성원들이 공유한 목적을 달성하기 위해 상호작용해야 함을 강조하였는데, 결국 목표 달성의 여부는 상황이 아니라, 리더와 구성원 간의 협력적 관계에 달려있다는 것입니다.

이 시기는 미국 내에서 흑인인권운동과 베트남 전쟁관련 반전 시위가 일어나며, 심리학을 포함하는 사회과학 전반에 걸쳐 인지주의적 관점과 인본주의적 관점의 확장되었고, 국제적인 경쟁의 심화(기업경쟁)로 조직 문화가 주요 관심사로 부각되는 등의 사회상이 배경으로 작용한 시기입니다.

이러한 추세와 맞물려 1970년대에 전자산업의 새로운 별로 떠오른 소니와 간판시스템을 통한 품질관리로 세계시장에서 두각을 나타내게 된 도요타 자동차와 같은 일본 기업들의 부각이 주목을 받으며, 그러한 성공을 가능케 했던 특유의 조직문화와 조직행동론에 대한 관심이 부각되어 조직이론이 발달했습니다.

4) 통합이론

최근 들어서는 리더십에 대한 확정적 정의를 찾을 수 없다는 인식이 더욱 강조되었는데, 그 이유는 현대 사회가 빠르게 변화하며 복잡성이 증가해서 리더십을 단순하게 어떤 개념으로 정의하기가 어렵게 되었기 때문입니다. 21세기의 특징은 빠른 변화와 이로 인해 증대된 불확실성입니다. 과거에는 기술의 우위로 진입장벽을 설치하거나, 자본의 우위로 규모의 경제를 달성할 수 있었습니다.

하지만 현대의 정보화 사회와 무한경쟁 체제에서는 정보의 양보다는 정보의 질과 정보에 대한 해석능력이, 그리고 사람의 마음을 얻는 창의력과 아이디어가 관건이 되고 있습니다. 현대의 초일류기업의 특징을 보면 인재를 중시하는 가치경영과 사람 중심의 조직문화가 돋보입니다. 리더십의 강조점도 한두 가지 요소에 초점을 맞추는 것에서 벗어나 다양한 요소가 상호작용을 통해 시너지를 산출하는 것으로 이동하고 있습니다.

따라서 최근의 리더십 이론은 기존의 리더십 구성요소가 복합적으로 작용하는 것을 중심으로 전개되고 있습니다. 개인주의적 주관성과 상대성을 특징으로 하는 포스트모더니즘의 영향으로 이러한 추세는 지속될 것으로 예상됩니다.

3. 리더십의 구성요소와 성경적 원리

리더십을 구성하는 3요소는 리더(leader), 구성원(follower), 그리고 상황(situation)입니다. 이 세 가지 요소가 서로 상호작용하며 영향을 주고 받는 과정에서 리더십은 세워지고 발휘되는 것입니다. 리더십의 구성요소 간에 역동적으로 조율과 조화가 이루어지는 과정에 근거해서 리더십 이론은 인물이론, 상황이론, 조직이론, 그리고 최근의 통합이론으로 구분됩니다. 간단히 정리하면, 인물이론은 리더가 자신의 타고난 자질과 능력을 어떻게 활용하여 영향력을 발휘하는지를 조명하고, 상황이론은 다양한 배경을 가진 사람들이 특수한 상황에서 어떻게 상호작용하는지에, 조직이론은 아예 상황을 배제하고 리더와 구성원과의 관계에 초점을 맞추며, 그리고 통합이론은 위의 모든 요소들을 복합적으로 조명해서 리더십의 본질을 설명합니다. 그러나 성경적 리더십은 개인이 얼마만큼의 역량을 가지고 있느냐 하는 것보다는 그 받은 달란트와 은사를 어떻게 사용하여 이 땅에서 하나님 나라를 전파하고 영혼을 살리는 사명을 감당하는가에 초점을 맞춥니다.

성경적 리더십의 원리는 "많이 받은 자에게는 많이 요구할 것이요 많이 맡은 자에게는 많이 달라 할 것이니라"(눅 12:48)는 것이고, 따라서 은사와 달란트가 많다는 것은 그만큼 청지기로서의 사명이 무겁고 크다는 것을 의미합니다. 타고난 재능과 자질이 많으면 그만큼 해야 할 일이 많은 것입니다. 그러므로 무턱대고 다른 사람이 가진 재능과 은사를 부러워하거나 시기하는 것은 근시안적이고 좁은 소견에 기인하는 것입니다. 또한 은사와 달란트가 많다는 것은 그만큼 유혹이 틈을 타서 들어오고, 상처를 입을 가능성이 높다는 것을 뜻합니다. 다른 사람이 보지 못하는 것을 보고, 미처 생각하지 않는 것을 깨닫는다는 것은 그만큼 책임도 무겁고, 할 일이 많다는 것입니다.

또한 홀로 모든 것을 책임져야 하는 리더는 다른 사람들이 생각 없이 내뱉은 말과 행동 때문에 상처를 입으며, 유혹과 시험, 애매한 고난을 당할 일이 많습니다. 그러므로 자신이 가지고 있는 리더십의 잠재력이나 능력을 다른 사람의 것과 비교할 필요도 없고, 자신이 처한 상황을 보며 한탄할 필요도 없습니다. 하나님께서 우리에게 원하시는 것은 자신의 모습 그대로 하나님과 소통하며 관계를 맺고, 자신이 할 수 있는 역할을 충실히 수행하는 것입니다.

4. 리더십과 영적 권위

영적 권위의 근원은 하나님이며, 그 하나님을 경외하는 사람에게 하나님께서 당신의 권위를 위임해 주십니다. 이스라엘 백성과 함께 출애굽했던 수많은 잡족들(출 12:38), 즉 그들 중에 섞여 사는 다른 인종들이 애굽의 양식을 그리워하자(민 11:4), 이스라엘 백성들도 그들을 따라 애굽의 풍부한 양식을 생각하며 만나 외에는 먹을 것이 없다고 불평했습니다. 그들의 모습을 보고 실망한 모세가 혼자서 책임을 감당할 수 없다고 기도하자, 하나님께서 메추라기를 보내셔서 이스라엘 백성들에게 고기를 먹이셨습니다.

또한 모세를 도울 지도자 70명을 세워서, 그들에게 하나님의 영을 주시고 백성을 다스리는 짐을 분담하게 하시겠다고 약속하셨습니다. 그래서 모세가 70명을 소집하는데 엘닷과 메닷, 두 사람이 오지 않았는데도(민 11:25), 그들을 포함한 70명에게 하나님의 영이 임했습니다. 그 때, 모세를 보좌하던 여호수아가 격분해서 "내 주 모세여 그들을 말리소서"(민 11:28)고 말하자, 모세는 "네가 나를 두고 시기하느냐 여호와께서 그의 영을 그의 모든 백성에게 주사 다 선지자가 되게 하시기를 원하노라"(민 11:29)고 대답했습니다. 모세의 이러한 모습을 하나님께서는 기뻐하셨습니다.

이 사건이 있은 후, 미리암과 아론이 모세가 구스 여자를 아내로 삼은 것을 비방했습니다. 문자적으로 구스 여자는 이디오피아 여인, 즉 피부가 검은 아프리카인 첩을 의미하지만, 아프리카인이 아니라 아시아계 인종이었을 가능성이 높으므로(창 2:13; 10:6-8) 미디안 제사장의 딸인 이방 여인 십보라를 의미하는 것으로 보는 해석이 상당히 설득력을 얻습니다. 본문의 핵심은 미리암과 아론이 모세의 영적 지도력과 권위에 대하여 질투해서 "여호와께서 모세와만 말씀하셨느냐 우리와도 말씀하지 아니하셨느냐"(민 12:2)고 말한 부분에 있습니다.

모세는 자신이 소집한 사람들이 오지 않았음에도 그들에게 하나님의 영이 임한 것을 질투하지 않고 오히려 하나님의 능력 베푸시는 은혜를 감사하고 기뻐했는데, 미리암과 아론은 모세를 시기한 것입니다. 미리암은 모세의 누이입니다. 미리암이 소녀일 때에 모세가 출생했습니다(출 6:16-20). 유대문헌에 의하면 광야생활 39년이 되었을 때, 미리암 127세로 사망했다고 합니다. 모세가 광야생활 40년차에 죽을 때, 그가 120세였기 때문에(신 34:7) 미리암과 모세의 나이차는 약 8세가 됩니다. 또한 아론과 모세의 나이차는 3세(출 7:7)이므로 미리암은 모세의 큰 누이, 아론은 모세의 형입니다. 하지만 하나님은 당신께서 세워주신 권위에 대항하는 미리암과 아론을 기뻐하지 않으셨습니다. 그래서 하나님께서 모세와 아론, 미리암을 부르셔서 "너희가 어찌하여 내 종 모세 비방하기를 두려워하지 아니하느냐"(민 12:8)며 책망하시고 미리암에게 벌을 내리셔서 그녀가 나병에 걸리게 하셨습니다. 아론은 그 모습을 보고 모세에게 "슬프도다 내 주여 우리가 어리석은 일을 하여 죄를 지었으나 청하건대 그 벌을 우리에게 돌리지 마소서"(민 12:11)하고 모세에게 매달렸고, 모세의 중보기도로 미리암은 1주일 만에 나병이 낫게 되었습니다.

이러한 모습을 본 엘닷과 메닷은 물론, 온 이스라엘 백성들은 하나님께서 모세에게 부여하신 권위를 보고 두려워하게 되었습니다. 그래서 각 지파의 대표들을 선발해서 가나안 땅에 정탐하러 보낼 때에는 어느 누구도 토를 달지 않고 즉시 모세의 명령대로 가나안에 들어갔습니다. 사도 바울은 "각 사람은 위에 있는 권세들에게 복종하라 권세는 하나님으로부터 나지 않음이 없나니 모든 권세는 다 하나님께서 정하신 바라"(롬 13:1)고 말했습니다.

하나님을 사랑하고 경외하는 사람은 하나님께서 세워주신 사람의 권위를 존중합니다. 가정, 교회, 그리고 국가의 권위는 하나님께서 허락하신 것입니다. 따라서 그 권위가 하나님의 뜻에 반하는 것이 아니라면 권위에 순종해야 합니다. 모세가 자신의 동족 히브리 사람을 치는 애굽 사람을 쳐서 죽일 때, 그는 자신의 혈기, 즉 자신의 권위를 내세웠습니다. 하지만 40년 동안 광야에서 겸손히 다듬어진 후에는 하나님의 권위를 우선하는 사람으로 변화해서 온유함이 지면의 모든 사람보다 더한(민 12:3) 리더가 된 것입니다.

그러므로 영적 권위의 근원은 하나님입니다. 이를 인식한 예레미야는 바룩에게 "네가 너를 위하여 큰 일을 찾느냐 그것을 찾지 말라"(렘 45:5)고 권하며 개인적이고 이기적인 동기에 기인한 리더십 욕망의 위험성을 경계했습니다. 영적 리더십은 그것이 하나님께서 주신 은사를 통해 하나님께 영광을 돌리고 교회의 영적전쟁 사명을 수행할 때에 강력한 힘을 발휘하는 것입니다(Sanders, 2007).

2장

인물이론

리더십이란 기본적으로 사람과 사람의 관계를 전제합니다. 팔로워(follower)가 없이 리더(leader)가 존재할 수 없기 때문입니다. 그러므로 인물이론을 대할 때에 리더의 역할에만 초점을 맞출 것이 아니라, 대부분의 경우에는 누구나 리더이면서 동시에 팔로워라는 사실을 잊어서는 안 될 것입니다. 이러한 역지사지(易地思之)의 균형감각은 조직의 효율성을 증진해서 목표를 달성하는데 기여하기 때문입니다.

어떤 사람을 향해 "그(그녀)는 타고난 리더이다" 또는 "그(그녀)는 천부적으로 리더십을 가지고 태어났다"는 말을 한다면 그것은 리더의 특성을 강조하는 말입니다. 한편으로 "난세(亂世)에 영웅(英雄)"이라는 말은 어려운 때에 위기를 극복한 리더의 역량, 즉 문제해결력을 강조하는 것이며, 성공적으로 운영되는 조직의 수장이 어떻게 리더십을 발휘하는가를 벤치마킹하는 것은 리더십의 유형론에 기반한 것입니다. 인물이론은 이렇듯 사람에게 초점을 맞추고 있기 때문에 직접적인 흥미를 유발합니다.

1. 일본 전국 시대 삼영걸(三英傑)의 리더십

일본 전국 시대 3인방의 리더십을 살펴보면 오늘날 리더십 이론이 주장하는 바가 함축적으로 담겨있습니다. 이는 인물리더십은 물론, 이 세상의 상황을 배경으로 하는 성경적 리더십과도 쉽게 연결됩니다. 이들의 예는 리더와 구성원의 관계에 초점을 맞춘 조직리더십, 그리고 리더십 이론들이 통합적으로 적용된 통합이론에도 시사하는 바가 큽니다. 오다 노부나가, 도요토미 히데요시, 도쿠가와 이에야쓰의 3인이 활동하던 일본의 전국(센고쿠) 시대는 15세기 중반-16세기 후반을 지칭하는데, 구체적으로는 1467년 오닌의 난[1]에서 1573년 무로마치 막부의 몰락까지의 시기를 말합니다.

이 때 활동했던 오다 노부나가(1534-1582)는 오와리의 다이묘(영주)인 오다 노부히데의 장남으로서, 주군이었던 오다 야마토노카미 가문의 성에 불을 지를 정도로 어린 시절부터 기괴한 행동을

---

1 이 때는 일본의 정치, 사회적 격변기로서 오닌의 난의 배경은 다음과 같다. 무로마치 막부의 쇼군 아시카가 후계자가 없어서 자신의 동생 요시미를 후계자로 삼았다가 아들 요시히사를 낳으면서 요시미를 지지하는 호소카와 가츠모토 진영과 요시히사를 지지하는 야마나 소젠 진영이 대립했다. 같은 해인 1467년 2월에 후계자 다툼이 있었던 하타케야마 가문이 둘로 나뉘어 전투를 벌인 것을 시작으로 동군의 호소카와 가츠모토의 16만 대군과 서군의 야마나 모치도요가 거느린 11만 대군이 격돌하여 1477년에 화친을 맺을 때까지 전쟁은 계속되었다. 이 전쟁으로 인해 권력이 지방의 영주인 다이묘들에게 분산되었고, 힘있는 지방 영주를 중심으로 권력다툼이 벌어진 전국 시대가 시작되었다.

일삼았습니다. 그 때문에 오다 노부나가는 "오와리의 팔푼이"라는 별명으로 불렸습니다. 그는 어린 시절부터 신분을 뛰어넘어 농민들과 어울렸고, 성장한 후에도 출신성분과 관계없이 인재를 등용했습니다.

일례로 자신의 오다 가문으로 납치된 도쿠가와 이에야쓰와 동맹을 맺을 정도로 파격적인 인간관계를 선보였습니다. 또한 서양 문물에 관심이 많아서 무사도에 어긋난다는 비난에도 불구하고 화승총을 도입했고, 적 기마대를 무력화시키기 위한 3열 전술로 승리를 거두었습니다.[2]

포루투갈 출신의 예수회 선교사 루이스 프로이스(Luís Fróis)는 오다 노부나가에 대해서, 그는 키가 크며 마른 체격으로, 수염이 적으나 목소리는 큰 편으로 항상 무예를 좋아한다고 소개했습니다. 또한 그는 오다 노부나가는 천하고 상스러우나 술을 마시지 않고, 오만하고 명예를 존중하며, 두뇌가 명석하고 판단력이 뛰어나다고 묘사했습니다.

도요토미 히데요시(1537-1598)는 오와리 나카무라의 빈농 기노시타 야에몬의 아들이었는데, 그는 평민 출신으로 일본 조정의 최고 관직인 간파쿠(관백, 關白)까지 오른 입지전적 인물로 평가를 받습니다. 아버지가 전쟁에서 전사하고, 이후에 어머니가 재혼하자

---

[2] 당시 사용되었던 화승총은 초기에 비해 개량이 되었음에도 불구하고 1분에 한 발만 쏠 수 있을 정도로 조악한 품질을 지니고 있었다. 따라서 조총부대는 기동력을 보유한 적 기마병이 공격을 하면 일시에 무너지는 약점을 노출하였다. 그러나 오다 노부나가는 조총부대를 3열로 편성하여, 첫째 열이 사격을 마치면 줄의 맨 뒤로 가고, 그 다음 줄 역시 사격 이후에 가장 뒤로 가는 방식으로 적의 기마병들의 공격을 무력화하며 화력의 승리를 거둘 수 있었다.

가출해서 마츠시타 유키즈나를 섬기다가 18세에 오다 노부나가의 수하에 들어가게 되었고, 나중에 조정으로부터 도요토미라는 성을 하사받았습니다.

당시 일본의 유력한 두 성씨로는 쿄토를 중심으로 상업과 해군이 발달했고, 귀족 중심으로 구성된 백제계 후손 평가(헤이시) 가문과, 도쿄를 중심으로 농업과 육군을 육성했던 무사 중심의 신라계 원가(겐지) 가문이 있었습니다. 토요토미 히데요시는 평가 가문의 백제계 인물이고, 도쿠가와 이에야쓰는 원가로서 신라계 후손입니다.

토요토미 히데요시의 업무원칙은 첫째, 무슨 일이든 윗 사람이 명령한 기일보다 빨리 끝마치고, 둘째, 항상 윗 사람이 기대한 이상의 성과를 내며, 셋째, 지금까지 그 누구도 실행한 적이 없는 방법으로 일을 완성한다는 것입니다. 또한 그는 누구나 나름대로의 재능이 있고, 사람은 관심분야에 최선의 노력을 다하며, 관심을 가져주면 못하는 일도 잘하게 된다는 신념을 가지고 부하들을 대했습니다.

그의 신념에 대한 부하들의 신뢰를 바탕으로 차츰차츰 자신의 입지를 구축한 토요토미 히데요시는 혼노지의 변을 맞아 급격히 부상했습니다. 오다 노부나가가 부하(아케치 미쓰히데)의 배신으로 할복한 "혼노지의 변" 이후인 1590년 7월, 그는 일본을 통일했고, 1592년 명나라와 인도 정복을 명분으로 출정하여 우리나라를 침략하였던 임진왜란과 정유재란을 일으켰습니다. 비뚤어진 군국주의를 숭상하는 일본의 극우층은 오늘날에도, 다른 나라를 침략했던 도요토미 히데요시를 영웅시하는 현상을 종종 보여주곤 합니다.

도쿠가와 이에야쓰(1543-1616)는 오카자키의 마쓰다이라 히로타다의 아들로서 당시 부모의 나이는 17세, 15세에 불과했습니다. 그는 6세 때에 적(이마가와)의 인질로 잡혀갔다가 15세인 1558년에 출전하여, 오다 노부나가 측의 미카와 데라베 성을 함락하는 공을 세웠습니다.

이마가와의 죽음 이후 인질에서 해방된 그는, 1561년에 이마가와 가문을 배반했습니다. 그는 오랜 세월을 인질로 버티며 인내하였고, 1566년에는 성을 도쿠가와로 변경했습니다. 1592년에 토요토미 히데요시의 명을 받아 조선 침략의 전초기지인 나고야 성으로 출전했지만, 출병 명령은 받지 않았기 때문에 다른 영주들이 조선에서 고전하며 병력을 잃어간 것에 비해서 자신의 병력을 고스란히 유지할 수 있었습니다. 도요토미 히데요시의 죽음 이후 도쿠가와 이에야쓰는 토요토미 히데요시가 생전에 영주들간의 결혼을 금했던 것을 무시하고 여러 영주들과 사돈 관계를 맺으며 세력을 확장했고, 1600년에 토요토미 히데요시의 아들 히데요리의 무리를 세키가하라 전투에서 물리치고 일본을 다시 통일했습니다.

이들 세 사람은 삼영걸(三英傑)로 일컬어지며, 세 사람의 리더십을 비교할 때에 "울지 않는 두견새가 있으면 어떻게 하느냐"로 흔히 비유합니다. 오다 노부나가는 울지 않는 두견새는 필요없다고 베어버리는 유형이고, 도요토미 히데요시는 어떤 방법을 동원해서라도 두견새가 울게 만들며, 도쿠가와 이에야쓰는 두견새가 울 때까지 때를 기다리며 인내하는 유형이라는 것입니다. 리더십 스타일도 오다는 용장(勇將)으로서 혁신과 재능을 강조하고, 도요토미는 지장(智將)으로서 재능도 강조하지만 부하들을 동기부여하는 것에 초점을 맞추어 성과를 내려 하며, 도쿠가와는 덕장(德將)으로서 항상 참고 기다려 주는 인물이라고 평가를 받습니다.

오다의 카리스마적 리더십, 도요토미의 전문성, 그리고 도쿠가와의 덕성 중에서 오늘날 이 땅에서 하나님의 나라를 실현하는 데에 유용한 리더십, 그리고 한국교회에 필요한 리더십 스타일은 어떤 유형일까요?

물론 어느 특정 유형이 최적이라고 말하기는 어려울 것이고, 리더십이 영향력을 발휘하도록 하는 조직의 목표, 특성 등 여러 가지 요인들과 환경 등의 외부변수들이 있을 것입니다. 본장에서는 인물을 중심으로 현대 리더십 이론의 내용을 성경적 원리로 살펴보며 이상적인 조합을 찾는 구체적인 방법론을 조명해 보겠습니다.

2. 특성이론(Trait Approach)

1) 위인론과 우생학

리더십 이론은 초기에는 위인론이 그 관심의 초점이었습니다. 19세기의 역사가 토마스 칼라일(Thomas Carlyle, 1841)은 역사는 소수의 뛰어난 영웅들에 의해 만들어지며, 그러한 영웅들은 보통 사람들과는 다른 훌륭한 자질이나 특성을 타고 났다고 주장했습니다. 진화론을 주장한 찰스 다윈(Charles Darwin)의 사촌인 프랜시스 갤턴(Francis Galton, 1869)은 뛰어난 자질과 능력은 유전적으로 결정된다는 우생학을 주장하며 위인론을 뒷받침했습니다.

아프리카에서 종단정책을 추진하던 영국 제국과 남아프리카에 살던 네덜란드계 보어인들 사이에 두 차례 분쟁이 있었는데, 1880-1881년에 벌어진 1차 보어전쟁은 국지전의 성격으로 3개월 만에 평화조약을 체결하며 금방 끝이 났습니다. 하지만 1899-1902년에 벌어진 2차 보어전쟁에서는 영국이 쉽게 이기리라 예상했지만, 의외로 고전을 면치 못하다가 가까스로 승리를 거두었습니다. 그래서 당시 영국에서는 대영제국의 영광이 이제 쇠퇴하게 된 것이 아니냐는 우려의 목소리가 소리를 높였고, 언론은 군 입대 신체검사에서 부적격 판정을 받은 사람의 비율이 40%에 달한다는 내용을 보도하며 영국인의 체력과 인종의 퇴화 문제를 거론했습니다.

이에 따라 우생학은 더욱 큰 힘을 받게 되었고, 이의 영향을 받은 미국의 인디애나 주에서는 정신박약, 간질, 성문란, 음주벽, 시각장애를 유전적 질환으로 규정하며 1907년 제정한 단종법을 통해 생식능력을 박탈했습니다. 단종법은 1914년까지는 15개 주, 1931년에는 30개 주에서 시행되며 개신교 백인 위주의 국가를 건설하는 데에 일조했습니다. 일례로 1912년 연방공공보건청은 이민자들을 대상으로 엉터리 지능검사를 실시하여 러시아인의 87%, 유대인의 83%, 헝가리인의 80%, 이탈리아인의 79%를 정신박약으로 판정을 내려서 미국인들의 열등인종 유입에 대한 공포를 불러일으켰습니다(강준만, 2010). 이는 정교, 유대교, 가톨릭을 믿는 백인들의 이민을 방지하기 위한 미국 정부의 술책이었던 것입니다.

이 우생학에 따라 나치는 인종위생 운동을 벌였습니다. 먼저 강제불임법을 만들어 독일 내의 정신지체, 매춘부, 신체장애자들 35

만 명의 생식능력을 강제로 제거했습니다. 1930년대에는 3세 미만의 장애를 가진 아동을 안락사 시켰고, 1941년에는 17세 미만의 장애자들 모두를 안락사 시켰습니다. 그 과정에서 유태인 6백만 명도 열등한 인종으로 몰아 학살한 것입니다. 인간의 능력에 초점을 맞춘 과학이론이 역설적으로 인간의 존엄성을 무시하고, 무자비한 폭력을 행사한 것입니다.

리더십 이론도 마찬가지입니다. 유한한 인간의 특성이나 능력을 강조하다보면, 추앙을 받는 리더는 끊임없이 자신의 능력을 증명해야 하는 부담을 안게 되고, 구성원들은 피동적인 박수부대로 전락합니다. 인간의 죄성과 유한성을 고려하지 않는 리더십 이해는 히틀러와 같은 독재자를 얼마든지 배출할 가능성이 있는 것입니다.

2) 특성이론의 등장

20세기에 들어서는 심리학의 발전과 더불어 태도, 성격, 지능 측정기법의 발달로 리더의 타고난 특성에 초점을 맞추는 특성론이 대두되었습니다. 특성(trait)이란 한 개인이 보유하고 있는 성격, 기질, 욕구, 동기, 가치관 등의 성격적 특성과 여러 가지 심리적 능력 및 기술과 같은 속성을 통칭하는 용어입니다.

그러므로 특성이란 한 개인이 내부적으로 보유하는 것으로 직접적 관찰은 불가능하며 간접적 측정이나 추리를 통해서만 파악이 가능합니다. 또한 특성은 유전과 경험에 의해 형성되는 것으로 단기간에 쉽게 변화되지 않습니다. 특성론에 의하면 리더십은 타고

나는 것이며, 따라서 리더는 어느 다른 시점에 어디에서 태어난다 하더라도 리더가 된다는 것입니다.

예를 들어 프랑스의 영웅 나폴레옹은 적국이었던 영국에서 태어났어도, 낯선 환경과는 상관없이 타고난 리더의 특성을 바탕으로 영국의 위대한 인물이 되었을 것이라는 주장입니다.

특성이론은 리더십연구를 위한 최초의 체계적인 시도였습니다. 특히 리더십의 특성연구는 우생학이 과학적 실증연구에 바탕하고 있지 않음을 지적하며 대두되었습니다. 학자들은 무엇이 위대한 리더가 되게 하는 요인인지를 밝히려고 노력했습니다. 이를 위해 리더의 특성을 연구하기 시작했고, 이는 특성이론을 탄생시켰습니다. 오늘날도 특성이론은 여전히 관심의 대상입니다. 리더는 사람이고, 리더십이 발휘되는 현장도 사람과 사람이 모인 조직이기 때문입니다.

3) 리더의 특성들

미국 오하이오주립대학교(Ohio State University)의 경영학 교수 랄프 스토그딜(Ralph M. Stogdill)은 두 차례에 걸쳐 특성이론에 대한 개관을 제공했습니다(Stogdill, 1948, 1974).

그는 처음의 연구에서는 1904-1947년 사이에 이루어진 124건의 특성연구를, 두번째 연구에서는 1948-1970년 사이에 수행된 163건의 리더십 특성에 관한 연구들을 분석했습니다. 스토그딜은 첫 연구의 결론으로서 리더는 다른 사람들과 비교하여 지능, 민감성, 통찰력, 책임감, 주도성, 지속성, 자신감, 사교성의 면에서 남다른 자질을 보인다고 정리했습니다.

두번째 연구에서는 과업완성을 위한 책임감과 추진력, 목표추구에 있어서의 지속적 활력, 문제해결의 모험과 독창성, 사회적 상황에서의 주도성, 자신감 및 자아정체감, 의사결정의 결과를 수용하는 자발성, 대인관계의 스트레스 대비, 좌절과 지연에 대한 인내, 다른 사람의 행동에 미치는 영향력, 목적달성을 위해 사회적 상호작용시스템을 구조화하는 능력을 리더의 특성으로 정리했습니다.

한편 미시건대학교(University of Michigan)의 심리학과 은퇴 교수인 리차드 만(Richard D. Mann, 1959)은 성격특성과 리더십에 관한 1,400여 건의 연구결과를 검토한 후, 리더들은 지능, 남성적 기질, 적응성, 지배성, 외향성, 보수성 등의 특성을 나타낸다고 결론내렸습니다.

커크패트릭(Kirkpatrick)과 로크(Locke, 1991)는 리더와 리더가 아닌 사람은 추진력, 지도욕구, 정직성과 성실성, 자신감, 인지적 능력, 사업지식의 차이를 나타낸다고 주장했습니다. 1990-2003년의 특성이론을 조명한 최근의 연구는 리더의 특성으로서 인지능력, 성격, 동기, 사회지능(사회평가기술), 문제해결력, 전문성을 제시하며 이들의 조합이 리더십을 예측하는 기본적인 속성임을 제시했습니다(Zaccaro et al., 2004). 특히 리더의 지능과 구성원들의 지능 차이가 중요한 요인임을 강조했는데, 예를 들면 리더의 지능이 구성원들의 지능과 너무 차이가 나는 경우에는 리더의 생각이 너무 앞서기 때문에 구성원들이 이해하지 못하며, 따라서 의사소통의 장애요인이 된다는 것입니다.

4) 특성이론의 장·단점

특성이론은 리더에게만 초점을 맞추므로 이론적으로 단순하며, 이해가 쉽습니다. 또한 리더는 특별한 사람이라는 일반적인 인식에 부합되므로 흥미를 유발하며, 관련된 연구도 가장 많이 이루어져서 풍부한 이론적 뒷받침이 있습니다. 리더십의 특성에 대한 기준(benchmark)을 제공하므로 조직의 목표를 달성하기 위해서는 리더십의 특성을 보유한 인물을 제대로 세우기만 하면 되기 때문에 단순합니다. 따라서 특성이론은 조직 내 구성원의 특성을 점검하고, 리더십을 개발하기 위한 기반으로 기능할 수 있습니다.

하지만 특성연구는 리더십의 결정적인 특성들을 요약해서 제시하지 못합니다. 리더십의 자질 또는 특성을 나열하는 것은 누구나 할 수 있으며, 따라서 끝없는 작업으로 진행될 뿐, 보편적인 리더십 특성을 제시하는 데에 실패했습니다. 또한 학자들마다 리더십의 특성을 추출하는 과정이 주관적인 관찰에 의해 이루어졌다는 점도 지적되는 부분입니다. 또한 특성이론은 요구되는 특성의 적정량을 제시하지 못한다고 지적을 받았습니다.

예를 들어 리더의 자신감 또는 확신에 있어서 리더의 자신감이 과도하면 부정적 결과를 초래하고, 리더의 자신감이 결여되면 목적달성에 실패하는데, 리더의 자신감의 적정 수준을 제시하지 못한다는 것입니다. 특성연구는 상황을 고려하지 않고 있으므로 복잡다단한 현대사회에서 적용하기에 적합하지 않으며, 리더십의 특성이 구성원이나 그들의 업적에 어떠한 영향을 미치는지를 조명하지 않았다는 점은 비판의 대상입니다.

마지막으로 리더십의 특성에 대한 합의가 이루어졌다 하더라도 훈련이나 교육을 통해 그러한 특성들을 갖추도록 하는 방법에 대해서는 아무런 해결책을 제시하지 못하는 것은 특성이론의 유용성에 의문을 제기합니다.

5) 인간이해의 성경적 균형

미국의 신학자 라인홀드 니버(Reinhold Niebuhr, 1941)는 인간의 실존적 문제로서 인간 본성의 이중성을 지적했습니다. 인간은 한편으로는 하나님의 형상(*Imago Dei*)으로서 무한한 가능성을 지닌 존재이지만, 다른 한편으로는 끊임없이 죄성에 시달리는 존재라는 것입니다. 부자 청년이 예수님을 찾아와서 자신이 율법의 계명을 다 지켰다며 무슨 선한 일을 해야 영생을 얻을 수 있느냐고 질문하자, 예수님은 소유를 팔아 가난한 사람들에게 나누어 주라고 말씀하셨습니다(마 19:16-21). 그러자 청년은 재물이 많아서 근심하며 돌아가 버렸고, 제자들이 그러면 누가 구원을 얻을 수 있겠느냐고 묻자, 예수님은 "사람으로는 할 수 없으나 하나님으로서는 다 하실 수 있느니라"(마 19:26)고 대답하셨습니다.

하나님을 사랑하는 사람은 율법의 행위가 아니라 율법을 통해 의도하신 하나님의 마음과 뜻을 헤아린다는 말씀입니다. 즉, 사람의 욕심이 우선이면 어렵지만 하나님을 먼저 앞세우는 신앙인은 물질을 관리할 수 있다는 말씀입니다.

성경적 리더십도 그런 것입니다. 각 사람마다 타고난 은사가 있습니다. 그 은사는 하나님의 뜻을 따라 이 땅에서 하나님 나라가 임하게 하고, 복음을 전해 영혼을 살리는 사역을 위한 것입니다. 그러므로 하나님의 뜻을 따라 살면 인간의 연약함과 죄성도 관리하고 통제할 수 있는 것입니다. 스위스의 신학자 칼 바르트(Karl Barth, 2004)는 이러한 원리를 "불가능한 가능성"(impossible possibility)이라고 표현했습니다.

인간의 이중성을 잘 나타내는 이야기가 있습니다. 1491년, 새로 지어진 수도원의 벽화를 그릴 유명한 화가를 찾던 로마 교황청은 당시 이탈리아에서 명성이 높던 화가 레오나르도 다빈치(Lenardo da Vinci)를 불러 예수님과 제자들의 마지막 만찬 광경을 벽화로 그려줄 것을 부탁했습니다. 부탁을 받은 다빈치는 그때부터 실제로 그림의 모델들을 찾아다녔는데, 오랜 노력 끝에 1492년에 드디어 예수님의 모습을 묘사하기에 적합할 만큼 선량하고 순수하게 생긴 19세의 젊은이를 찾았습니다.

그렇게 그림을 그리기 시작해서 6년 동안, 11명의 제자들의 모델들도 다 찾아서 그려 넣었는데, 예수님을 은 30에 팔았던 가룟 유다의 모델을 찾기가 여간 어려운 것이 아니었습니다. 다빈치가 가룟 유다의 모델을 찾는다는 소식을 들은 로마의 시장은 로마 지하 감옥에 사형을 기다리고 있는 수백 명의 죄수들이 있으니 그곳에서 한번 유다의 모델을 찾아보라고 말했습니다.

다빈치는 로마에서 가장 잔인하고 악랄한 살인을 저지른 사형수들이 수감된 감옥을 방문해서 드디어 가장 악하게 생긴 죄수를 한 명 발견했습니다. 그의 얼굴을 보니 예수님을 팔아넘길 정도로 악하고 못된 모습이 여실히 드러났습니다. 몇 달에 걸쳐 유다의 모습을 완성한 다빈치는 이제 유다의 모델이 된 사형수에게 감옥으로 돌아가도 좋다고 말했습니다. 그러자 다빈치 앞에 무릎을 꿇은 살인범은 아직도 자신을 모르겠느냐고 질문했습니다. 다빈치가 도무지 그 사람을 만난 기억이 없다고 대답하자, 그 사형수 젊은이는 다빈치가 완성한 최후의 만찬 그림을 가리키며 그 그림속에 그려진 6년 전 예수님의 모델이 바로 자신이었다고 말했습니다.

이 이야기는 진실 여부가 검증된 이야기는 아니지만 인간의 이중성을 잘 보여주는 예화입니다. 우리 안에는 하나님의 형상으로 창조되어 예수님을 따라가는 천사와 같은 모습도 있고, 예수 그리스도를 부인하고 자신의 멋대로 살려는 악마와 같은 죄성도 있습니다.

한 배에서 나온 형제이지만 아우 아벨은 하나님께 열납되는 예배를 드리는 의로운 삶을 살았고, 다른 한 사람인 형 가인은 죄를 다스리지 못해서 친동생을 죽이는 무서운 살인을 저지르고 말았습니다(창 4:7). 그리스도인은 자신 안에 내재된 하나님의 형상으로서의 능력을 발휘해야 하되, 하나님의 말씀의 원리를 따라, 하나님의 뜻을 우선하여 지혜롭게 잠재력을 사용하는 것이 리더십 수행의 기본원칙입니다.

3. 리더십의 역량연구(Skills Approach)

1) 조지 부시(George W. Bush)와 토니 블레어(Tony Blair)

미국의 전 대통령 조지 부시와 영국의 전 총리 토니 블레어는 퇴임 후에 자서전을 통해 자신들의 임기 중 일어났던 위기 상황을 회고했습니다. 부시는 플로리다의 한 초등학교에서 읽기 수업에 참관하고 있었습니다. 흑인 여선생님이 수업을 진행했고, 초등학생 30명 가량이 수업에 참여하고 있었는데, 갑자기 한 사람이 다급하게 들어와 다리를 꼬고 앉아있던 대통령 부시의 귀에 대고 뭐라고 속삭였습니다. 부시는 순간 놀라며 안색이 바뀌었지만 약 6분 후, 수업이 끝날 때까지 자리를 지켰습니다.

그 날은 2001년 9월 11일, "911 테러"가 발생한 날이었습니다. 초등학교 수업을 참관하던 미국 대통령 부시는 "미국이 공격당하고 있습니다"라는 소식을 접했습니다. 3,000여 명의 사망자가 발생한 "911 테러" 때, 부시는 자신이 매우 분노했고, 피해상황이 궁금했지만 대통령으로서 진중해야 함을 직감했다고 회고했습니다 (Bush, 2010). "누가 감히 미국을 공격했단 말인가"하는 생각으로 처음엔 분노감이 치솟았다가 자신의 앞에 있는 아이들의 얼굴을 보며 잔인한 테러리스트들과 순수한 아이들이 참으로 대조적으로 느껴졌고, 따라서 자신이 교실을 뛰쳐나간다면 아이들이 겁에 질리고, 온 나라가 공포에 휩싸일지 모르기 때문에 자리를 지켰다는 것입니다.

수업 참관 중 머릿속은 온통 대책 마련에 집중해 있었고, 수업이 끝나면 조용히 교실을 나와 상황을 파악하고 대국민 발표를 할 작정이었다는 그의 회고는 정치인으로서 자신의 임기 중 수행한 역할을 극적으로 미화한다는 느낌마저 들게 하지만 어쨌든 그가 자리를 지키고 나름대로 의연하게 대처하려고 노력한 것은 사실입니다.

이와 비슷한 사건이 영국에서도 벌어졌습니다. 2005년 7월, 스코틀랜드 G8 정상회담장에서 토니 블레어 영국 총리는 연단에서 연설하고 있었습니다. 그는 연설 중에 보좌관으로부터 런던 중심가에서 폭탄테러가 발생했다는 소식을 접수했습니다. 56명이 사망하고, 700여 명이 부상당한 그 사태의 심각성을 인식한 블레어 총리는 정상회의를 포기할까 생각하고 순간 갈등했다고 회고했습니다. 하지만 그는 "눈물은 나중에 흘려도 될 것이다. 지금은 내가 리더다. 그러니 내가 이끌어야 한다"라고 마음을 고쳐먹고 정상회의를 마쳤다고 회고했습니다(Blair, 2011).

부시와 블레어가 겪은 중대한 과정은 자기통제, 전략구상, 역사와의 연계성에 대한 고려입니다. 그들은 사고와 감정의 덤불을 더듬거리며 자아와 그 자아가 작동하는 구조를 조정하는 자기 통제의 과정을 통해 리더십을 수행했습니다. 또한 리더로서 여러 가지 대안을 두고 적절한 선택을 내리는 전략구상 및 지도자로서 역사적 사건에서 자신이 서 있는 위치를 잘 알고, 그들의 결정이 과거와 어떻게 연결되고, 미래에 어떠한 영향을 미치는지를 감안해서 대비책을 마련함으로써 최고 지도자로서의 역할을 완수했습니다.

이 두 사람을 통해 조명한 리더의 문제해결력은 자신들의 위치를 반영한 특별한 책임감에 대한 인식을 바탕으로 위기에서 오는 충격의 여파를 저지하고, 올바른 선택으로 그 방향을 전환하는 일에 초점을 맞추었다는 것입니다. 두려움에 얼어 붙는 중대한 순간, 특별한 책임감을 통감하고 리더십을 발휘하는 것이 리더의 문제해결능력인 것입니다.

2) 리더의 문제해결능력

리더십의 역량연구도 특성연구처럼 리더 중심의 시각에서 리더십을 조명합니다. 하지만 타당성있는 측정이 어려운 내적 특성을 규명하는 것보다는 객관적 관찰과 측정이 용이한 외적 행동을 연구하는 것이 바람직하다는 견해를 바탕으로 리더의 지식과 능력, 즉 역량이 효과적인 리더십 발휘에 중요하게 작용한다고 강조했습니다(Katz, 1955).

내적 특성은 발견도 어렵고, 장기간에 걸쳐 형성된 것이므로 변화시키기도 어려우며, 변화 여부를 평가하기도 어렵습니다.

이에 비해 외적 행동은 리더 훈련에서의 목표를 설정하기에도, 그리고 훈련의 효과성을 평가하기에도 훨씬 용이합니다. 특히 문제를 직면한 상황에서 리더십 특성을 논의하다가는 문제를 다룰 시기를 놓치기 십상입니다. 따라서 곧 특성론에 대한 회의가 확산되며 리더십의 역량연구가 각광을 받기 시작했습니다.

리더의 역량이란 문제해결능력을 말합니다. 리더십 이론의 근간이 되는 인사관리와 조직행동론이 제1, 2차 세계대전을 겪으며 지휘관을 양성하는 사관학교에서 시작되었기 때문에 군대의 작전을 수행하는 능력, 즉 문제해결능력이 리더십의 중심으로서 조명을 받게 된 것입니다.

역량이론의 초기 유형 중에서 각광을 받은 이론에는 기술유형론이 있는데, 이는 리더십의 역량을 전문적 기술(technical skill), 인간관계 기술(human skill), 개념적 기술(conceptual skill)로 나누어 설명했습니다(Katz, 1955). 전문적 기술에는 어떤 구체적인 작업이나 활동에 대한 지식, 능숙성, 적절한 도구 및 기법을 활용할 수 있는 능력 등, 사물과 관련된 기술이 포함되는데 이는 일선 감독층(하위관리직)에서 가장 많이 요구되는 기술입니다. 인간관계 기술은 사람들과 더불어 일하는데 요구되는 인간관계에 대한 지식과 능력으로서 최고, 중간 경영층과 일선 감독층 모두에게 요구됩니다.

개념적 기술은 관념, 착상, 비전, 계획 등과 같은 아이디어와 관련된 능력으로서 조직의 비전과 계획을 수립하는데 중심적 역할을 담당하며, 최고위 경영층에게 가장 중시되는 기술이라는 것입니다. 이렇듯 기술유형론은 조직 구성원이 조직 내에서 차지하는 위치와 수행직무의 성격에 따라 필요한 기술들을 잘 밝혀주고 있습니다.

리더의 역량연구는 효과적인 리더십을 발휘하는 리더의 역량에 초점을 맞춥니다. 따라서 1990년대 초, 미국 국방부와 육군의 지원으로 조직 내에서 문제해결능력에 기초한 포괄적 리더십 이론을 개발하고 이를 검증하려했습니다. 연구진은 육군 소위에서 대령에 이르는 여섯 계급, 1,800명을 표본으로 추출하여 리더의 효과적인 업적을 가능케 한 저변의 요인들이 무엇인지를 밝히는 것을 목적으로 연구를 수행했습니다.

위의 연구결과를 정리한 리더십의 역량모형은 개인속성이 리더의 역량을 통해 발휘될 때에 리더십 성과를 내며, 환경적 요인이 리더십의 성과에 영향을 미친다고 결론을 내렸습니다(Mumford et al., 2000). 리더의 개인속성에 해당하는 요인은 일반적 인지능력, 구체적 인지능력, 동기, 그리고 성격이 있으며 이들은 문제해결역량, 사회적 판단역량, 지식 등의 리더십역량에 영향을 미칩니다.

이러한 리더의 개인속성이 역량으로 발휘되고, 구성원들 간의 의사소통, 과업의 난이도, 조직의 분위기, 정치, 경제적 이슈 등의 환경적 요소들이 우호적으로 작용할 때에 문제가 효과적으로 해결되며 성공적인 업적을 이룬다는 것입니다.

3) 역량이론의 장·단점

역량연구는 리더중심 모델로서 효과적인 리더십을 이해하는데 도움이 됩니다. 또한 리더십은 학습되거나 개발될 수 있는 것으로서, 이를 갖추면 누구나 리더십을 발휘할 수 있는 것이라고 강조하는 면에서 매력적인 접근법입니다. 따라서 광범위하고 다양한 구성요소를 통합하는 리더십의 포괄적 시각을 제공하는 역량연구는 리더십 교육, 리더십 프로그램 개발을 위한 구성의 틀을 제공합니다.

하지만 리더의 역량이 어떻게 효과적인 리더십으로 연결되는지를 설명하지 못하기 때문에 예측력이 약하며, 주요 구성요소가 성격특성 개념과 유사한 개인속성을 담고 있기 때문에 특성 모델과 중첩됩니다. 또한 모델의 주요 구성요소로 성격특성 개념과 유사한 개인속성을 담고 있으면서 특성모델이 아닌 역량모델이라고 주장하지만 인지능력, 동기유발, 성격 등의 변인은 전형적인 특성변인임이 지적되었습니다. 마지막으로 리더역량 모델의 창안이 육군의 장교들만을 대상으로 표집하고, 그들의 근무상황만을 관찰하여 모델을 구성한 것이므로 다른 상황에 대한 일반적인 적용이 곤란하다는 면이 비판을 받았습니다.

4) 십보라의 고백

남편의 소명 앞에 고민하는 아내가 있었습니다. 그녀의 아버지도 성직자였지만, 딸만 일곱이 있는 집안에서 자랐던 그녀는 남편의 남성적이고 강인한 외모와 성격 때문에 결혼을 결심했고, 남편의 최고의 학벌도 마음에 들었습니다. 그런데 하나님의 부르심 앞에 있는 남편을 바라보자니, 남편의 목회자로서의 자질이 의심스러웠습니다. 특히 남편의 불같은 성격이 문제였고, 그 때문에 남편은 실제로 살인을 저지른 전과가 있었습니다. 남편의 어눌한 말주변도 걱정거리였는데, 급기야 남편은 소명을 따라가야 한다면서 아내와 자녀들을 처가집으로 보내 버렸습니다.

이렇게 매정한 목회자를 남편으로 둔 아내는 누구일까요?

그녀는 바로 모세의 아내 십보라입니다. 십보라의 아버지 이드로도 미디안의 제사장(출 2:16)으로 성직자였고, 여섯 명의 자매들과 우물가에서 양들에게 물을 먹일 때마다 와서 그녀들을 쫓았던 목자들을 물리친 모세를 만났습니다(출 2:16-17). 날마다 험악한 목자들에게 이리 쫓기고, 저리 쫓기다가 남성적이고 강인한 모세를 만나니 자신도 마음에 들고 든든했지만 아버지 역시 그를 반갑게 맞이했습니다. 알고 보니 모세는 애굽의 궁중에서 최고의 교육을 받고 자란 엘리트였으며, 불의를 참지 못하는 정의로운 성품을 가지고 있었습니다. 하지만 모세는 그러한 성품을 다스리지 못하다가 결국 자신의 동포를 때리던 애굽인을 죽이는 살인을 저질렀습니다(출 2:11-12). 소명을 받을 때에도 어눌한 그의 언변이 스스로의 능력을 신뢰하지 못하게 만들었고(출 4:10-13), 하나님께서 형

아론을 붙여주시자, 그제 서야 마지못해 소명을 받아들였습니다.

아들의 할례를 행하지 않아서 하나님의 사자로부터 죽음을 당할 뻔하다가 아내 십보라의 지혜로운 대응으로 겨우 목숨을 건지고, 소명을 위해 아내와 자녀들을 처가집으로 보냈다가 광야에서 아말렉과의 전투 이후에야 그들을 다시 만나게 되었습니다(출 18:1-4).[3]

이렇듯 모세는 이스라엘 백성들을 출애굽시켜서 가나안 땅으로 데리고 가는 민족적 문제를 해결할만한 역량을 갖추지 않았습니다. 하지만 광야에서 40년을 보내며 자신의 생각과 고집이 꺾인 후에는 하나님께서 귀히 쓰시는 종이 되어 출애굽의 사명을 감당한 이스라엘의 지도자가 된 것입니다. 타고난 리더가 있는지, 아닌지의 여부, 그리고 문제를 해결하는 능력을 갖춘 여부는 사람이 판단할 수 없습니다. 분명한 것은 하나님의 손에 붙들린바 된 겸손한 사람은 누구나 리더십을 발휘할 수 있는 잠재력을 보유한다는 사실입니다. 삶의 문제, 가정의 문제, 교회의 문제도 마찬가지입니다. 하나님의 말씀 앞에 겸손히 머리를 숙이면 그 때부터 어려운 문제가 하나, 하나 해결되기 시작하는 것입니다.

정말 핵심적인 문제는 사람의 고집과 교만이 말씀 앞에 자신을 비추어보고 결단하는 것을 방해한다는 것입니다. 천지만물을 창

---

[3] 모세가 왜 죽음을 당할뻔 했는지에 대해서는 성경에 명확하게 나타나지 않는다. 다만 할례가 아브라함 때부터 하나님의 백성과 자녀가 되었다는 언약의 징표였으므로(창 17:9-14; 수 5:2-9), 이스라엘을 이끌 민족의 지도자가 자신의 가정에서도 그러한 언약을 지키지 않았다는 것이 문제라는 것을 어렵지 않게 추정할 수 있다. 십보라가 행한 할례로 인해 모세가 생명을 보존한 것은 애굽에 임한 열 번째 재앙인 장자의 죽음을 문설주에 바른 어린 양의 피로 막은 유월절을 연상케 한다.

조하시고 사람의 생사화복을 주관하시는 전능하신 하나님께 사도신경의 신앙고백을 드려도 정작 그 고백 앞에 겸손히 머리를 숙이고 하나님의 능력을 인정하지 않으면 그 능력이 나타나지 않는 것입니다. 그러므로 기독교의 리더십, 즉 영적 리더십의 핵심은 다른 무엇보다도 하나님의 뜻을 우선순위로 하는, "하나님 중심성"입니다.

4. 리더십의 유형연구(Style Approach)

1) 리더의 행동

삼국지의 조조(150-220)에 대한 평가는 양극으로 갈라집니다. 용맹함과 탁월한 지략을 겸비한 그는 한편으로 삼국을 통일한 영웅(英雄)으로 평가되기도 하고, 다른 한편으로는 간사하고 잔인한 간웅(奸雄)으로 평가되기도 합니다. 오죽하면 이기적이고, 자신의 목적을 이루기 위해 수단과 방법을 가리지 않는 간사한 사람을 가리켜 "조조같은 사람"이라고 부르기도 합니다. 하지만 조조를 부정적인 시각으로 바라보는 사람들도 그의 뛰어난 처세술과 지도자로서의 행동은 높이 평가하고 있습니다. 조조는 약관의 나이인 20세가 채 못 된 174년에 낙양성의 북부위에 부임했는데, 이는 낙양성의 북부를 지키는 직무로서 "위"(尉)란 오늘날의 경찰서장에 해당하는 관직입니다. 그는 부임하자마자 낡고 초라한 관청의 대문부터 수리하게 했습니다. 이를 통해 부하들의 마음가짐을 새로이 하고,

관청이 잘 운영되고 있음을 보이려 한 것입니다.

미국의 범죄학자인 제임스 윌슨(James Wilson)과 조지 켈링(George Kelling, 1982)이 주장한 "깨진 창문 이론"(broken window theory)도 이러한 원리를 반영합니다. 깨진 유리창 하나를 방치하면, 이는 그 지역이 무관심하게 방치된 곳으로 받아들여져서 그 지점을 중심으로 범죄가 확산된다는 것입니다. 즉, 사소한 무질서를 방치하면 큰 사회적 문제 또는 범죄로 이어질 가능성이 높다는 주장입니다. 이는 기업운영에도 적용되어 회사 건물의 내, 외부가 제대로 정리되지 않은 기업, 예를 들면 깨진 창문 하나를 방치한 기업은 이렇게 깨진 창문이 기업운영이 제대로 되고 있지 않다는 신호로 작용하므로 치명적이라는 주장도 제기되었습니다. 겉으로 드러나는 모습과 임직원들의 행동은 기업이 제대로 운영되고 있는지 아닌지에 대한 중요한 판단의 근거가 되기 때문에 그러한 부분에 대한 작은 투자는 기업 가치 제고에 큰 공헌을 한다는 것입니다(Levine, 2006).

이를 목회자의 윤리에도 적용해서 포르노그래피와 성적인 유혹에 단호하게 대처하는 행동을 하지 않으면 그 영혼의 깨진 틈을 타고 성적인 문제로 목회자가 넘어지게 된다고 경계하는 주장도 설득력을 얻습니다(Fleagle and Lichi, 2011). 목회자라고 해서 육체를 입었다는 사실이 사라지지는 않습니다. 성적인 유혹을 포함한 현대의 모든 문화적 도전에 단호하게 대처하는 행동만이 거룩한 직분을 수행할 수 있는 자격을 유지시켜 줄 것입니다.

또한 조조는 10여 개의 커다란 몽둥이를 만들어 놓았는데, 오행의 순서에 따라 다섯 가지 색을 칠한 몽둥이를 오색봉이라 부르며 이를 관청에 걸어 놓고 누구든지 금령을 어기는 자는 오색봉으로 징계하겠다고 공표했습니다. 조조는 당시 야간에 통행금지를 실시하던 낙양성을 순찰 중에 이를 어기고 돌아다니던 취객 한 사람을 붙들었는데, 알고 보니 그는 황제에게 막강한 영향력을 행사하는 환관 건석의 숙부가 되는 사람이었습니다. 하지만 조조는 그를 오색봉으로 쳐서 죽였습니다.

다음 날, 이 일이 알려지자 낙양성 전체가 들썩들썩했습니다. 하지만 대부분의 사람들은 환관의 숙부라고 거들먹거리던 이를 징계한 젊은 북부위 조조의 행동에 박수를 보냈습니다. 환관 건석도 조조의 행동을 괘씸하게는 생각했지만 이에 대해서 뭐라고 말할 수는 없었고, 그 날 이후로 성문 출입의 법규는 완벽하게 지켜졌습니다.

조조는 아랫사람에게는 친절히 대하여 사람의 마음을 얻고, 윗사람의 잘못은 엄중히 벌해서 권위를 세우는 것을 원칙으로 삼았고, 이를 낙양성 북부위 직에 부임하여 행동으로 보여주었던 것입니다(자오위핑, 2014). 원칙과 신념을 행동으로 실천한 조조는 훗날 위, 촉, 오의 삼국을 통일하는 위업을 이루었습니다.

2) 리더십행동의 유형

리더십의 유형연구는 리더의 행동유형에 초점을 맞추고 있습니다. 유형연구는 기존의 연구, 즉 리더의 성격 특성을 강조하는 리더특성연구, 리더의 역량(문제해결력)을 강조하는 리더역량연구와 차별화하기 위해서 리더의 행동을 강조했습니다. 리더의 리더십행동유형을 개념화하여 오직 리더가 무엇을 하는가, 어떻게 행동을 하는지에만 초점을 맞추어 리더의 행동을 구분하였습니다.

예를 들면 리더의 행동을 독재적 행동과 민주적 행동으로 구분하였고, 또한 인간(관계)중심 행동과 직무(과업)중심 행동을 구분하였습니다. 전체적으로 리더의 행동을 과업행동(task behavior)과 관계성행동(relationship behavior)의 기본행동유형으로 나누어 두 가지 행동의 최적 조합을 찾는 것을 목표로 했습니다.

초기의 유형연구는 미국 오하이오주립대학교 연구진에 의해 이루어졌는데, 리더들이 집단을 운영하거나 조직을 이끌 때에 어떻게 행동하는지에 관심을 가지고 시작되었습니다. 구성원들이 리더의 행동에 대하여 가지고 있는 인식을 설문지를 통해 점검했는데, 1,800여 종류의 행동들의 목록을 기초로 해서 150문항으로 이루어진 LBDQ(Leadership Behavior Description Questionnaire)를 사용했습니다. 구성원들의 응답을 토대로 리더의 행동은 구조주도(initiating structure)와 배려(consideration)의 두 가지 형태로 나타난다고 요약했으며, 따라서 구조주도행동을 과업행동으로, 그리고 배려는 관계성행동으로 분류했습니다(Stodgill, 1974).

이러한 연구결과는 리더가 과업행동과 관계성행동 간의 조합을 어떻게 이루어야 리더십을 효과적으로 발휘할 수 있느냐는 질문을 제기함으로써 다음 장에서 다룰 경로-목표 이론이 대두되는 배경으로 작용했습니다.

미시건대학교의 연구진은 리더행동이 조직의 업적에 미치는 영향에 관심을 가지고 연구한 결과, 종업원지향(employess orientation)과 생산지향(production orientation) 등, 두 가지 유형의 리더십행동을 제시했습니다. 이는 오하이오주립대학교의 연구결과와 거의 비슷한 것으로서 종업원지향 행동은 배려와 인간관계를 강조하는 관계성행동과 유사하고, 생산지향 행동은 구조주도적 과업행동과 유사합니다.

텍사스대학교(University of Texas, Austin)의 심리학과 교수 로버트 블레이크(Robert R. Blake)와 그의 제자로서 역시 심리학과 교수였던 제인 무튼(Jane S. Mouton)은 사람과 생산의 두 가지 주요 요인을 어떻게 결합하면 조직의 목표를 달성할 수 있을지에 관심을 두고 관리격자모형(the managerial grid)을 만들었습니다. 이 모형은 1960년대 초에 최초로 소개되었고, 이후 여러 차례에 걸쳐 다듬어졌습니다(Blake and Mouton, 1964, 1978, 1985; Blake and McCanse, 1991).

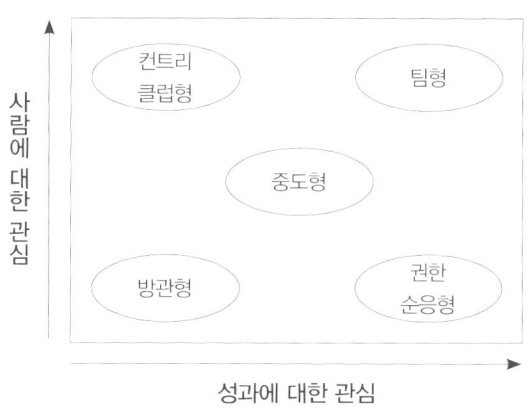

[그림 2. 관리격자모형: Blake and Mouton, 1985]

초기의 관리격자모형은 다섯 가지의 주된 리더십행동의 유형을 제시했습니다.

첫째, 권한 순응형은 구성원들이 과업완수를 위한 리더의 요구에 따를 것을 매우 강조합니다. 이는 성과지향적인 유형으로서 사람을 목표달성의 수단으로 여기는 유형입니다.

둘째, 컨트리 클럽형은 이와는 반대로 과업을 달성하는 것에 대한 관심은 거의 없고, 인간관계에만 집중하는 유형으로서 조직 분위기에 신경을 쓰다가 조직의 존재이유를 놓치는 유형입니다. 마치 컨트리 클럽의 관리인처럼 골프의 타수에는 관심이 없고 오직 손님들을 잘 맞이하는 것에만 관심을 기울이는 형태입니다.

셋째, 방관형은 과업이나 인간관계 모두에 관심을 갖지 않는 유형으로서 리더의 무능함을 드러냅니다.

넷째, 중도형은 절충형 리더의 모습을 나타내는 것으로서 과업수행과 인간관계 모두에 어느 정도 집중하는 유형입니다. 이는 적당히 조직을 운영하는 유형입니다.

다섯째, 팀형은 과업과 인간관계 모두를 중시하는 가장 바람직한 유형입니다.

후기의 관리격자모형은 온정주의형과 임기응변적 유형 등, 두 가지 리더십행동의 유형을 제시했습니다. 온정주의 리더형은 권한순응형과 컨트리 클럽형 양쪽을 모두 활용하지만 양자를 통합하지는 않는 유형으로서 행동은 우아하지만 목표달성을 위해서는 엄격하고 단호한 "자비로운 독재자" 유형입니다. 목표를 달성하면 인정과 보상을 부여하지만, 그렇지 못할 경우 또는 리더의 권한에 순응하지 않는 경우에는 혹독한 처벌을 가하는 유형입니다. 임기응변적 리더는 다섯 가지 기본 유형을 조합하여 리더십을 적절히 발휘하는 유형으로서 상황별 대처능력이 뛰어난 유형입니다.

3) 유형연구의 장·단점

유형연구는 리더십연구의 초점을 보편적으로 바꾸기 시작한 연구로서, 리더십유형에 관한 광범위한 실증 연구를 통해 리더행동의 유형을 검증하므로 신뢰성을 제고할 수 있고, 리더십행동이 두 가지 주된 유형으로 분류되어 간결한 처방을 제공하는 데에 유용합니다.

그러한 이유로 유형연구는 리더십의 복잡성을 이해하는 데 도움이 되는 개념적 안내도를 제공한다는 긍정적 평가를 받습니다. 유형연구는 리더가 되려면 어떻게 행동해야 한다고 제시하는 것으로 끝나는 것이 아니라 리더 행동의 구성요소를 설명함으로써 그 효과성을 발휘하는 것입니다. 예를 들면 교회의 성경공부 소그룹 모임의 첫 시간에 인도자가 자신을 소개하고, 앞으로 어떤 방법으로 소그룹을 인도할 것인지 소개하고, 기본적인 모임의 형태와 시간, 진행방식에 대하여 설명하고 모임을 마쳤다면 그 인도자는 과업행동 중심의 리더십을 발휘한 것입니다.

반대로 인도자가 첫 시간에 자신을 소개한 이후, 어색한 분위기를 없앨 수 있는 아이스 브레이킹(ice-breaking) 시간을 갖고, 모인 사람들 개인이 각자 자신을 소개할 수 있도록 기회를 주며, 간단한 토론주제를 제시하여 생각을 나눌 수 있는 시간을 갖는다면 그 인도자는 관계성행동을 보인 것입니다.

하지만 유형연구는 리더의 행동유형이 업적성과와 어떤 관계를 가지고 있는지를 적절하게 밝히지 못하는 한계를 드러냈으며, 모든 상황에 효과적일 수 있는 보편적 리더십유형을 찾아내지 못한다는 비판을 받았습니다. 또한 팀형 리더십을 가장 바람직한 리더십유형으로 제시하지만 팀형이 모든 상황에서 가장 효과적인 리더십유형은 아니며 단지 제한적인 상황에서만 유용하다는 반론도 제기되었습니다(Yukl, 2012). 이러한 지적은 상황에 따라서는 팀형 리더십유형이 아닌, 다른 리더십유형이 요구된다는 점을 강조하며 상황적 리더십연구의 필요성을 불러 일으켰습니다.

4) 리더의 마음과 리더십행동

미국의 코칭과 리더십의 전문가 수전 스캇(Susan Scott, 2011)은 기존 리더십에 대한 대안으로서 "혹독한 또는 매서운 리더십"(fierce leadership)을 제시했습니다. 이는 리더가 구성원들을 매섭게 몰아치는 것이라기보다는 리더가 구성원들을 존중하고, 진정한 애정을 가지고 그들을 대하는 한편, 업무성과에 대한 강한 소망을 가져야 함을 강조하는 것입니다. 그녀가 강조하는 핵심요소는 바로 정직함입니다. 진실되지 않은 리더의 말과 행동은 언젠가는 드러나게 마련이고, 이는 구성원들의 신뢰를 잃어 조직의 목표를 달성하는 데에도 실패한다는 것입니다.

그러므로 스캇이 강조하는 리더십의 본질은 자신을 엄격하게 또는 혹독하게 관리하는 것입니다. 이를 위해 그녀는 360도의 전방위 피드백에 귀를 열어 놓으라고 조언하며, 혹독한 대화(fierce conversation)를 위한 일곱 가지의 전략을 제시했습니다(Scott, 2004).

가장 기본적인 사항으로서 현실 또는 진실에 대하여 의문을 제기할 수 있는 용기가 필요한데, 사람을 포함해서 모든 것이 변화하기 때문에 명확히 현실을 점검하는 것이 리더십을 발휘하는 데에 가장 기본이 됩니다. 이는 자기 자신에 대한 점검으로부터 시작하며, 따라서 자신을 진실되게 파악한다면 구성원, 고객 등 다른 사람과의 대화 역시 진실된 것이 됩니다. 그렇게 진실하게 참여하고, 문제에 집중하면 되는 것입니다.

　리더가 탈진하는 이유는 문제가 많아서가 아니라 같은 문제에 연속해서 부딪치기 때문이라고 스캇은 지적했습니다(Scott, 2004). 그녀는 그렇게 정직하게 자신을 돌아보고, 자신의 본능에 집중하면 문제는 풀리게 마련이며, 대화 자체가 관계에 관한 것임을 인식하고 대화 중간에 여유를 두어 영감이 떠오르게 하라고 조언했습니다. 리더십을 제대로 발휘하도록 하는 이러한 모든 대화를 준비하는 기본은 열정, 정직, 현실감각, 진실성, 협력의 정신을 갖추는 것입니다.

　"대저 그 마음의 생각이 어떠하면 그 위인도 그러한즉"이라는 잠언 23장 7절의 말씀은 사람이 자기 마음에 품은 생각이 그 사람의 말과 행동으로 나타난다는 뜻입니다. 스캇이 지적한 것도 같은 내용입니다. 리더의 행동은 리더의 마음가짐에서 나옵니다. 그래서 스캇은 리더의 진실한 마음이 구성원들의 마음을 움직일 때에 리더십이 발휘된다는 점을 지적한 것입니다. 그래서 그녀는 리더십의 개발을 위해 사랑조차도 실천을 통해 연습하라고 조언했습니다(Scott, 2009).

　예수님 또한 열매로 그 나무를 알 수 있다면서 "선한 사람은 그 쌓은 선에서 선한 것을 내고 악한 사람은 그 쌓은 악에서 악한 것을 내느니라"(마 12:35)고 말씀하셨습니다. 성경에 나타난 죄의 개념은 그 마음이 하나님의 뜻을 놓치고, 본래의 모습을 잃고 구부러졌다, 또는 화살이 과녁(신앙의 목표)을 벗어났다는 의미입니다(최성훈, 2016a, 247).

겉으로 드러난 행동은 빙산의 일각일 뿐입니다. 영적 리더십을 발휘하는 가장 근본적인 방법은 하나님의 마음으로 채운 하나님의 사람이 되는 것입니다. "모든 지킬만한 것 중에 더욱 네 마음을 지키라 생명의 근원이 이에서 남이니라"(잠 4:23)는 말씀을 품은 사람은 영적 리더의 자질이 있으며, 이는 곧 리더십의 행동으로 나타나게 될 것입니다.

3장

상황이론

    리더십의 인물연구는 리더의 외모와 신장, 재능, 언변 등의 특성이나 능력을 강조하거나 리더의 행동유형을 분석해서 리더십의 본질을 밝혀내려는 시도입니다. 반면에 리더십의 상황이론은 리더와 구성원의 관계를 중심으로 하는 상황적 요소와 양자 간의 상호작용을 통해서 리더십이 실현되는 과정을 강조합니다.

    그러므로 크게 분류하면 리더십의 인물연구는 특성론으로 대변되며, 리더십의 상황이론은 과정론으로 요약됩니다. 리더십의 상황이론은 누구나 특정한 상황 속에서 구성원들과의 상호작용을 통해 리더십을 발휘할 수 있다고 보기 때문에 더욱 호평을 받았습니다. 상황이론에 따르면 리더십은 상황 속에서 존재하는 것이므로 후천적으로 개발되거나, 학습에 의해 습득될 수 있는 것이기 때문입니다.

1. 상황에 대한 고려의 중요성

지중해의 패권을 놓고 싸운 로마와 카르타고 사이에서 벌어진 세 차례의 전쟁을 포에니 전쟁(The Punic Wars)이라고 합니다. 1차 포에니 전쟁(기원전 264-241년)을 로마가 승리함으로써 로마가 지중해 대부분을 장악했고, 카르타고는 시칠리아에 대한 주도권을 상실하는 것은 물론, 로마에 막대한 배상금을 물어주게 되었습니다. 이후 카르타고는 이베리아 반도로 눈을 돌렸고, 로마의 동맹국이었던 사군토(Sagunto)를 침략함으로써 2차 포에니 전쟁(기원전 218-201년)이 발발했습니다. 2차 포에니 전쟁은 카르타고의 군대를 이끌었던 명장 한니발 바르카(Hannibal Barca)의 명성 때문에 "한니발 전쟁"이라고도 불립니다. 한니발은 로마의 허를 찔러서 알프스 산맥을 넘어 진격함으로써 로마를 두려움에 떨게 했는데, 2차 포에니 전쟁에서 가장 유명한 전투이자 포위섬멸전의 모범으로서 오늘날에도 각국의 사관학교에서 교본으로 삼는 전투는 기원전 216년에 벌어진 칸나에 전투(The Battle of Cannae)입니다.

당시 한니발에 맞선 로마의 장군 가이우스 페렌티우스 바로(Gaius Terentius Varro)는 7천기의 기마병과 6만 5천 명의 중무장 보병과 1만 5천의 경무장 보병 등, 총 8만의 보병을 거느리고 있었고, 카르타고는 비슷한 수의 기병 1만과 보병 4만으로 전투에 임했습니다. 로마군은 보병 수가 압도적이었고, 카르타고군은 고지대에 위치해서 지형상으로 유리한 입지를 차지했습니다.

전통적으로 로마군은 중무장 보병을 주력부대로 하는데 비해, 카르타고군은 기병을 중심으로 병력을 운영했습니다. 따라서 로마는 보병의 수적 우세를 중심으로 승리를 확신했었고, 카르타고는 비슷한 수의 기병을 보유하기는 했지만, 보병의 열세가 심하여 지형적인 유리함 외에 달리 의지할 것이 없었습니다. 한니발은 이렇게 불리한 상황을 바라보며 기병을 두 부대로 나누었는데, 지형이 낮은 좌측에는 더 많은 수의 기병 8천을 편성했고, 지대가 높아서 지형적인 유리함이 있는 우측에는 2천 명의 기병만을 배치했습니다.

로마의 바로 장군은 카르타고의 기병이 두 부대로 나뉘는 것을 보고 양쪽에 같은 수의 기병을 배치했을 것이라 생각하고, 로마군도 같은 수의 기병으로 맞서며 중심에 위치한 중무장 보병의 주력 부대로 전투의 승부를 내려고 했습니다. 하지만 막상 전투가 시작되자 우측의 카르타고 기병은 지형의 잇점을 활용하여 적은 수로 로마의 기병들을 효과적으로 막았고, 좌측의 기병은 우세한 수를 바탕으로 로마 기병을 손쉽게 제압했습니다. 좌측에서 승리한 기병들은 로마의 후방으로 가로질러서 우측 기병을 순식간에 물리쳐 버렸습니다.

한편 중심에서 맞붙은 보병 전투에서 한니발이 작전상 후퇴하자 로마 보병들은 대대적인 공격을 감행했습니다. 이러한 틈을 타서 카르타고의 기병들은 초승달 모양의 대형을 갖추어 로마군을 포위한 후에 종횡으로 누비며 공격하자 로마군이 일시에 무너져버렸습니다.

결국 로마군은 최소 5만 4천 명의 보병이 전사했고, 기병은 2천 7백의 손실을 보았으며, 1만 명이 포로로 사로잡히며 완전히 궤멸되었습니다. 반면 카르타고군은 보병 5천 5백과 기병 2백의 손실만을 보았을 뿐입니다. 그렇게 카르타고군은 대승을 거두었습니다.

이후 이 작전은 역사상 가장 완벽한 전술을 구사한 승리로 칭송을 받았고, 칸나에 전투 패배 이후로 로마군은 약 4천 명으로 편성하던 군단 체제를 기병을 보강하여 6천 명으로 편성하기 시작했습니다.[1] 카르타고군과 로마군의 군사력의 구비 상황과 지형이라는 환경적 요소에 대한 한니발 장군의 예리한 분석과 그 분석에 기초한 전략의 수립이 카르타고군이 불리한 조건을 극복하고 이 같은 승리를 거두게 한 원동력이 되었던 것입니다.

---

[1] 예수님이 거라사 지방에서 군대귀신 들린 자를 고치신 사건(막 5:1-20)에서 귀신들린 사람은 자신의 이름을 군대라고 말하며 자신들이 많기 때문이라고 말했다. 이 때 군대란 "레기온"(legion)으로서 로마의 군단을 의미한다. 원래 로마 군단은 120(10×12)명으로 구성된 중대 35개가 모인 4,200명으로 편성되었다. 동일한 전투체력과 경험을 바탕으로 전우애를 최대로 발휘할 수 있도록 제1전열에 25-30세 병사들로 구성된 하스타티(Hastati) 10개 중대, 제2전열에 30-40세의 프린시페(Principes) 10개 중대, 제3전열에 40-45세 병사들의 부대인 트리아리(Triarii) 5개 중대를 모아 중무장 보병 위주의 주력 부대를 형성하였다. 제1전열의 앞인 최전방에는 17-25세의 젊은 병사들로 구성된 경무장 부대인 벨리테(Velites) 중대 10개를 정찰대로 배치하였다. 로마의 가이우스 마리우스(Gaius Marius, B.C.157-86) 장군이 칸나에 전투 이후에 100명으로 구성된 백인대와, 6개의 백인대로 구성된 대대, 그리고 10개의 대대로 구성된 군단의 편성을 완성했다. 하나의 군단은 한 개 대대(600명)의 귀족들로 구성된 기병부대, 두 개 대대(1,200명)로 구성된 노예 또는 피정복민 출신의 경무장 보병부대, 그리고 일곱 개 대대(4,200명)의 로마시민으로 구성된 중무장 보병부대로 구성되었다. 여전히 중무장 보병이 로마군의 핵심이기는 했지만, 로마군은 칸나에 전투 이후로 기병 전술에 대한 의존도를 높였다. 자세한 내용은 정토웅, 『세계전쟁사 다이제스트 100』 (서울: 가람기획, 2010), 60-72을 참조하라.

2. 상황적 접근법(Situational Leadership)

1) 칭찬은 고래도 춤추게 한다

미국의 교육행정과 리더십 전문가 케네스 브랜차드(Kenneth Blanchard)가 쓴 베스트셀러 가운데 『칭찬은 고래도 춤추게 한다』라는 책이 있습니다. 사실 3명의 공저자가 더 있기는 하지만, 브랜차드의 이름이 가장 잘 알려져 있습니다.[2] 원래의 영문 제목은 "잘했다"는 뜻의 "Well done"의 발음을 이용한 언어유희를 덧붙인 제목인 "Whale Done: The Power of Positive Relationships"입니다.

고래가 어떤 일을 해냈다는 뜻으로서 긍정적인 관계의 능력에 대한 책인데, 주인공 웨스 킹슬리(Wes Kingsley)는 회사의 중역으로서 회사와 가정에서 인간관계로 고민을 많이 하는 사람입니다. 그는 플로리다의 비지니스 컨퍼런스(business conference)에 참석했다가, 조금 일정이 남아 휴식할 수 있는 시간을 갖게 되었습니다. 골프를 칠까, 무엇을 할까 고민하다가, 유명한 플로리다의 씨월드를 방문했습니다. 범고래 쇼가 벌어지는 샤무 스타디움(Shamu Stadium)에 가서 수컷의 무게가 4.5톤, 암컷의 무게가 2.3톤이나 되는 범고래들의 멋진 쇼를 보고, "나는 우리 직원들 몇 사람과 더불어 일하는 것도 참 힘이 드는데, 그리고 우리 자녀들과 함께 사는 것도 힘이 드는데, 어떻게 저렇게 할 수 있단 말인가?"라고 감탄했습니다.

---

[2] Blanchard, Kenneth, Lacinak, Thad, Tompkins, Chuck, and Ballard, Jim. *Whale Done: The Power of Positive Relationships* (NY: The Free Prees), 2002.

그래서 조련사를 만나 조언을 구했는데, 범고래 조련사인 데이브 (Dave)는 사람과 범고래와의 관계는 인간 사이의 관계와 다르지 않다고 말하며, 멋진 쇼의 비결은 긍정적인 관심과 칭찬이라고 말해 주었습니다.

데이브의 조언에 의하면,

첫째, 돌고래는 신뢰가 형성될 때까지 말을 듣지 않더라는 것입니다. 사람들도 마찬가지입니다. 그들을 바꾸기 이전에, 즉 영향을 미치기 전에 신뢰가 먼저 쌓여져야 한다는 것입니다.

둘째, 잘한 일에 초점을 맞추어야 한다는 것입니다. 조련사들은 잘못한 것은 빨리 지나치고, 잘한 것에 모든 칭찬과 격려를 쏟아 부었습니다. 조직 구성원에 대하여도 실수나 잘못보다는 잘한 일에 초점을 맞추어 칭찬과 격려를 아끼지 않을 때에 조직 분위기가 좋아진다는 것입니다.

셋째, 결과가 아닌, 과정을 칭찬했다는 것입니다. 우리나라 사람들은 오랫동안 잘못했을 때 지적받고 꾸중듣는 유교 문화 가운데 살아왔습니다. 특히 기성세대는 꾸중을 받은 것이 아니면 칭찬받은 것이라는 왜곡된 개념을 가지고 살아왔습니다.

그러나 동물이든 사람이든, 칭찬하고 격려하는 그 방향으로 행동이 바뀌고 가치관이 바뀌어 가는 것입니다. 특히 그리스도의 눈으로 서로를 바라보며 칭찬하고, 세워주는 말을 하는 것은 사람을 살리는 것입니다. 그러한 눈, 그리스도의 마음을 가진 사람들이 이루어 나가는 나라가 바로 하나님의 나라입니다.

2) SL II(Situational Leadership II) 모형

상황적 접근법은 1969년에 교육학박사인 폴 헐시(Paul Hersey)와 교육행정학 박사인 케네스 블랜차드(Kenneth Blanchard)에 의해 처음 개발되었고, 이후 여러 차례의 개정을 거듭하며 "SL II"(Situational Leadership II)라는 모형으로 완성되었습니다(Blanchard, 1985). 이는 리더십유형과 하위자(구성원)의 발달 수준을 분리하여 분석한 것으로서 적절한 리더십 스타일은 구성원(부하)의 성숙도에 따라 달리 발휘되며, 이를 고려한 리더십은 지시적 차원과 지원적 차원으로 구성된다고 주장했습니다. 상황적 접근법에 의하면 구성원들의 유능성과 헌신성, 혹은 동기 유발의 수준은 시간의 경과, 상황에 따라 달라지며, 그 성숙도가 리더 행동의 효과를 어떻게 조정해야 하는지를 제시합니다.

따라서 리더는 구성원들(하위자들)의 변화하는 유능성 및 헌신성의 수준에 맞추기 위해서 그의 지시적 행동과 지원적 행동의 정도를 변경시켜야 한다는 것입니다.

SL II 모형에 의하면 리더십스타일은 구성원들의 성숙도에 따라 위임형, 도움형, 코치형, 그리고 지시형으로 구분됩니다. 구성원들이 매우 성숙한 수준을 보인다면 리더는 지시적인 과업지행행동과 지원적인 관계지향행동 모두를 보일 필요가 없이 의사결정과 집행에 관한 권한을 모두 위임하면 됩니다. 구성원들이 중상 정도의 성숙도를 보이면 리더는 구성원들과 아이디어를 공유하며 그들을 격려하고 도와서 업무를 촉진하는, 낮은 과업지향행동과 높은 관계지향행동을 보이는 도움형의 모습을 보여야 합니다. 구성원들의 성숙도가 중간 수준이면 리더는 과업지향행동과 관계지향행동 모두 높은 수준으로 사용하여 방향을 제시하고 구성원들을 격려하는 코치의 역할을 담당해야 합니다. 마지막으로 구성원들의 성숙도가 낮을 경우, 리더는 높은 과업지향행동과 낮은 관계지향행동을 통해 명확한 지침을 지시하고 세부적인 업무를 챙기는 지시형 리더가 되어야 하는 것입니다.

3) 상황적 접근법의 장·단점

상황적 접근법은 단순하여 이해가 쉽고, 다양한 상황에 쉽게 응용될 수 있기 때문에 한 개인을 훈련시켜 유능한 리더가 되게 하는 신뢰할 만한 훈련모델을 제공하는 것으로 인식되었습니다. 또한 수많은 리더십 이론들의 특성이 서술적(descriptive)이지만, 상황적 접근법은 처방적(prescriptive)이므로 여러 가지 상황에서 해야 할 리더 행동과, 해서는 안 될 리더의 행동을 제시하는 융통성을 발휘하고 있습니다. 또한 구성원들의 과업 성격에 따라 그들을 다르게 지도하며, 그들을 도와 새로운 직무 기술을 습득시킴으로써 과업 수행에서 보다 자신감을 갖도록 해야 도와야 한다는 중요한 리더십의 포인트를 상기시켰습니다.

하지만 이 접근법이 제시하고 있는 가정이나 명제를 정당화하기 위한 실증연구가 부족하다는 점이 지적되며, 상황 접근법의 이론적 기반에 관한 의문이 대두되었습니다. 또한 모형에서 제시하고 있는 구성원들의 발달 수준이 모델에서 어떻게 개념화되어 있는지에 대한 설명이 미흡하다는 비판이 제기되었습니다.

예를 들면 헌신성에 대한 개념이 명확하지 않다는 것이 지적되었고(Graeff, 1997), 이에 대하여 이론을 제시한 블랜차드 등(Blanchard et al., 1985)이 헌신성이란 자신감과 동기유발로 구성된 개념이라고 응답했지만 자신감과 동기유발이 어떻게 결합해서 헌신성을 이루는지에 대한 설명은 여전히 제시되지 않았습니다. 리더십유형을 구성원들의 정적인 성숙도가 아닌, 동적인 발달 단계와 어떻게 접목시킬지에 대한 제시가 부족하다는 것, 그리고 어떤 인구통계학적 변인(예: 교육, 경험, 나이, 성별 등)이 모델상의 구성원에 대한 리더의 행동 처방에 어떤 방식으로 영향을 미치는지에 대한 설명이 결여되었음도 비판을 받았습니다.

이외에도 남성과 여성 간에 리더십유형의 선호도가 다르다는 것이 지적되었는데, 일례로 남성은 지시적 리더십을 선호하고, 여성은 지원적 리더십을 선호하는 경향을 보이는데, 상황적 접근법이 이러한 성별의 차이에 기인한 특성을 반영하지 않는다고 비판을 받았습니다. 또한 조직 전체의 발달수준과 구성원 개인의 발달수준 중에서 어디에 맞추어야 할지를 제시하지 않았기 때문에 실무적으로 응용하기 어렵다는 지적을 받았습니다.

4) 상황에 따른 부르심

사사기에서 반복되는 내용에는 이스라엘이 여호와의 목전에 악을 행했고(삿 2:2, 11, 20; 3:7, 12; 4:1; 6:1; 10:10), 그래서 하나님께서 이스라엘을 대적의 손에 붙이셨는데(삿 2:14; 3:8; 4:2; 6:1; 10:7; 13:1), 이스라엘이 하나님께 회개했을 때에는 사사를 통해 구원하셨다는(삿 2:16; 3:9, 15; 4:4; 6:12; 11:11; 13:5) 것입니다. 이스라엘이 하나님 앞에 죄를 지어서 반복해서 어려움을 겪은 이유는 그들 중에 왕이 없으므로(하나님을 왕으로 섬기지 않았기 때문에) 자기 소견에 옳은 대로 행했기(삿 17:6; 18:1; 19:1; 21:25) 때문입니다. 그래서 그 이름의 뜻이 "떡(빵)의 집"인 "베들레헴"에서 모압으로 양식을 찾아 떠날 수밖에 없었던 나오미 가족의 모습은 하나님을 경외하는 마음을 잃고 하나님의 말씀이라는 영적 양식을 잃어버린 이스라엘의 모습을 대변합니다. 또한 사무엘상 1장에서 불임으로 고통당하던 한나의 모습 역시 이스라엘이 하나님을 떠나 열매맺지 못하는 삶을 살고 있는 것을 잘 나타냅니다.

이스라엘 백성들이 미디안 사람들에게 7년 동안 고통을 당할 때에 하나님의 사자가 기드온에게 나타나서 "큰 용사여 여호와께서 너와 함께 계시도다"(삿 6:12)라고 말하며 기드온을 큰 용사로 불렀습니다. 기드온은 자신의 집이 므낫세 집안에서 극히 약하고 자신은 아버지 집에서 가장 작은 자라고 대답했지만, 하나님은 "내가 반드시 너와 함께 하리니 네가 미디안 사람 치기를 한 사람을 치듯 하리라"(삿 6:16)고 말씀하시며 힘을 실어 주셨습니다.

밀을 작은 포도주 틀에서 미디안 사람들 몰래 타작할 정도로(삿 6:11) 겁이 많고 소심했던 기드온은 하나님의 말씀을 듣고도 그 마음이 두려웠습니다. 그래서 표적을 구하며, 예물로 염소 새끼 한 마리와 가루 한 에바로 떡을 만들어 고기를 소쿠리에 담고 국을 양푼에 담아서 상수리나무 아래로 가져다 드릴 때에, 하나님의 사자가 손에 잡은 지팡이의 끝을 내밀고 고기와 떡을 불사르고, 사라졌습니다. 기드온은 자신이 표적을 구했음에도 하나님께서 제물을 열납하시자 이제는 깜짝 놀라서 자신이 하나님의 사자를 대면하여 보았으니 이제 죽게 되었다고 탄식했습니다. 하나님께서 안심하라고 말씀해 주시자, 비로소 기드온은 거기에서 단을 쌓고 그 이름을 "여호와는 평강이시라" 즉, "여호와 샬롬"이라고 말하며 하나님을 찬송했습니다.

기드온은 외부의 적 미디안과 대항해 싸울 준비를 하고 있었지만 이 적은 이스라엘의 범죄에 대한 응징 수단이었습니다. 그러므로 기드온이 예배를 드리고 단을 쌓을 때에 하나님과 기드온 사이에 회복된 평화는 하나님과 이스라엘 백성들 사이에 회복될 평화를 예시하는 것입니다. 이후에도 기드온이 양털을 가지고 두 차례나 더 표적을 구한 후에야(삿 6:36-40) 기드온이 움직였습니다. 그러므로 구원은 기드온이 아니라 하나님의 손에 있는 것임이 여실히 증명되었습니다.

성경은 겁이 많고, 허물이 많은 이들을 불러서 그들을 귀한 일꾼으로 사용하시는 하나님의 섭리를 여러 군데에서 소개합니다. "속이는 자"라는 이름을 가지고 있었던 야곱은 하나님의 손에만 자신의 모든 것이 달려있음을 알고 밤새도록 하나님께 부르짖고 씨름하여 "하나님과 겨루어 이겼다" 또는 "하나님이 살리셨다"라는 뜻의 "이스라엘"이라는 이름을 받아 큰 민족을 이루게 되었습니다.

그 자손들이 범죄하여 멸망하게 되었을 때에 하나님은 "버러지 같은 너 야곱아"(사 41:14)라고 부르시며 악하고 약한 그들의 힘으로는 하나님께 돌아올 수 없지만 하나님께서 그들의 연약함을 아신다며 하나님께로 돌아오기를 호소하셨습니다.

예수님도 제자 베드로가 예수님을 세 번이나 부인하고 낙심해 있을 때에는 "요한의 아들 시몬"이라고 세 번 부르시면서(요 21:15-17) 베드로의 약함을 아시며, 능력의 근원이 사람에게 있지 않음을 잘 알고 계심을 보여주셨습니다. "갈대"라는 뜻의 "시몬"으로 베드로를 부르시며 갈대와 같이 흔들려서 예수님을 세 번 부인한 베드로의 인간적인 면을 모두 이해하시고, 새로운 기회와 능력을 주시겠다는 의미에서 그를 시몬이라고 부르신 것입니다. 그리고 베드로에게 "내 어린 양을 먹이라, 내 양을 치라, 내 양을 먹이라"(요 21:15-17)고 세 번이나 사명을 맡기시며 그를 일으켜 주셨던 것입니다. 말할 수 없이 참혹한 심경 가운데에 있던 배신자 제자를, 시몬이라고 부르시면서 회복시켜주시고, 베드로를 반석으로 부르시고 그 위에 교회를 세우시겠다는 약속(마 16:18)이 드디어 이루어지도록 은혜를 베풀어 주신 것입니다. 자기 의와 자신의 능력을 내세우지 않고 십자가 앞에 엎드리는 모든 이들에게, 그들을 불러주시는 주님의 따뜻한 음성은 오늘도 변함없이 울려 퍼지고 있습니다.

3. 상황적합이론(Contingency Theory)

1) 알렉산더의 자만

고대인들이 생각하는 리더십에 있어서 키를 비롯한 외모는 매우 중요한 요인이었습니다. 신장과 체격은 힘을 나타내는 가장 기본적인 지표이었기 때문입니다. 트로이 전쟁을 묘사한 호머(Homer)의 일리아드(Iliad)에서도 그리스의 왕 아가멤논(Agamemnon the Great)은 다른 사람보다 머리 하나가 더 컸다고 소개되었습니다.

모름지기 왕은 다른 이들보다 신체적인 조건에서 월등해야 한다는 인식이 고대 사회에 만연해 있었기 때문입니다. 실제로 키가 큰 남자들은 전쟁에서 접근전에 유리했고, 이 때문에 지휘관으로 선택되는 경향이 높았습니다.

하지만 마케도니아의 왕 알렉산더(Alexander the Great)는 키가 작았기 때문에 결정적으로 불리한 신체적 조건을 가지고 있었습니다. 그러나 알렉산더 대왕은 사람의 마음을 움직이는 화술과 열정을 통해 효과적인 리더십을 발휘할 수 있었습니다. 무엇보다도 그는 왕이었음에도 불구하고 병사들과 똑같은 음식으로 식사를 했고, 전투에서는 가장 앞서서 싸웠습니다. 병사들은 이에 감동하여 목숨을 다해 싸웠고, 알렉산더의 군대는 승승장구하며 더욱 강력해졌습니다.

하지만 그의 군대를 위험에 빠뜨린 결정적인 원인은 역설적이게도 그의 연이은 성공이었습니다. 승리가 계속되고, 알렉산더 대왕을 칭송하는 대서사시가 낭송됨에 따라 젊은 왕의 주위는 아첨하는 신하들로 가득했고, 그들은 온갖 찬사와 감언이설로 왕의 비위를 맞추려고 했습니다. 그들은 모든 전투의 성공과 정복을 알렉산더 자신의 용기와 용맹의 덕이라고 칭송했습니다. 결국 알렉산더는 겸손하게 병사들과 함께 전장에서 뒹굴고, 솔선수범하며 군대를 이끌었던 초심을 잃어버리고 말았습니다. 장수들과 병사들도 공을 자신에게 모두 돌리는 알렉산더를 바라보며 충성심을 잃기 시작했습니다.

결국 이러한 부푼 자만심은 매우 비극적인 결과를 가져 왔습니다. 주전 328년, 동방원정을 떠나 오늘날의 우즈베키스탄 지역인 마라칸다(Marakanda)에서 술판을 벌이던 알렉산더와 장수들은 심하게 취해 있었습니다. 아첨꾼들은 알렉산더에게 그가 섬겼던 부왕 필립 2세(Philip II)는 물론 헤라클레스보다 우월하다고 말했고, 기병대를 지휘하던 장군이자 친구인 클레이투스(Cleitus the Black)는 그것은 필립 왕과 신에 대한 모욕이라고 비판했습니다.

화가 머리끝까지 난 알렉산더 대왕은 어린 시절부터 함께 자랐고, 심지어 그라니쿠스 전투(The Battle of the Granicus)에서 자신의 목숨을 구해주었던 클레이투스를 그만 창으로 찔러 죽이고 말았습니다. 또한 페르시아를 점령한 후에, 그 수도를 불태우면 그리스인들을 기쁘게 할 것이라는 매춘부의 말을 듣고 페르시아의 수도인 페르세폴리스(Persepolis)에 불을 질러서 민심을 잃어버렸습니다.

결국 전쟁 중에 충성스러운 부하들을 무시하고 간신들에 의해 귀가 얇아진 알렉산더는 아랍 원정 직전에도 역시 자만하여 술을 마시다가 고열이 나서 눕게 되었고, 이틀 후에 숨을 거두었습니다. 알렉산더의 자만으로 인해 제국의 구심이 이미 흩어져 있던 마케도니아는, 그의 사후에 장군들의 권력다툼으로 인해 북부 시리아와 메소포타미아의 셀류시드 왕조(Seleucid Dynasty), 애굽과 팔레스타인, 남부 시리아 지역을 다스린 프톨레미 왕조(Ptolemaic Dynasty), 소아시아 지역을 차지한 리시마쿠스 왕조(Lysimachus Dynasty), 그리고 그리스와 마케도니아의 헬라 지역을 다스린 카산더 왕조(Cassander Dynasty)로 분열되고 말았습니다.

2) LPC(Least Preferred Co-Worker Scale) 척도

리더가 그의 리더십을 적절한 상황에 적합시켜야 한다는 것을 의미하는 리더-적합이론, 즉 상황적합이론은 리더십의 효과성은 리더의 행동유형이 상황과 어느 정도로 잘 적합되느냐에 달려 있다고 주장합니다. 상황적합이론의 여러 가지 접근법 중에 가장 널리 인정을 받는 것은 미국 워싱턴주립대학교(University of Washington)의 경영심리학자 프레드 휘들러(Fred Fiedler)의 이론입니다.

휘들러는 군대 조직 내의 상이한 상황에서 근무하는 리더들의 행동유형을 연구했는데, 리더십유형을 과업지향과 관계성 지향으로 구분하여 LPC 척도(Least Preferred Co-Worker Scale)를 개발했습니다(Fiedler, 1964, 1967; Fiedler and Garcia, 1987). 이 척도는 업적이 좋은 리더들과 그렇지 못한 리더들의 리더십행동유형을 분석해서 관련된 상황을 일반화시킨 것입니다. LPC 척도는 가장 함께 일하기 싫은 리더 유형을 골라내는 방법으로 사용되는 1-9점 척도인데, 높은 점수를 받은 사람은 관계 지향적, 낮은 점수를 받은 사람은 과업지향적인 것으로 판별됩니다.

그러나 관계와 과업은 독립적인 것이 아니라 함께 결합하여 상승효과를 일으킬 때에 리더십 상황은 유리하게 되는 것입니다. 휘들러에 의하면 리더-구성원 관계(leader-member relation), 과업구조(task-structure), 그리고 지위권력(position power)이라는 세 가지 상황변인이 결합하여 조직 내 여러 가지 상황의 유리함을 결정합니다. 즉 집단의 분위기, 신뢰의 정도, 충성도, 하위자들의 리더에 대한 호감이 좋을수록, 즉 리더-구성원 관계가 좋을수록, 과업상의 요구, 과업 내용의 명확성, 과업 수행 절차의 명료성이 높아서 과업구조가 잘 짜여있을수록, 상벌에 대한 리더의 조직 내 합법적 권력, 구성원에 대한 채용, 해고권, 승진, 급여 인상권 등에 대한 지위권력이 높을수록 리더십의 상황이 좋은 것입니다.

3) 상황적합이론의 장·단점

상황적합이론은 수많은 실증연구들에 의해 지지를 받음으로써 리더십 이해의 지평을 확장했습니다. 또한 리더가 모든 상황에서 효과적일 수 없다는 사실을 옳게 지적하며, 만약 그 리더의 유형이 그가 활동하는 상황과 잘 부합된다면, 그 리더는 효과적으로 직무 수행을 하게 될 것이고, 그의 유형이 상황과 적합하지 않으면, 그 리더의 직무 수행은 실패할 것이라는 예측력을 보유합니다. 그러므로 리더가 상황에 맞추는 것이 아니라 상황을 리더에 맞추어야 한다고 주장함으로써 주목을 받았습니다.

이외에도 상황적합이론은 리더십유형에 관한 유용한 데이터를 제공한다는 사실, 예를 들면 LPC 점수는 활용가능한 리더십유형에 대한 정보가 될 수 있다는 점에서 좋은 평가를 받았습니다.

하지만 어떤 리더십유형을 가진 사람이, 왜 어떤 상황에서, 다른 상황에서보다 더 효과적인지를 충분히 설명하지 못했다는 지적을 받았습니다. 또한 LPC 척도에 대한 정확한 측정이 어렵다는 표면타당성이 결여된 문제로 인해 실무에서 사용하기에 번거로우며, 작업현장에서 리더와 상황 간의 적합이 잘못되었을 때, 조직이 무엇을, 어떻게 해야 하는가를 적절하게 설명하지 못한다는 비판을 받았습니다. 가장 많은 수의 리더가 몰려있을 것으로 예상되는 중간대의 LPC 점수에 대한 설명이 미흡하며, 과업구조를 이미 주어진 것으로 취급했는데, 대부분의 경우에 리더가 그 과업구조를 조직화한 책임자라는 사실을 간과했기 때문에 "리더-과업구조-리더"로 이어지는 순환논리에 갇히게 되는 부분도 지적을 받았습니다.

결국 상황적합이론은 리더십유형에 적합하도록 상황을 맞추어야 한다는 주장에 그칠 뿐, 어떻게 상황을 조정해야 하는지를 설명하는 "상황 엔지니어링"의 세부 절차에 대해서는 적절한 지침을 제시하지 못했다는 비판을 받은 것입니다.

4) 상황을 주도하는 럭셔리 브랜드

럭셔리 브랜드에 대한 정의를 하나로 내리기는 어려우며 이에 대한 여러 가지 설명이 있을 수 있지만 공통적으로 지적되는 사항은 럭셔리 브랜드란 특정 제품군 내에서 희소성과 세련미로 인해 독보적인 위치를 차지하는 브랜드라는 것입니다(Chevalier and Mazzalovo, 2012).

럭셔리 브랜드는 독창적인 디자인과 멋을 통해 시장 상황과 관계없이 시장의 주체인 소비자들의 수요를 선도하여 시장을 장악하고 지배한다는 점에서 상황적합적 리더십의 모습을 담고 있습니다. 럭셔리 브랜드가 보이는 시장지배력, 즉 시장의 상황을 뛰어넘는 것은 물론, 오히려 자신이 상황을 주도하는 모습은 현대목회의 리더십에 시사하는 바가 큽니다.

럭셔리 브랜드를 구성하는 세 가지 기준은 뚜렷한 예술적 컨텐츠, 장인정신, 국제적인 명성입니다(Chevalier and Mazzalovo, 2012). 같은 용도로 만들어진 제품이지만 럭셔리 브랜드의 제품은 차별화된 예술적 요소를 갖추고 있습니다. 그러므로 소비자는 럭셔리 브랜드의 제품을 단순히 특정한 용도를 위한 제품으로서 사용하는 것이 아니라, 그 브랜드가 제공하는 고급화된 이미지를 자신의 것으로 만드는 것입니다.

또한 제품 자체의 우수성은 장인정신에 기인합니다. 대량생산이 아니라 전문적인 기술자의 수공을 통해 장인적 예술성이 가미되었기 때문입니다. 마지막으로 전 세계 어느 곳을 가도 그 브랜드 제품의 가치가 공통적으로 인식되는 국제적 명성이 뒷받침되어야 럭셔리 브랜드로 인정을 받습니다.

교회도 마찬가지입니다. 교회도 기독교 복음이라는 영혼을 살리는 제품을 판매하는 곳으로 비유할 수 있습니다. 사실상 교회가 복음을 파는 것이 아니라 예수 그리스도를 따르는 섬김의 삶을 통해 영혼을 사는(구원하는) 것이지만, 복음을 처음 전하는 단계에 있어서는 복음이라는 제품을 판매하는 것으로 비유해도 큰 무리는 아닐 것입니다. 복음을 받아들이는 믿음은 들음에서 나며, 들음은 그리스도의 말씀에서 납니다(롬 10:17). 교회의 사명은 복음이 현대인들의 귀에 잘 들려서 그들이 복음을 받아들여서 구원을 얻도록 하는 것입니다.

예수님은 복음을 통해 가는 천국이 마치 밭에 감추인 보화와도 같다고 말씀하셨습니다(마 13:44). 그러므로 복음은 자신의 소유를 다 팔아서 사야 하는, 가장 소중한 제품입니다. 그러므로 복음이 어떤 것인지 잘 설명해서 예수님을 모르는 사람들이 그 가치를 받아들이도록 하는 것이 교회가 해야 할 일입니다.

또한 그 복음의 말씀을 오늘날의 상황에 부합되도록 잘 전달하는 것은 장인정신을 필요로 하는 일입니다. 그래서 목회자들과 교회의 지도자들이 주야로 말씀을 연구하고, 전하는 것입니다. 그럴 때에 복음은 값싼 은혜로 전락하지 않고, 값비싼 보화와도 같은 천국의 비밀을 온전히 전파하게 됩니다(Bonhöeffer, 1995).

복음은 선교명령을 수행함을 통해 전 세계에 전파되면 될수록 그 가치를 인정받아 국제적 명성을 얻게 됩니다. 교회가 복음의 가치를 제대로 알고 전달하면 복음은 럭셔리 브랜드처럼 사람들의 마음에 "기쁨의 소식"으로서 선망의 대상이 되는 것입니다.

럭셔리 브랜드 산업의 특징은 상대적으로 규모가 매우 작고, 일반적인 마케팅의 반대 전략을 활용한다는 것입니다. 대개 럭셔리 브랜드는 가족이 장인정신을 가지고 대를 이어 운영하는 작은 공장을 기반으로 보유하지만, 대부분의 경우에 엄격한 기준을 적용하는 방식으로 하청업체를 통해 제품을 생산하며, 강력한 이미지 구축을 위해 마케팅 비용을 아끼지 않기 때문에 손익분기점이 매우 높습니다.

브랜드 본국에서 운영하는 플래그십 매장은 브랜드 이미지 때문에 적자를 감수하더라도 매우 크고 화려하게 지어서 운영하며, 재고가 남아도 할인하지 않고 제품을 폐기하여 브랜드 이미지를 유지합니다. 그러므로 높은 생산비용과 가격, 단순하지만 강력하게 어필하는 광고, 자사 매장에만 공급하는 유통망의 제한 등은 일반적인 제품이 마케팅과는 판이하게 다릅니다.

대개 제품을 시장에 출시할 때에는 대량생산을 통해 원가를 낮추고, 다양한 채널을 통해 광고를 하며, 다양한 유통업체를 통해 상품을 공급하고, 재고가 나면 할인을 해서 재고 물량을 소진하는 것이 기본적인 마케팅의 원칙입니다. 하지만 럭셔리 브랜드는 자신만의 독특한 신념에 집중해서 그 가치를 더욱 돋보이게 합니다. 따라서 제품이 실패해서 손해를 볼 수도 있지만, 개발한 제품 중에 몇 가지 종류만 성공을 거두어도 투입된 금액을 모두 회수하고도 남는 큰 이익을 내는 것입니다. 럭셔리 브랜드의 기원에서 공통적인 면은 항상 재능있는 사람들이 굳건한 신념을 가지고 꾸준히 자리를 지켰다는 점과 끊임없는 혁신을 통해 브랜드의 고유 가치를 유지하는 한편, 시대적인 상황에 맞추어 소비자의 수요를 개발하고 선도했다는 것입니다.

교회도 마찬가지입니다. 사람이 추구하는 세상적 가치와는 달리 복음의 핵심에 집중해서, 복음의 진리에는 절대로 타협하지 않지만 시대상을 반영하여 귀에 들리고 울려 퍼지는 복음이 되도록 시대와의 소통에 게으르지 않아야 합니다. 헌신을 바친 초창기의 소수 인원이 럭셔리 브랜드를 일으킨 것처럼, 교회를 세운 소수의 인물들이 말씀을 따라 잘 섬겨야 교회가 평안히 든든히 서게 됩니다(행 9:31). 럭셔리 브랜드와 같은 교회는 단순히 규모가 큰 교회를 지향하는 것이 아니라 하나님의 말씀에 기반한, 반석 위에 세운 교회를 지향합니다.

목회자를 포함한 교인들 한 사람, 한 사람이 작은 예수가 되어 삶을 통해 복음을 전한다는 사실을 직시하고 자신의 그리스도인된 모습이 브랜드로 기능함을 잊지 않습니다. 또한 자신이 교회에 꼭 필요한 사람이라고 우쭐하고 자만하는 것이 아니라, 그리스도를 머리로 하는 몸된 교회의 일부분을 구성하는 것뿐이라는 사실을 놓치지 않습니다. 무엇보다도 복음을 흉내 내는 가짜 그리스도인이 아니라, 먼저 말씀의 은혜를 체험한 후에 교회를 섬기는 복음의 가치에 집중하는 문화가 정착된 교회가 럭셔리 브랜드와 같은 교회입니다. 그러한 교회에서는 사회에서 사람들에게 인정받는 사람이라는 이유로 쉽게 직분을 맡기지 않습니다. 반드시 하나님의 말씀으로 복음의 은혜를 체험한 복음의 빚진 사람에게만 섬김의 직분을 맡깁니다. 그러면 말씀으로 변화된 그리스도인 한 사람은 세상이 감당하지 못하는 사람(히 11:38)이 되어 이 세상의 상황을 활용하여 사람들을 복음으로 인도하는 일꾼으로 기능하는 것입니다.

4. 경로-목표이론(Path-Goal Theory)

1) 태종 이방원의 목표

함흥차사(咸興差使)란 조선의 3대 임금인 태종 이방원이 아버지 태조 이성계를 궁으로 돌아오게 하려고 아버지가 있는 함흥으로 보낸 차사를 지칭하는 말입니다. 하지만 태조에게 보내진 차사들이 모두 죽임을 당해서 돌아오지 않는다는 소문이 퍼지면서 함흥차사란 한 번 간 사람이 돌아오지 않거나 소식이 없다는 의미로 그 뜻이 바뀌었습니다.

이성계는 무명 장수 시절에 맞이한 부인 신의왕후로부터 6명의 아들을 얻었고, 개경에서 새로운 부인 신덕왕후를 얻어 방번, 방석의 두 아들을 더 두었습니다. 하지만 두 차례의 왕자의 난을 통해 다섯째 아들 방원이 방번과 방석을 죽이고, 바로 위의 형 방간과 권력 다툼의 전쟁을 벌였다가 승리를 거두고 왕위에 올랐습니다. 이방원이 조선을 개국하는 과정에서 정몽주를 죽이고, 왕자의 난을 겪으며 신덕왕후와 방번, 방석의 측근이었던 개국공신 정도전을 제거하는 등 아버지 이성계의 뜻과 반대되는 일들을 계속해서 행하자 이성계는 화가 머리끝까지 났습니다. 하지만 이미 방원의 손에 권력이 차곡차곡 쌓이는 상황이 계속되었습니다.

그래서 이성계는 일찍 사망한 큰 아들 방우의 뒤를 이은 둘째 아들 방과에게 1398년에 왕위를 물려주고 고향인 함흥으로 돌아갔지만, 결국 둘째 아들 정종이 2년 만에 물러나고 방원이 1400년, 조선의 3대 임금인 태종에 즉위하게 되었습니다.

소문에 의하면 아버지의 노여움을 풀어 드리기 위해서 함흥으로 차사를 보낼 때마다 이성계가 죽였기 때문에 차사들이 돌아오지 않았고, 그래서 함흥차사란 돌아오지 않는 사람을 가리키는 말이 되었다고 합니다. 그러나 사실은 소문과는 많이 다릅니다. 차사로 갔던 무학대사와 성석린을 포함해 이성계 측근이었던 이들은 죽지 않았는데, 성석린의 권유로 이성계는 1401년 4월에 환궁했다가 다시 11월에 한양을 떠났고, 다음해인 1402년 1월 다시 성석린이 이성계를 찾아갔다는 사실이 이를 증명합니다.

조선왕조실록의 태종에 관한 기록인 태종실록은 물론, 조선 선조 때에 차천로가 쓴 시화수필집인 오산설림(五山說林)에 의하면 오히려 이성계는 차사를 죽이기는커녕 보내지 않아 섭섭하다고 한탄했습니다(오초록, 2015). 이러한 점들을 고려하면 목표를 이루기 위해서 피를 보는 것을 서슴지 않았던 이방원이, 아버지 이성계의 손과 발을 묶어 놓기 위해 함흥으로 유배를 보냈다고 보는 것도 설득력이 있습니다. 아버지 이성계에게 칼을 겨누며 자신이 좋아서 그렇게 한 것이 아니라 하늘이 그렇게 시켰다고 회고한 것을 보면(이덕일, 2014), 이방원의 야심이 함흥차사라는 말을 지어낸 것이라고 보는 것도 무리는 아닐 것입니다. 이방원은 조선건국 및 왕권강화라는 뚜렷한 목표를 가지고 명확한 지시와 지원을 통해 부하들을 움직였고, 고려의 기득권층을 제거하기 위해 여진족 출신의 장수이자 삼촌으로 모셨던 이지란(퉁두란)[3]과 손을 잡고 자신이 직접 칼을 쥐었던 참여적 행동, 그리고 결국 목표를 이룬 밑거름이 된 성취지향적 행동을 통해 경로-목표 이론의 표상으로 손색이 없는 인물이 되었습니다.

2) 목표달성을 위한 동기유발

경로-목표이론이란 리더가 구성원을 어떻게 동기유발시켜 설정된 목표를 달성하도록 할 것인가를 설명하는 이론으로서, 리더 행동이 구성원의 만족과 노력투입 동기에 미치는 효과는 과업의

---

[3] 이지란은 북청지역에서 활동하던 여진족 족장의 아들로서 성은 "퉁", 이름은 "쿠룬투란티무르"이며, 줄여서 "퉁두란"이라 불렸다. 변방을 담당했던 고려의 장군 이성계를 만나 의형제를 맺었고, 이성계의 최측근인 장군으로서 조선의 개국공신이 되었다. 이성계의 성을 받아 이씨 성을 사용하였고, "청해 이씨"의 시조가 되었다.

특성과 구성원의 특성이라는 상황요인에 따라 달라진다는 일종의 상황적합이론입니다.

처음 등장한 것은 1970년대 초로서 기대이론(expectancy theory)에서 유래했습니다. 기대이론에 의하면 구성원들은 그들이 노력하면 과업을 수행해 낼 수 있다고 기대할(믿을) 때, 노력의 결과가 어떤 성과(보상)를 낼 수 있을 것이라고 기대할 때, 그리고 과업 수행의 결과로 얻은 보상이 가치있는 것이라고 기대할 때 동기가 유발됩니다. 따라서 경로-목표이론은 구성원들의 동기유발을 위해 그들의 필요(욕구)에 가장 적합한 리더십유형을 선택함으로써 구성원들의 성공적인 과업의 수행과 만족 수준을 증진시킬 것을 강조합니다.

리더십의 동기유발은 구체적으로 목표달성 경로를 명확히 할 때, 코칭이나 지도를 제공할 때, 목표달성의 장애물을 제거할 때, 작업 그 자체에서 만족감 느끼도록 할 때에 증대된다는 것이 핵심 주장입니다. 상황적 접근법이 리더의 행동을 구성원들의 발달(성숙) 수준에 적응시켜야 함을 강조하고, 상황적합이론이 리더의 리더십유형과 특정한 상황변인들 간의 적합성을 강조한 데 비하여, 경로-목표이론은 구체적인 상황변수를 리더의 리더십유형과 구성원들의 특성 및 과업 특성의 두 가지로 제시하여 그 두 요인간의 관계를 강조했습니다.

경로-목표이론은 리더행동을 지시적(directive) 행동, 지원적(supportive) 행동, 참여적(participative) 행동, 그리고 성취 지향적(achievement oriented) 행동으로 세분하여 제시했습니다. 지시적 행동이란 하위자들에게 과업수행을 위한 구체적인 세부사항과 시한,

업적기준과 규칙 등을 명확히 전달하는 것을 의미하며, 지원적 행동은 모든 구성원들을 인격적으로 존중하며 평등하게 대하는 리더의 친절한 배려행동을 말합니다. 참여적 행동은 구성원들과 상의하고, 그들의 아이디어나 의견을 구하고, 제안을 받아들여 집단이나 조직이 과업을 어떻게 진행할 것인지에 관하여 구성원들의 의견을 의사결정에 반영하는 것이며, 성취 지향적 행동은 구성원들에게 높은 수월성 수준을 설정하고 지속적 개선을 요구하는 등, 구성원들에게 과업에 대한 도전적인 자세를 요구하여 가능한 한, 최고 수준으로 과업을 완수하게 하는 행동입니다.

이에 반응하는 구성원들의 특성은 친화욕구(needs for affiliation)와 과업구조의 선호도(preferences for task structure), 통제위치(locus of control), 그리고 과업능력에 대한 자기지각의 수준(self-perceived level of task ability)의 네 가지로 구분됩니다. 구성원들은 친화욕구가 강할수록 지원적 리더십을 선호하고, 과업구조가 불확실할수록 지시적 리더십을 선호합니다. 구성원들이 통제력을 자신이 가지고 있다고 생각할 때에는 참여적 리더십을 선호하고, 외적 통제위치를 인식할 때, 즉 자신보다 외부세력의 권위를 중시할 때에는 지시적 리더십이 발휘되는 것이 목표달성에 적합합니다. 또한 자신의 능력, 유능성에 대하여 지각이 높을수록 지시적 리더십에 대한 반감이 증가하는 모습을 보입니다.

구성원들의 이러한 특성이 시사하는 바는 과업의 내용이 불명확하거나 모호할 경우 리더가 그 같은 과업을 구조화하는 것이 필요하며, 구성원들이 고도로 반복적인 과업을 담당하는 경우에는 지원적 리더십이 필요하다는 것입니다. 조직의 공식적 권한시스템이 약한 상황에서 리더 행동은 규칙이나 과업상의 요구들을 명백히 함으로써 구성원들의 과업수행을 돕는 수단이 되어야 하므로 지시적 리더십이 필요하며, 과업을 수행하는 데 있어서 장애가 되는, 지나친 불확실성과 욕구불만의 요인들, 구성원들에게 위협이 되는 요인들을 제거하는 것도 리더의 책임임을 강조합니다.

한편, 1990년대에 들어서 미국 최고의 경영대학원 중의 하나인 펜실베니아대학교(University of Pennsylvania)의 워튼스쿨(Wharton School) 조직행동론 은퇴 교수인 로버트 하우스(Robert House, 1996)는 지시적 행동, 지원적 행동, 참여적 행동, 성취 지향적 행동 등 기존의 네 가지 유형에 작업의 촉진, 집단 지향적 의사결정, 과업집단의 대변 및 관계형성행동, 가치 중심적 행동이라는 네 가지 유형을 가미했지만 오히려 복잡성을 증가시켰고, 그 핵심내용은 동일하다는 비판을 받았습니다.

3) 경로-목표이론의 장·단점

경로-목표이론은 과업 특성과 구성원 특성이 리더십과 구성원들 간의 관계에 어떤 영향을 미치는가를 설명하는 첫번째 상황이론으로서 여러 가지 다양한 리더십행동이 구성원들의 만족과 그들의 업적(업무수행)에 어떠한 영향을 미치는가에 대한 유용한 이론적 틀을 제공했다는 평가를 받았습니다. 또한 동기유발이론인 기대이론의 원칙들을 리더십 이론에 통합하는 유일한 이론으로서 구성원들이 과업을 완수할 수 있는 능력, 과업성공에 따른 보상, 가장 선호하는 보상 제공을 위한 리더의 역할을 통해 구성원들에 대한 지속적인 동기유발을 강조하는 매우 실무적인 모형을 제공했습니다.

하지만 개념적으로 복잡하고 리더십의 다양한 상이한 측면들을 통합하므로 이론적 의미를 해석하는데 혼란을 유발하며, 구조화, 목표의 명확성, 구성원들의 능력수준, 공식권한의 정도가 상이한 상황 요인을 동시에 통합할 수 없다는 한계를 드러냈습니다. 그 근거가 되는 기대이론 자체가 너무 복잡하고, 너무 이성적인 계산과정으로만 파악했다는 비판과 함께, 그 타당성을 검증하기 위해 실시된 실증연구에서 지시적 리더십과 지원적 리더십연구는 많이 실시되었으나, 참여적, 성취 지향적 리더십에 관한 연구는 부분적으로만 검증되었다는 점이 지적되었습니다. 리더십이 기대이론의 주장들과 어떻게 연관되는 것인지에 대하여는 명백하게 설명하지 못함으로써 리더십행동과 구성원의 동기유발 간의 관계를 적절하게 설명하지 못했다는 비판도 경로-목표이론의 유용성을 저해하는 요인이 되었습니다.

4) 목표와 수단의 구별

복음주의 설교자인 찰스 스윈돌(Charles Swindoll, 1998)은 교인들이 그리 많지 않은 어느 시골 마을에 새로 부임한 젊은 목회자의 일화를 소개하며 목적의 중요성을 강조했습니다. 이 신참 목사님은 돌아오는 주일에 "서로 사랑하라"는 제목으로 말씀을 전하기로 정했는데, 설교의 도입 부분을 어떻게 해야 할지 좋은 생각이 떠오르지 않았습니다. 하나님께 기도하다가 우연히 신문을 봤더니 가까운 도시에서 유명한 부흥사 목사님이 주중 부흥회를 인도하신다는 소식을 듣고 그 부흥회에 참석하기로 결심했습니다. 그리고는 하나님께 부흥회를 통해, 자신의 첫 설교의 도입 부분에 대한 영감을 주시기를 기도했습니다.

드디어 부흥회에 참석한 당일, 놀랍게도 그 경험많은 부흥사 목사님은 사랑에 대하여 설교하기를 원하신다고 말하는 것이었습니다. 그리고 그 목사님이 말을 이었습니다.

"사실 제가 품에 안은 가장 상냥하고, 가장 훌륭하며, 가장 사랑스러운 여인은 다른 사람의 아내였습니다."

목사님의 그 말에 모인 사람들이 수근대기 시작했습니다. 그러자, 목사님이 다시 말을 이었습니다.

"그 분은 저의 어머니셨습니다."

사람들이 이제야 고개를 끄덕였고, 목사님의 이어지는 말씀에 귀를 기울였습니다. 하지만 이제 젊은 목사님은 다른 말씀은 전혀 귀에 들리지 않았습니다.

"아, 저것이다. 훌륭한 도입이다. 저것을 반드시 사용해야겠다."

이렇게 결심했습니다. 조금 고민도 되었습니다. 교회 부임한지 얼마 되지 않았기 때문에 성도들을 잘 모르는데, 이러한 파격적인 도입을 사용하는 것이 부담이 되었기 때문입니다. 하지만 그 부흥사 목사님의 방법이 너무나 마음에 들었기 때문에 그냥 그것을 사용하기로 작정했습니다.

드디어 주일이 되었습니다. 그 젊은 목사님이 힘차게 이렇게 말하며 설교를 시작했습니다.

"제 품에 안았었던 가장 상냥하고, 가장 훌륭하며, 가장 사랑스러운 여인은 다른 사람의 아내였습니다."

순간 시골 마을의 순박한 교인들의 얼굴이 변하기 시작했습니다. 당황한 목사님은 그 다음 부분을 말하려고 했지만 도대체 어떤 말이었는지 생각이 나지 않는 것입니다. 그냥 꽉 막혀서 얼어붙은 듯이 서서, 함께 얼어붙은 얼굴의 성도들을 바라보다가 한 마디를 했습니다.

"아무리 생각해도 도무지 그 여자가 누구였는지 기억이 나지를 않습니다."

이러한 우스운 일화는 수단이 목표(목적)를 정당화할 수도, 그리고 이끌어 갈 수도 없다는 사실을 잘 일깨워줍니다. 새로이 만나는 교인들에게 하나님 말씀의 은혜를 끼치기 위해 사용한 도입이 오히려 그들의 마음을 불편하게 만든 것입니다.

하나님 말씀을 전달하는 목적은 영혼을 변화시켜 구원을 얻게 하는 것입니다. 그러므로 교회의 지도자인 목회자에게 있어서 말씀을 해석하고 선포하는 능력은 매우 중요합니다. 하지만 목회자의 말씀의 능력으로 사람을 변화시키기는 매우 어렵습니다. 성령의 역사를 통해 하나님께서 당신의 때에 사람을 변화시키시는 것이고, 목회자는 세례 요한처럼 그 때를 준비하며 하나님의 말씀을 선포하는 광야에 외치는 자의 소리(마 3:3)가 되어야 하는 것입니다.

뿐만 아니라 자신이 먼저 선포하는 말씀 앞에 머리를 숙이고 말씀을 따라 살아가는 본을 보여야 합니다. 그렇게 본을 보이는 삶은 믿음의 결단을 요구합니다. 그러므로 목회자에게 가장 필요한 것도 믿음인 것입니다. 믿음이 없이는 하나님을 기쁘시게 하지 못하며(히 11:6), 또한 믿음은 세상을 이기는 승리의 원동력인 것입니다(요일 5:4).

4장

조직이론

    파랑색 피부를 가진 난장이들이 주인공인 만화 스머프(The Smurf)는 지난 1958년, 벨기에의 만화가 피에르 컬리포드(Pierre Culiford)에 의해 탄생되었습니다. 처음에 스머프는 그의 "요한과 피위"(Johan and Peewit)라는 작품에 등장하는 엑스트라 캐릭터였지만 주인공보다 더 큰 인기를 얻은 덕분에 슈트롬프(Schtrompf)라는 이름의 주인공으로 등장했고, 1981년에 미국의 만화영화 제작자 윌리엄 한나(William Hanna)와 조셉 바베라(Joseph Barbera)에 의해 스머프라는 이름을 얻었습니다.

    우리나라에서는 1988년, KBS TV를 통해 "개구쟁이 스머프"라는 이름으로 소개되었습니다. 스머프들은 스머프 마을에 모여 살며 구성원 각자의 개성을 발휘하는 특유의 조직력을 통해 가가멜(Gargamel)이라는 악당과 그의 고양이 아즈라엘로부터 자신들을 지켜냅니다.

    등장하는 캐릭터들의 생명력도 스머프가 인기를 끈 중요한 원인이었습니다. 그들은 일상생활에서 쉽게 마주치는 평범한 사람들의 원형이기 때문입니다. 게으른 졸음이(Lazy), 욕심이(Greedy), 똘똘이(Brainy), 허영이(Vanity), 근육이(Hefty), 투덜이(Grouchy), 익살이(Jokey), 공상이(Dreamy) 등의 등장인물들은, 각자는 지극히 평범하지만 위기 때마다 특유의 조직력을 발휘해서 힘을 합쳐서 어려움을 극복해 내곤 합니다.

하지만 이들을 이끌며 하나가 되도록 하는 중요한 인물이 있는데, 그의 이름은 파파 스머프(Papa Smurf)입니다. 그는 독특한 개성을 가진 스머프들이 서로 비난하지 않고 조화를 이루도록 각자에게 적합한 일을 찾아주고, 잘못된 방향으로 가려고 하면 부드러운 교훈으로 바로 잡아주는 리더의 모습을 보이고 있습니다. 파파 스머프는 스머프들을 쥐어짜서 최대의 성과를 얻어내려는 관리자가 아니라, 그들 한 명, 한 명을 이끄는 리더로서, 그 이름에 걸맞는 스머프 전체의 "아버지"(Papa) 역할을 훌륭히 수행하는 것입니다.

미국 하버드경영대학원(Harvard Business School)의 리더십 교수인 존 코터(John Kotter, 1990, 3-8)는 리더와 관리자의 차이를 일목요연하게 정리하여 제시했습니다. 코터에 의하면 리더는 변화와 발전을 추구하지만 관리자는 질서와 안정성을 추구합니다. 따라서 리더는 비전을 설정하여 방향성을 제시하고 목표를 달성하기 위해서 전략적인 제휴와 협력, 그리고 구성원들의 동기유발에 초점을 맞춥니다. 하지만 관리자는 기획과 예산의 지침에 따라 자원을 배분하는 데에 일차적 관심이 있고, 조직구조를 설계하고 직무를 배치함으로써 초기에 계획된 사항을 실행하는 데에 집중합니다.

조직이론은 리더가 구성원들과의 관계를 통해 문제를 해결하고 조직의 목표를 달성하는 데에 초점을 맞춥니다. 이는 관리자가 아니라 리더의 역할을 강조하는 것입니다. 리더십과 관리자십을 명확히 구분하여 전혀 동떨어진 것으로 취급하는 주장도 있지만(Zaleznik, 1997; Bennis and Nanus, 2007), 코터가 지적한 것처럼 리더십과 관리자십은 조화를 이루어야 조직의 목표를 달성할 수 있다는 사실을 잊어서는 안 될 것입니다(Kotter, 1990).

1. 목표를 이루는 하나됨

영국 캠브리지대학교(University of Cambridge)의 산업훈련연구소장을 역임한, 헨리경영대학(Henry Management College)의 방문 교수인 메러디스 벨빈(Meredith Belbein, 2004)은 "아폴로 신드롬"(The Apollo Syndrome)이라는 개념을 제시하며, 단순히 뛰어난 역량을 보유한 사람들이 이룬 조직이 우수한 성과를 내는 것이 아니라, 다양한 특성을 가진 우수한 사람들이 모여 필요한 팀원의 역할을 수행하며 균형과 조화를 이룰 때에 성공적인 결과를 낸다고 주장했습니다. 그의 연구팀은 각계, 각층에서 가장 뛰어난 성과를 보인 인재들을 모아서 "아폴로 팀"이라고 이름을 붙이고, 팀 역할이론에 대하여 10년간 연구를 수행했습니다.

하지만 기대와 달리 서로 의견조율을 하지 못해서 논쟁으로 시간을 낭비했고, 모두가 자신의 주장이 옳다고 주장하기만 하고, 그 누구도 의견을 굽히지 않아서 기대했던 성과를 이루지 못했습니다. 그래서 벨빈은 아폴로 우주선을 만드는 일처럼 복잡하고 어려운 일에는 뛰어난 해당(과학) 분야의 인재들이 필요하지만, 실제로 성과를 내기 위해서는 다양한 사람들이 모여서 각자의 역할을 수행하며 조화와 균형을 이루는 것이 필요하다고 결론을 내렸습니다.

그가 제시한 아홉 가지의 팀 역할은 창조자(plant), 전문가(specialist), 평가자(monitor-evaluator), 실행자(implementer), 추진가(shaper), 종결자(completer or finisher), 분위기 조성의 팀워커(team-worker), 조정자(coordinator), 자원탐색가(resource-investigator)입니다. 이러한 역할들은 성격적 특성이 아니라 기능적 특성이며, 한 사람에게 하나의 역할이 고정된 것이 아니라 팀 구성원들의 역학구조와 관계에 따라 달리 구현되는 것입니다. 그러므로 조직의 목표에 대해서는 하나된 마음을 갖는 것이 중요하지만 그것을 이루는 데에 있어서는 다양한 기능을 수행하는 다양한 역할들이 조화를 이루며 협력해야 목표를 달성할 수 있는 것입니다. 과학(Science), 공학(Technology), 교육(Education), 예술(Art), 수학(Mathematics) 분야를 통합하여 조화를 이룬, 그 영문명의 앞 글자를 따서 "스팀"(STEAM)이라고 이름붙인 교수학습법이 최근에 등장하게 된 것도 이러한 배경을 바탕으로 합니다. 이는 융합 교육과정을 통해 학습자들의 창의력 발휘를 이끌어내고, 다양한 분야들이 서로 조화와 균형을 이루어 시너지를 도출하도록 하기 위함입니다.

하나됨을 강조하는 것은 성경적입니다. 예수님도 제자들과 믿는 사람들이 다 하나가 되기를 기도하셨고(요 17:21), 사도 바울은 에베소 교회의 그리스도인들에게 "성령의 하나되게 하신 것을 힘써 지키라"(엡 4:3)고 권면했습니다. 불필요한 조직력의 소모를 막으려면 조직을 구성하는 초기에 조직의 목적에 대하여 같은 마음을 품은 사람들을 선발하는 것이 가장 바람직합니다.

하지만 하나님의 형상으로서의 잠재력 실현과 은사발휘를 통해 영혼구원의 목표를 이루는 것은 다양한 재능과 은사들이 연합하여 수행해야 하는 작업임을 명심해야 합니다. 팀 안에서의 역할이 다양하여 구성원 각자가 그 역할을 성실히 수행할 때에 목표를 이루듯이 직분과 은사의 구별과 이의 통합과정이 필요합니다. 같은 마음을 품되, 실행하는 방법이나 아이디어에 있어서는 다양한 관점과 배경을 가지고 있는 사람들이 모일 때에 조직은 상승효과를 내기 때문입니다.

2. 리더-구성원 교환이론
(LMX Theory: Leader-Member Exchange Theory)

1) 협상력의 기반: 상생의 관계

미국 최고의 경영대학원 중 하나인 워튼스쿨(Wharton School)의 교수 스튜어트 다이먼드(Stuart Diamond, 2010)는 모든 기업은 인간관계를 구축하면서 감성을 활용하여 단계적으로 협상해야 성공적으로 목표를 이룰 수 있다고 주장했습니다. 기업을 비롯한 어떤 형태의 조직이라도 이성적이고 논리적인 부분만 따져서는 소모적이고 날카로운 공방전으로 끝날 수밖에 없기 때문에, 협상주제만 밀어붙이기 보다는 상대방이 중요하게 생각하는 것을 파악하고 감성적으로 그것을 활용하라는 것입니다.

　기업간 거래에 있어서도 한 쪽이 일방적으로 이익을 얻는 협상을 이끌어냈다면, 그 관계는 지속될 수 없을 것입니다. 양쪽이 이익을 얻는 "윈-윈"(win-win)의 결과를 이끌어내야 서로의 관계는 유지되고, 발전할 수 있는 것입니다. 상호이익 또는 상생의 관계만이 지속적인 유대를 유지할 수 있습니다.

　우리나라의 역사에도 이러한 상생의 관계를 통해 뛰어난 협상력을 발휘한 외교가가 있었습니다. 고려 시대, 성종 6년인 993년에 거란이 80만 대군을 이끌고 고려를 침략해 왔습니다. 당시 문관 출신으로 병관어사, 오늘날로 말하면 국방부 대변인에 속하는 서희 장군이 2만의 군사를 이끌고, 거란군의 총사령관 소손녕을 만나 담판을 지었습니다. 소손녕이 어찌 2만의 군대로 80만을 상대하려느냐며 조롱하자, 전쟁이란 수의 많고 적음에 달린 것이 아니라 전략에 달린 것이라고 응수하며, 차분히 고려를 침략한 이유를 물었습니다. 소손녕은 고려는 신라를 이어 일어난 나라인데 어찌 국호를 고구려를 잇는다는 뜻인 고려라고 했냐며, 자신들이 고구려 이후에 일어난 발해를 이은 고구려의 후예라며, 그 때문에 고구려를 회복하기 위해 신라의 후예인 고려를 친다고 말했습니다. 서희는 옛 고구려의 수도는 평양인데, 그 평양은 고려에 있으므로, 오히려 발해 땅을 내어 놓으라고 큰 소리를 쳤습니다. 또한 거란이 고구려를 잇는 나라라면서 왜 발해 땅에 자리잡고 있는 여진은 가만히 놔두느냐고 물었습니다.

　서희의 정연한 논리에 당황한 소손녕은 거란은 송나라와의 전면전을 준비하고 있는데, 중간에 있는 고려와 여진이 위협이 되며, 고려가 송나라와 가까운 관계를 유지하므로 고려를 칠 수밖에 없다는 속내를 말했습니다. 서희는 사실 고려는 거란과 더 친하고 싶은데, 중간에 여진이 끼어 있어서 그러지를 못했다고 대답하며, 고려가 여진을 견제할 테니까 거란은 그냥 송을 치라고 말했습니다. 그리고 여진을 치는 댓가로 여진이 거주하는 옛 고구려의 땅인 홍화진, 용주, 통주, 철주, 귀주, 곽주의 강동 6주를 달라고 요청했습니다. 그 자리에서 고려는 거란과 연합하여 여진을 물리치기로 하고, 강동 6주를 회복했습니다. 고려는 서희의 담판으로, 거란의 도움을 받아 강동 6주를 여진으로부터 빼앗았을 뿐만 아니라, 서희는 소손녕으로부터 낙타 10마리, 말 100마리, 양 1,000마리와 비단 500필을 얻었습니다. 그야말로 상대방의 가려운 곳을 긁어주며, 실속을 차린 "상생의 원리"를 실현한 외교술의 승리인 것입니다.

2) 리더-구성원 교환이론의 등장

리더십의 인물연구는 리더십을 리더의 관점에서 조명하였고, 상황연구는 리더십을 구성원들과 상황의 관점에서 살펴볼 것을 강조했습니다. 하지만 리더-구성원 교환이론은 리더십을 리더와 구성원들 간의 상호작용을 중심으로 전개되는 것으로 파악했습니다.

기존의 리더십 이론들이 리더가 구성원들 모두를 하나의 전체로 보고, 그들에게 미치는 평균적 리더십의 영향력에 초점을 맞추었지만, 리더-구성원 교환이론은 리더가 모든 부하들과 질적으로 높은 수준의 관계를 가질 의향이나 시간, 여유가 없음을 가정하여, 리더십을 리더와 구성원들 간의 상호작용을 중심으로 설명했습니다. 따라서 리더십 스타일은 상황에 따라 변하지 않고, 오히려 리더-구성원의 관계에 기반한다는 것을 강조하며, 상황요인을 배제한 것입니다.

초기의 리더-구성원 교환이론은 리더가 구성원들 각자와 형성하고 있는 역할확대와 역할협의의 내집단 관계와 공식적 고용계약에 명시된 역할에 근거한 관계인 외집단 관계의 두 가지의 수직적 관계의 성질에 초점을 맞추었기 때문에 "수직짝 연계이론"(vertical dyadic linkage theory)이라는 명칭이 붙었습니다(Dansereau, Graen, and Haga, 1975; Graen, 1976). 이는 내집단의 구성원들은 외집단의 구성원들보다 리더로부터 더 많은 정보와 영향, 신임을 받게 되고, 더 많은 관심의 대상이 된다는 사실을 강조한 것입니다.

이후의 연구는 점차 내집단과 외집단의 차이를 중심으로 LMX 이론이 조직의 효과성과 어떻게 연관되어 있는가에 초점을 맞추어 전개되었습니다. 양질의 리더-구성원 관계를 구축하면 낮은 이직률, 긍정적 업적평가, 높은 빈도의 승진, 높은 조직 헌신성, 보다 바람직한 과업배정, 개선된 직무태도, 참여도 증진 등의 바람직한 결과들을 초래할 수 있고(Liden, Wayne, and Stilwell, 1993; Graen and Uhl-Bien, 1995), 구성원들의 활기찬 노력 및 창의성이 증대되는 효과(Atwater and Carmeli, 2009), 그리고 직무성과의 시너지 효과 등을 기대할 수 있다고 주장했습니다(Harris, Wheeler, and Kacmar, 2009). 최근의 연구는 리더와 구성원들간의 교환관계가 리더십 만들기에 어떻게 활용될 수 있는가에 초점을 맞추어 리더가 단지 몇 사람의 구성원보다는 모든 구성원들과 양질의 교환관계를 개발해야 함을 강조하며, 모든 구성원들이 자신들을 내집단의 구성원으로 느끼도록 하는 것에 초점을 맞추고 있습니다(Graen and Uhl-Bien, 1991).

3) 리더십 구축의 3단계

일리노이주립대학교(University of Illinois at Urbana Champaign)의 국제조직심리학 은퇴 교수인 조지 그랜(George Graen)과 네브라스카 대학교(University of Nebraska Lincoln)의 경영학 교수인 메리 울비엔(Mary Uhl-Bien, 1991)은 리더십을 세우는 3단계를 낯선단계, 친밀단계, 그리고 협동단계로 제시했습니다. 낯선 단계에서 리더와 구성원의 상호작용은 짝 관계 내에서의 일반적인, 공식적 규칙의 한계 내에서만 이루어지는 낮은 단계의 교환단계로, 이기적인 목적을 추구하는 외집단 구성원간의 교환관계와 비슷합니다.

하지만 리더나 구성원들이 서로의 관계와 역할을 시험하며 친밀단계에 들어서면, 경력 지향적이고 사교적 교환단계의 개선을 위한 정보의 제공으로 시작해서 개인에 관한 정보나 과업에 관한 정보의 교류를 포함한 폭넓은 상호작용이 이루어지며, 리더와 구성원이 이타적인 모습을 보이며 관계가 더욱 발전하게 됩니다. 협동단계에 이르면 리더-구성원의 성숙한 파트너십이 형성되어 고도의 상호신뢰 및 서로 지원해야 한다는 의무감을 경험하게 되며, 역할관계를 협의하며 집단의 이익을 추구하는 더 평등한 관계를 이루어 나가는 변혁적 특성이 나타납니다.

인디애나대학교(Indiana University Southeast)의 조직행동론과 심리학 교수 케네스 해리스(Kenneth Harris), 로드아일랜드대학교

(University of Rhode Island)의 경영학 교수인 안소니 윌러(Anthony Wheeler), 그리고 텍사스주립대학교(Texas State University)의 경영학 교수 미셸 캑마(K. Michele Kacmar, 2009)는 이러한 리더-구성원 교환관계의 유익과 불이익에 대하여 설명했습니다. 그들은 높은 수준의 교환관계의 유익으로서 직무 관련 의사소통 증가, 상사에 대한 충분한 접근기회, 업무수행 관련 피드백 증가, 차별적인 우대 등을 제시했습니다.

반대로 낮은 수준의 리더-구성원 교환관계를 갖고 있는 경우에 경험하는 불이익으로는 리더로부터 받는 신뢰와 지원의 제한, 공식적 계약 이외의 유익 획득 불가능을 지적했습니다. 그러므로 리더와 구성원 간의 협력적인 관계 구축은 개인은 물론 조직의 목표 달성과 분위기, 효율성 달성을 위해 필수적인 요소인 것입니다.

4) 리더-구성원 교환이론의 장·단점

리더-구성원 교환이론은 조직 내에서 구성원들이 서로 어떻게 연관을 맺고 있는가를 이해할 수 있는 틀을 제공하는 서술적이고 실증적 이론이며, 리더와 구성원의 관계를 중심으로 하는 리더십 이론으로서 리더십 효과성은 효과적인 리더-구성원의 교환관계에 달려 있음을 강조하며 주목을 받았습니다. 또한 양질의 교환관계는 효과적 의사소통이 없이는 불가능함을 지적하여 리더십에서 의사소통의 중요성을 환기시켰습니다. 따라서 의식적이든, 무의식적이든, 내집단으로 끌어 들이는 편견의 영향력(인종, 성, 민족, 종교, 연령 등)에 대하여 경고함으로써 리더십 자체에 교훈을 주며, 이론의 실무적 적용이 조직 성과와 어떻게 연관되는지를 구체적으로 검증하는 수많은 실증연구가 존재하기 때문에 각광을 받았습니다.

하지만 과업단위 부서를 내집단, 외집단의 두 부류의 집단으로 구분하여, 불공정과 차별을 부추김으로써 공정성이라는 기본적 가치에 역행한다는 비판과 함께, 내집단과 외집단의 존재 자체가 전체 조직의 연합에 부정적인 영향을 미친다는 점이 지적되었습니다. 또한 양질의 리더-구성원 교환관계가 형성되는 방식에 대한 설명이 부재하다는 점이 비판을 받았습니다.

예를 들면, 과업상 규범이나 문화적 변인, 구성원들 간의 사회적 연결망 등 여러 변인들이 LMX관계에 어떻게 영향을 미치고, 그 같은 관계 속에 있는 개인들에게 어떻게 영향을 미치는지가 명확하지 않고, 수직짝 관계의 측정치를 사용한 실증연구들의 부재로 교환관계의 측정 도구들에 내용타당성이 결여되어 있다는 지적은 리더-구성원 교환관계의 측정에 대한 의문을 제기하였습니다.

5) 한마음의 위력(상승효과)

미국의 서부 개척 시대에 주로 사용되었던 말은 "클라이즈데일"(Clydesdale)이라는 종류의 큰 말이었습니다. 이 말은 미국 서부영화에서 포장마차를 끄는 모습으로 자주 등장해서 친숙합니다. 한 마리의 클라이즈데일 말이 끌 수 있는 짐의 무게는 7천 파운드 가량입니다.⁴ 그런데 두 마리의 클라이즈데일 말들을 모아서 짐을 끌면

---

4 1파운드는 약 454그램이므로 7천 파운드는 약 3.2톤의 무게에 해당한다.

1만 8천 파운드의 무게를 감당할 수 있으며, 제대로 훈련된 말이라면 두 마리가 힘을 합쳐서 2만 5천 파운드의 무게를 끌 수 있습니다(Duncan, 2001, 178). 이렇게 엄청난 팀워크의 힘은 소위, "상승효과"(synergy)라는 것입니다.

마치 항공모함 위에서 출격을 대기하는 전투기들이 육지보다 훨씬 짧은 항공모함의 활주로에서 이륙할 수 있는 이유와도 비슷합니다. 항공모함에는 수십대에서 수백대에 이르는 전투기들이 탑재되어 있습니다. 착륙할 때에는 미리 속도를 줄이고 랜딩기어를 내리면서 활강을 하면 되지만 순간적으로 폭발적인 동력을 필요로 하는 이륙은 활주로가 짧기 때문에 더욱 불리함에도 불구하고, 전투기들이 어려움 없이 이륙합니다.

그 원리는 의외로 아주 간단합니다. 항공모함이 전투기와 같은 방향으로 전속력으로 움직여 주기 때문에, 즉 항공모함의 힘을 받은 상승효과 때문에 이륙할 때에 가속력을 얻습니다. 그러므로 활주로가 아주 짧아도 힘들지 않게 이륙할 수 있는 것입니다.

교회도 마찬가지입니다. 개인적으로 선교하고 복음을 전하기보다, 교회가 시스템을 제공하고 하나의 공동체로서 함께 움직이면 훨씬 수월하게 움직일(사역할) 수 있습니다. 그래서 성경은 이렇게 말합니다.

> 두 사람이 한 사람보다 나음은 저희가 수고함으로 좋은 상을 얻을 것임이라 혹시 그들이 넘어지면 하나가 그 동무를 붙들어 일으키려니와 홀로 있어 넘어지고 붙들어 일으킬 자가 없는 자에게는 화가 있으리라. 또 두 사람이 함께 누우면 따

뜻하거니와 한 사람이면 어찌 따뜻하랴 한 사람이면 패하겠거니와 두 사람이면 맞설 수 있나니 세겹줄은 쉽게 끊어지지 아니하느니라(전 4:9-12).

혼자 복음을 전하고, 이를 위해 혼자서 섬기려면 외롭습니다. 힘이 듭니다. 하지만 같은 마음을 품은 그리스도인들이 힘을 합쳐서 한 방향을 향해 함께 전진하면 시험을 이길 수 있고, 곳곳의 장애물을 극복하고, 승리할 수 있는 것입니다.

3. 변혁적 리더십(Transformational Leadership)

1) 세 가지 리더십

일찍이 막스 베버(Max Weber, 1947)는 리더십을 전통적 리더십(traditional leadership), 관료적 리더십(bureaucratic leadership), 그리고 카리스마적 리더십(charismatic leadership)의 세 종류로 구분했습니다.

전통적 리더십은 왕이나 군주처럼 이미 주어진 신분과 위치에서 지위권력을 행사하는 것으로서 민주화된 현대 사회에는 그 중요성이 희석된 리더십입니다.

관료적 리더십은 신분적 위치와 개인 능력을 통해 지위권력을 행사하는 것이며, 카리스마적 리더십은 신분이나 지위와 관계없이 개인의 능력을 발휘하여 결국에는 지위권력을 쟁취하도록 하는 리더십입니다.

막스 베버가 제시한 카리스마적 리더십은 20세기 말부터 각광을 받고 있는 변혁적 리더십과 유사한 점들이 많습니다. 하지만 현대 리더십 이론의 관점에서 보면 변혁적 리더와 카리스마적 리더의 차이는 현저합니다.

예를 들면, 변혁적 리더는 구성원들이 고양되고 발전되는 것을 추구하는 데 비해, 카리스마적 리더는 그 반대인 경우가 많아서, 구성원들을 약하고 의존적인 존재로 만들어 개인적인 충성을 요구하곤 합니다.

또한 변혁적 리더십은 리더와 구성원 모두의 동기수준과 도덕수준을 높이는 과정을 강조하므로 히틀러나 후세인과 같이 부정적인 의미의 변혁을 시도했던 독재자의 리더십과 구분되며, 리더십을 리더와 구성원 간의 교환관계에 초점을 맞춘 거래적 리더십과도 구분됩니다.

애플사를 설립하고 혁신적인 제품들의 개발을 주도한 고(故) 스티브 잡스(Steve Jobs)의 독특한 성격과 매끄럽지 못한 인간관계는 그를 리더로 보는 것이 적합한 것인가 하는 질문을 불러일으킵니다. 하지만 리더가 미래의 트렌드를 예측하고, 선구자로서, 카리스마를 가지고 비전을 제시하는 역할모델임을 주장하는 변혁적 리더십의 관점에서 보면 잡스는 분명히 리더입니다. 변혁적 리더십이 카리스마적 리더십과 다른 점은 리더가 구성원의 성장과 발전을 지지한다는 것인데, 잡스는 자신의 생각에 동조하는 구성원들과는 큰 충돌을 일으키지 않았기 때문에 그를 리더로 보는 것에 문제는 없을 것입니다. 다음의 소 단락에서 변혁적 리더십의 자세한 내용을 점검한 후에, 잡스의 리더십을 다시 조명해 보겠습니다.

2) 변혁적 리더십의 차별화 요소

변혁적 리더십 이론은 리더-구성원 교환이론이 각광을 받던 1970년대 등장하였고, 80년대 초부터 90년대에 이르기까지 수많은 연구가 이루어지기 시작했습니다. 그 결과, 1990년부터 2000년 사이에 리더십 관련 학술지 "Leadership Quarterly"에 게재된 논문의 34%가 카리스마적 리더십을 포함하는 변혁적 리더십에 관한 것이었습니다(Lowe and Gardner, 2001). 변혁적 리더십은 리더가 미래의 트렌드를 예측하고, 구성원들에게 가능성있는 비전을 이해하고 받아들이도록 고취하며, 다른 사람들을 리더로 육성하거나 더 나은 리더가 되도록 이끌어 가며, 조직이나 집단을 혁신적으로 변화시키는 것을 강조합니다(Colbert et al., 2008). 이는 구성원들의 정서, 가치관, 윤리, 행동규범, 그리고 장기적인 목표 등을 바꾸어 줌으로써 개인을 변화시키고, 변혁시키는 데에 초점을 맞춘 과정적 리더십으로서 카리스마적 리더십과 비전적 리더십 개념을 포괄하는 개념입니다(Northhouse, 2016).

거래적 리더십(transactional leadership)이 리더와 구성원들 사이에서 일어나는 교환관계에 초점을 맞추어, 리더십을 하나의 거래로 파악하는 데 비하여, 변혁적 리더십(transformational leadership)은 리더가 구성원들과 함께 양쪽 모두의 동기 유발수준과 도덕수준을 높이는 연결 관계를 창조해 나가는 과정을 강조합니다. 또한 유사 변혁적 리더십은 자기 파괴적, 착취적, 권력 지향적이며, 도덕적 가치를 왜곡시키는 리더십이고(Bass and Riggio, 2006), 다른 사람보다 자신의 이익에 초점을 맞추는 자기 지향적 리더십이지만(Bass and Steidlmeier, 1999). 진정한 변혁적 리더십은 집단의 이익에 영향을 미치려는 타인 지향적 리더십을 의미합니다.

변혁적 리더란 다른 사람을 위해 자신의 이익을 희생하는 리더입니다(Howell and Avolio, 1993). 변혁적 리더십이 추구하는 요소들은 구성원들에게 강력한 역할모델이 되는 리더의 이상적 영향력(idealized influence), 구성원들에게 끊임없이 높은 기대를 표시하며, 공유된 비전을 실현하는데 헌신하도록 동기유발을 통해 의욕을 고무시키는 영감적 동기부여(inspirational motivation), 구성원들의 창의성과 혁신성을 자극하고, 그들 자신의 신념과 가치뿐만 아니라 리더와 조직의 신념과 가치까지도 새롭게 바꾸어 나가는 지적 자극(intellectual stimulation), 구성원들의 개인적인 성취, 성장 욕구에 세심한 관심을 기울이고, 지원적인 분위기를 조성하려는 리더의 멘토 또는 코치의 역할인 개별적 배려(individualized consideration)입니다(Avolio, Waldman, and Yammarino, 1991).

3) 변혁적 리더십의 장·단점

변혁적 리더십의 강점은 리더가 어떻게 선두에서 변화를 주장하고, 옹호해야 하는지를 설명하는 직관적 소구력을 보유하며, 대규모 조직의 저명한 리더들과 최고경영자들을 대상으로 하는 일련의 정성적 연구를 포함하는 광범위한 연구를 바탕으로 한다는 것입니다. 또한 리더십을 리더 혼자만의 책임이 아니라 리더와 구성원들 간의 상호작용의 결과로 파악하는, 리더십에 대한 과정적 접근으로서 리더십 과정에서 구성원들이 상대적으로 중요한 위치를 차지하는 폭넓은 리더십 관점을 제시한다는 평가를 받습니다. 따라서 구성원들의 욕구, 가치관, 그리고 도덕성을 강조하며, 리더 자신의 이익을 초월하여 조직 공동체의 이익을 위해 구성원들을 동기유발하려는 노력이 포함된다는 점도 바람직한 면으로 수용되었습니다.

하지만 리더십의 매우 폭넓은 범위를 포괄하므로 변혁적 리더십의 변수들을 명확하게 한정하기가 곤란한데, 예를 들면 변혁적 리더십의 변수들이 리더십의 다른 유사한 개념들과 중복되는 한편, 변혁적 리더십의 네 가지 요인들 사이에 높은 상관관계가 나타나며, 거래적 리더십, 자유방임적 리더십 요인과의 상관관계도 나타나기 때문에 변혁적 리더십을 측정하는 것이 어렵습니다. 또한 리더십 자체를 훈련가능한 행동이 아닌, 개인적 성격특성 또는 성향으로 파악함으로써 변혁적 리더십을 성격특성이론으로 보이게 하며, 변혁적 리더십은 선택된 엘리트의 것이라는 영웅적 리더십의 편견에 사로잡혀 구성원들이 리더에게 미치는 영향력을 간과함으로써 파괴적 목적으로 사용될 가능성이 있다는 우려가 지적되었습니다.

4) 스티브 잡스(Steve Jobs, 1955-2011)의 재조명

스티브 잡스는 1976년 양아버지의 차고에서 애플사를 설립했지만, 1985년 다른 임원들과의 충돌로 애플을 떠났습니다. 1986년 조지 루카스의 컴퓨터그래픽 회사를 인수한 후, 픽사(Pixar)로 이름을 바꾸었고, 이는 2006년에 다시 디즈니사(The Walt Disney

Company)에 합병되었습니다. 1996년에 잡스는 다시 애플에 복귀했고, 1997년 최고경영자(CEO)가 되어 1년 만에 이익과 시장점유율을 동시에 제고했는데, 그는 1997년 10억불의 적자를 기록했던 기업을 다음 해인 1998년에 4억불 흑자의 기업으로 바꾸어 놓았습니다.

잡스는 2001년에는 아이팟(iPod)을 개발해서 음반시장 전체를 재편했고, 2007년에 아이폰(iPhone)을 출시해서 스마트폰 시장을 선도했으며, 2010년 아이패드(iPad)를 내놓음으로써 최첨단 전자기기의 새로운 시장을 개척했습니다. 또한 그는 103개의 애플 특허 발명자로 등재되었고, 자신이 소모적이라고 생각했던 사회공헌 프로그램들을 모두 없앴으며, 임원들과의 보너스 협상을 직접 담당함을 통해, 칭송과 비난을 동시에 받으며 애플을 살려냈습니다.

한편, 2005년 6월 스탠포드대학교(Standford University)에서 잡스가 했던 "Stay Hungry, Stay Foolish"라는 제목의 졸업연설은 목마름을 가지고 우직하게 자신의 길을 가라는 교훈으로 젊은이들에게 남아있습니다. 그는 2003년에 복부암을 발견했지만, 수술을 거부하고 식이요법을 통한 치료에 집중하다가, 2004년에 성공적으로 수술을 받았지만 그 해에 췌장암이 발견되었습니다. 투병 중에도 애플사를 잘 이끌어가던 잡스는 2011년 8월 24일부로 사임하고, 같은 해 10월 5일에 사망했습니다.

회사의 공적관계(public relation)를 담당하던 임원 로렌스 클레비어(Laurence Clavere)는 회고하기를 잡스를 만날 때의 마음가짐은 투우사의 것이었다고 말하며 잡스를 비난했습니다. 펩시콜라에서의 성공적인 마케팅으로 잡스에게 스카웃된 존 스컬리(John Scully)는 잡스는 혁명가이지만 불완전한 세상과 조화를 이루지 못한다고 비난하며, 1985년에 잡스를 몰아내고, 1983-1993년까지 애플사의 최고경영자 자리를 차지했습니다. 반면, 1981-1990년까지 애플사의 임원으로 근무했다가 스컬리에 의해 밀려난 장 루이스 가세(Jean-Louis Gassee)는 민주주의가 아닌, 독재자가 뛰어난 제품을 만든다며 잡스를 지지했습니다.

　스티브 잡스가 시대를 앞서는 통찰력과 창의력을 통해 구성원들에게 강력한 역할모델이 되는 리더의 이상적 영향력을 발휘했고, 구성원들에게 끊임없이 높은 기대를 표시하며 공유된 비전을 실현하는데 헌신하도록 영감적 동기부여를 했으며, 구성원들의 창의성과 혁신성을 자극함을 통해 구성원들의 신념과 가치를 새롭게 바꾸어 나가는 지적 자극을 주었음은 부정할 수 없습니다. 하지만 구성원들의 개인적인 성취, 성장 욕구에 세심한 관심을 기울이고, 지원적인 분위기를 조성하는 개별적 배려의 면에 있어서는 흠이 있음도 사실입니다. 잡스는 변혁적 리더십의 강점과 약점을 뚜렷하게 보여주었습니다. 그는 기존의 틀을 뛰어넘는 목표를 세우고 구성원들의 동기를 자극하며 조직을 이끌어가는 변혁적 리더였지만, 구성원들의 자발적 참여와 개입을 이끌어 내는 데에는 완전한 성공을 거두지 못하여 환상을 쫓는 사람으로 비추어지며 오해를 받았고, 변혁적 리더십이 엘리트적이고 영웅적인 리더십의 편견에 사로잡힐 수 있음을 보여주었습니다.

4. 팀리더십(Team Leadership)

1) 팀워크(Teamwork)의 파워

철새들이 계절의 변화에 따라 장거리 이동을 할 때에 "V"자형을 이루어 편대 비행하는 것에 대하여 과학자들은 그것이 항공 역학적으로 효율적이기 때문이라는 의견과 서로 의사소통을 하며 방향성을 유지하기 위한 것이라는 의견으로 나뉘었습니다. 프랑스 국립과학연구소(The French National Center for Scientific Research)의 앙리 위메르스커크(Henri Weimerskirch) 박사 연구팀에서는 모터보트와 초경량항공기를 따라가도록 훈련시킨 펠리컨들을 대상으로 날갯짓 횟수와 심장박동수를 조사한 결과, 혼자 나는 펠리컨보다 편대를 이루어 V자형으로 비행한 펠리컨들이 날갯짓도 덜하고, 심장박동의 수도 월등히 낮았음을 밝혀냈습니다(Weimerskirch et al., 2001). 펠리컨들이 함께 날개를 퍼덕일 때마다 뒤따르는 펠리컨들에게 상승기류를 형성하기 때문에 V자형으로 날면 혼자 날 때보다 71% 더 멀리 갈 수 있다는 것입니다. 그렇기 때문에 혹시 한 마리라도 편대에서 이탈하게 될 때에는 항력의 부담을 느끼고 공기 저항을 없애기 위해 재빨리 편대로 다시 복귀하곤 합니다.

이는 V자로 편대를 이루어 나는, 또 다른 철새인 기러기에게도 마찬가지로 적용되는 방식입니다(최성훈 2016a, Dunn and Baker, 2003). 더욱이 선두에서 나는 기러기가 지칠 때마다 편대 뒤로 교대함으로써 핵심 리더에게 휴식이 필요하며, 리더십도 교대로 발휘함이 때로는 필요하다는 교훈도 줍니다. 또한 선두에서 나는 기러기에게 뒤의 기러기들은 울음소리를 내며 속도유지를 격려합니다. 아프거나, 부상을 당해 낙오하는 기러기가 발생하면 두 마리의 기러기가 대열에서 이탈하여 낙오한 기러기가 기력을 회복할 때까지 함께 머물며 돌보아줍니다.

기러기의 그러한 행동들은 리더에게도 격려와 쉼이 필요하다는 사실을 시사하며, 또한 리더십은 특별한 인물 한 사람이 혼자서 발휘할 수 있는 것이 아니라, 조직의 구성원들 모두가 힘을 합칠 때에 효과적으로 수행될 수 있음을 일깨워줍니다.

2) 팀 리더십

팀이란 공동의 목표를 공유하고, 상호의존적이며, 그 공동의 목표를 달성하기 위해 서로 간의 활동을 조정해 가는 팀원들로 구성된 조직 내의 집단입니다(Northhouse, 2016). 팀 리더십은 다변화되고 다원화되는 사회의 추세로 인해 혼자서 모든 것을 담당하는 독불장군식으로는 발 빠르게 대처할 수 없음을 인식하여, 리더십 이론과 연구 영역에서 가장 인기를 얻고, 빠르게 발전하고 있는 분야입니다.

미국 럿거스대학교(Rutgers University)의 경영대학원 교수 게일 포터(Gayle Porter)와 퍼듀대학교(Purdue University)의 리더십 교수인 마이클 베이어라인(Michael Beyerlein, 2000)은 팀 리더십 관련한 집단연구의 역사를 조사했습니다.

그들에 의하면 집단 연구는 작업상의 협동 노력을 주장한 인간관계 운동에 초점을 두고 1920-30년대에 시작되었습니다. 이어서 1940년대에는 집단역학 연구, 1950년대에는 감수성 훈련과 집단 내 리더십, 1960-70년대에 들어서는 조직개발과 팀개발, 작업팀의 리더십 효과성이 강조되었습니다. 1980년대에는 기업경영에서는 치열한 경쟁으로 인한 품질관리, 벤치마킹, 지속적 개선운동에 초점을 맞추었고, 1990년대에는 경쟁우위를 위한 글로벌 시각의 조직 전략이 대두되었습니다.

1996년 이후 실시된 연구들은 이전보다 더 많은 팀 변수(변인)들에 초점을 맞추며, 더 이상 팀의 업적(성과)에만 초점을 맞추고 있지 않습니다(Ilgen et al., 2005). 2000년대에 들어서는 이전보다 더 복잡해지는 이슈에 보다 더 신속하게 대응해야 하므로 상황의 필요에 따라 몇 사람의 팀 구성원들이 요구되는 영향력을 발휘하다가 물러나고, 또 필요에 따라 다른 팀원들이 팀을 인도하는 분산된 리더십 내지는 공유된 리더십이 더욱 강조되고 있습니다(Pearce, Manz, and Sims, 2009).

한편, 하버드대학교의 방문 교수인 루스 웨이지만(Ruth Wageman et al., 2008) 등의 연구팀은 1998-2008년간, 12개국, 120개 조직과 기업의 고위직 임원들의 팀 리더십을 인터뷰, 관찰, 재무자료 등의 문헌조사를 통해 연구했습니다.

그들이 결론내린 성공적인 팀 리더십의 필수요소는 명목상이 아닌 진정한 팀의 구성, 분명하고 경쟁력있는 목표, 조직의 목표를 이룰 수 있는 경험과 역량이 있는 구성원들, 탄탄한 팀 구조, 정보, 시간, 물적자원 등의 지원구조, 상호간 또는 외부전문가를 통한 코칭이었습니다. 따라서 리더-구성원의 상호작용 대신, 리더-팀의 상호 작용에 초점을 맞추는 모델의 필요성을 제시해야 한다는 목소리가 설득력을 얻게 되었습니다(Zaccaro, Heinen, and Shuffler, 2009).

팀 리더십에서 리더의 직무란 팀을 관찰(감시)하고 팀의 효과성을 확보하기 위해 필요한 조치를 취하는 것을 강조하는 기능적 리더십에 기초합니다. 따라서 팀 리더십의 모델은 조정과 감시의 개념을 통합하며, 팀 효과성을 개선하기 위해 리더가 취할 수 있는 구체적인 조치들을 제공합니다(LaFasto and Larson, 2001). 리더는 팀 기능의 현재 상태를 이해하기 위해 정보를 찾아내고, 그 정보를 분석하여 구조화함으로써 팀을 계속 관찰(감시)할 것인가, 아니면 개입(조치)할 것인가의 여부를 결정합니다.

또한 리더는 과업상의 문제를 위해 개입할 것인가, 아니면 관계상의 문제를 위해 개입할 것인가를 결정하며, 그러한 개입이 내부적 수준의 개입인가, 아니면 외부적 수준의 개입인가 하는 사항도 결정해야 합니다.

그러므로 유능한 리더는 팀의 내부적 요구와 외부적 요구를 분석하여 균형을 유지하고 상황의 변화에 적절하게 대응해 나갑니다(Barge, 1996). 리더는 내부적 과업을 위한 조치로서 목표를 명확히 하고, 성과를 위해 비전을 설정하고 역할을 명료화하고 권한을 위임하는 등, 성과를 위한 구조화 작업을 담당하며, 정보를 통제, 조정, 중재함으로써 의사결정을 촉진하고, 교육과 개발을 통해 팀 구성원들의 과업기술훈련을 담당합니다.

코칭을 통해 구성원들과의 관계를 맺고, 개인적인 욕구를 충족시키며, 갈등 관리의 책임과 공정하고 일관성있는 운영을 통해 윤리적이고 원칙적인 관행을 모형화합니다. 또한 리더의 역할은 외부적 수준의 개입을 위한 조치로서 외부 환경 내의 연결망을 구축하고 제휴관계를 형성하는 한편, 외부(환경)에 대하여 팀을 옹호하고 대변하는 것을 포함합니다.

3) 팀 리더십의 장·단점

팀 리더십은 실제적인 조직의 과업집단에 필요한 리더십에 초점을 맞춤으로써 구성원들이 팀의 문제점을 진단하고 수정조치를 취할 수 있는 지침을 제공합니다. 또한 팀 업적이 기대 이하일 경우, 리더가 효과적인 팀을 재설계하고 유지하는 데 도움이 되는 복잡한 인지적 지침을 제공하는데, 예를 들면 리더가 훌륭한 매개체 또는 정보처리자로서 행동하지 않으면 안 되게 만드는 복잡한 요인들을 관리 가능한 실무적인 형태로 통합하여 제시합니다. 이 모델은 리더의 지위권력이 아닌, 진단하고 조치를 취하는 기능에 초점을 맞추고 있기 때문에 주요한 리더십의 기능들은 팀의 구성원 누구에 의해서도 수행될 수 있음을 인정하므로 조직 내에서 리더와 구성원들이 변화하는 역할을 고려하고 있습니다. 그러므로 문제 진단력, 그에 상응하는 적절한 조치를 취할 수 있는 문제해결력, 인간관계능력 및 교섭력을 갖춘 바람직한 리더를 선발하는 기준으로 활용이 가능합니다.

한편, 팀 리더십 모델은 팀 중심 리더십의 의사결정에서 고려 대상이 되는 리더십기술들 중 일부만을 제시하고 있으며, 따라서 팀은 팀 효과성과 관련된 리더십 기술들을 추가하여 모형을 수정해 나가야 한다는 부담을 떠안습니다. 또한 리더에게 올바른 방향만을 지적하고 있고, 복잡한 문제들을 해결하는데 필요한 몇 가지 기술만을 제시하고 있을 뿐, 리더가 당면한 구체적인 문제의 상황에서 현장에 가장 적합한 해답을 제공하지 않는다는 지적을 받습니다.

이외에도 팀 리더가 집단과정, 의사결정, 대인간의 의사소통, 갈등해결 및 그 밖의 능력에서 능숙하게 숙련된 사람이라는 것을 너무나 순진하게 전제하고 있으며, 이는 현대적인 공유 내지 분산된 리더십 체제가 내포하는, 변화되는 리더와 구성원들의 역할을 간과하고 있다는 비판을 받습니다.

4) 영적인 팀워크

감리교의 창시자 존 웨슬리(John Wesley, 1953)는 1739년, 자신의 일기를 통해 "모든 세상이 나의 교구이다"(I look upon all the world as my parish)라고 말하며 자신의 목회자로서의 신념을 피력했었는데, 요즘과 같이 과학기술과 정보통신이 발달한 시대를 사는 현대인들은 인터넷의 위력을 통해 그 말을 더욱 실감할 수 있습니다. 대형교회 일부 목회자들의 성적타락과 불의한 금전취득에 얼굴을 돌린 수많은 교인들은 교회를 떠났고, 그들 중에 상당수가 인터넷으로 예배를 드립니다. 하지만 성경은 "모이기를 폐하는 어떤 사람들의 습관과 같이 하지 말고 오직 권하여 그 날이 가까움을 볼수록 더욱 그리하자"(히 10:25)고 권면합니다. 예수 그리스도의 재림의 날, 즉 예수님을 뵐 그 날이 가까울수록 악한 영들이 한 사람이라도 구원의 대열에서 낙오하게 하려고 우는 사자와 같이 두루 다니며 삼킬 자를 찾기 때문에(벧전 5:8) 더욱 깨어 있어야 하는 것입니다. 모임과 교제는 활기있는 믿음의 두 가지 증거입니다. 열심이 시들해지고 믿음이 약해지면 모임이 시들해지고, 그렇게 개인으로 흩어질 때에 사단은 달려들어 삼키려 하는 것입니다.

피치 못할 사정이 있을 때에는 인터넷으로 예배를 드릴 수도 있습니다. 가령 자연재해가 나서 교회에 모이기 힘들 때에, 교회가 없는 해외 또는 지방을 방문할 때에, 그리고 일요일을 주일로 지키기 어려운 경우가 생기면 인터넷으로 생중계되는 예배실황에 참여해서 예배를 드리거나, 인터넷에 게시된 예배영상을 통해 예배를 드릴 수도 있습니다.

가장 중요한 것은 하나님과 예배를 통해 만나고, 하나님을 찬양하고 경배함을 통해 마음의 중심을 하나님께로 향하는 것입니다. 말씀을 통해 하나님의 마음을 담고, 기도하며 마음을 하나님께 올려 드리는 것이 참된 예배의 자세입니다. 하지만 계속해서 그리스도인의 공동체, 즉 교회공동체에서 떨어져 나가서 홀로 신앙생활을 하다보면 서로 섬기고 교제하며 사랑과 은혜를 나누는 기회를 놓치게 됩니다. 때로는 갈등을 해결하는 과정을 통해, "철이 철을 날카롭게 하는 것 같이 사람이 그의 친구의 얼굴을 빛나게 하느니라"(잠 27:17)는 말씀처럼 보다 성숙한 신앙인이 될 수도 있습니다. 또한 섬김을 통해 하나님을 만날 수 있으며, 연합하여 악한 세력을 대적할 수 있으며, 그리스도의 사랑을 삶으로 전하는 복음의 통로, 은혜의 통로, 축복의 통로가 될 수 있습니다.

사도 바울이 말한 영적전쟁의 권면은 개인이 아닌 공동체에게 주어진 것입니다. 그래서 에베소서 6:10은 "너희", 그리고 12절은

"우리"라는 교회공동체를 강조했습니다. 그러나 혼자 있으면 겨우 자신의 신앙 중심을 유지하는 것에 급급할 수밖에 되고, 그리스도를 머리로 하는 교회공동체의 일원으로서 그리스도의 몸된 교회를 온전히 세우지 못하게 되는 것입니다. 그러므로 만물 안에서 만물을 충만하게 하시는 이의 충만함(엡 1:23)인 예수님을 먼저 바라보아야 합니다. 그러면 사람은 작게 보이고, 사람으로 인한 상처는 이길 수 있고, 또한 덮을 수 있는 것입니다. 결국 영적인 팀워크, 곧 리더십의 시너지를 내는 비결은 "믿음의 주요 온전케 하시는 이인 예수"를 바라보는 것입니다(히 12:2).

5장

통합이론

　　리더십은 예나 지금이나 대부분의 사람들에게 흥미가 있는 주제입니다. 따라서 리더십에 대한 연구도 많이 이루어졌습니다. 하지만 리더십이란 여전히 도전이 되는 어려운 주제입니다. 리더십이 다양한 요소들을 반영하고 매우 복잡한 과정을 통해 발현되기 때문입니다. 다변화되고, 다원화되는 현대 사회에 있어서 리더십을 어느 특정한 요소로 한정하여 설명하는 것은 효과적이지 못합니다.

　　그러므로 최근의 리더십연구는 여러 가지 요소들이 복합적으로 작용하는 것을 강조하며, 그동안 소외되었던 여성의 리더십, 특수한 문화적 배경 하에서 효율성을 구현하는 문화적 리더십, 리더십의 윤리를 강조하는 정직한 리더십 등에 초점을 맞추어 전개되었습니다.

　　이러한 리더십 이론들은 갑자기 나타난 것이 아니라 기존의 리더십연구들을 토대로 다양한 가치에 초점을 맞추어 전개하는 통합이론입니다. 리더와 구성원이라는 관계를 뛰어넘어 사람과 사람 사이에 반드시 지켜야 할 인격적인 존중, 정직, 겸손 등의 기본적 가치를 중심으로 그러한 복합적인 상호작용을 조명한다는 것이 과거의 연구와 차별화되는 점입니다. 급변하는 시류 속에서 오히려 본질적인 부분에 다시 초점을 맞추는 것입니다. 포스트모더니즘으로 인해 개인의 주관적인 가치와 인권을 강조하는 흐름이 오히려 가장 기본적인, 그러므로 성경의 가르침을 반영하는 가치를 향해 눈을 돌리게 하고 있는 것입니다.

1. 통합적 사고: 목표와 전략의 분별력

리더십 분야에서 많이 사용되는 단어는 전략이라는 개념입니다. 전략이란 목표를 이루기 위해 사용하는 기술입니다. 손자병법은 전략의 의미를 잘 나타냅니다. 손자(孫子)가 "지피지기(知彼知己) 백전백승(百戰百勝)"이라는 말을 했다는 것이 잘 알려져 있지만, 손자병법의 13편 전체에서 이러한 말이 나오는 대목은 찾아볼 수가 없습니다. 다만 손자는 "지피지기(知彼知己) 백전불태(百戰不殆)"라는 말을 했습니다. 이는 적을 알고 나를 알면 백번 싸워도 위태롭지 않다는 뜻입니다.

중국 춘추 전국 시대 말엽에 손자가 제시한 전략의 핵심은 백전백승의 승리철학이 아니라 백전불태의 현실의식과 겸손이었습니다. 불태의 전략은 반드시 싸워서 이기는 것을 목표로 하는 것이 아니라 상황을 판단해서 경쟁력이 약할 때에는 다음 기회를 도모하는 것이 지혜로운 선택임을 제시합니다. 손자병법이 실용적인 전략서로 사용되는 이유는 바로 이러한 현실 감각 때문입니다.

삼국지의 영웅 조조 역시 유비와 한중을 놓고 격돌할 때에 전세가 불리하자 "계륵"(鷄肋)[1]이라는 말을 남기고 병력을 철수해 버렸습니다. 초나라와 한나라의 전쟁 역시 이러한 현실감각을 잘 보여줍니다. 한나라의 유방은 초나라의 항우에게 70여 차례나 연패했습니다. 그는 패할 가능성이 높다는 판단이 서면 주저하지 않고 전투를 포기하고 후퇴했습니다. 전력을 정비해서 후일을 도모하는 것이 그 전투에 모든 것을 거는 것보다 낫다고 생각했기 때문입니다. 결국 마지막 단 한 번의 전투 승리로 유방은 중국 천하의 패권을 쥐게 되었습니다. 전략은 목표의식과 관계가 있습니다. 한 번 승리하는 것은 목표를 이루는 데 있어서 과정에 불과합니다. 탁월한 리더는 목표를 이루는 것뿐만 아니라 목표를 이룬 이후에 다음 단계로 나아가는 것을 바라보고 이에 대비합니다.

1789년에 일어난 프랑스 혁명이 이러한 목표의식과 전략 구분의 중요성을 잘 보여줍니다. 혁명에 성공해서 왕인 루이 16세까지 단두대에 세워 처형했지만, 혁명론자들은 부패한 왕정을 무너뜨리는 데에 급급했지, 막상 정권을 잡은 이후에 어떻게 나라를 다스

---

[1] 위나라의 조조가 한중을 놓고 촉나라의 유비와 싸울 때에 그는 계속 진격해야 하는지, 후퇴할지를 놓고 고민했다. 늦은 밤 그를 찾아온 하후돈이라는 장수에게 계륵이라는 말을 남길 뿐이었는데, 이를 놓고 장수들이 어떻게 해야 할지 의견이 분분했는데, 양수라는 장수는 후퇴를 위해 짐을 꾸리라고 명령했다. 다른 장수들이 의아해하자, 양수는 "계륵"(鷄肋), 즉 "닭의 갈비"는 먹을만한 살은 없지만 그냥 버리기는 아까운 부분인데, 한중 역시 버리기는 아깝지만 그리 대단한 곳은 아니니 버리고 돌아가는 것이 맞다고 말했다. 결국, 다음 날 조조는 한중에서 철수명령을 내렸다.

릴지에 대해서는 준비가 되어 있지 않았습니다. 역사가 혁명을 일으킨 이들에게 기회를 주었을 때에 그들은 우왕좌왕하다가 공포정치로 일관했고, 따라서 프랑스는 혁명 이후에 더욱 혼란을 겪었습니다. 대표적인 예로 혁명에 성공하고 정권을 잡은 자코뱅파의 로베스 피에르(Maximilien de Robespierre)는 공포정치를 행하여 파리에서만 1,400여 명, 그리고 프랑스 전체에서는 2만 명 이상을 처형했습니다. 하지만 로베스 피에르 자신 역시 1794년 7월에 단두대에서 처형됨으로써 혁명으로 수립된 프랑스 제1공화국은 1799년 나폴레옹이 쿠데타를 일으키고, 1804년에 황제에 즉위하기까지 10여 년 만에 막을 내리고 말았습니다.

인류 역사상 가장 광활한 영토를 정복했던 칭기즈칸의 몽골 제국은 말과 하나가 된 기마병 몇 명이서 유럽의 정예 부대 수천 명을 살육하던 무시무시한 군사력을 자랑하고 있었습니다. 그러나 몽골은 역사 가운데 하나의 장면전환, 화약혁명을 놓치며 대포 앞에 무릎을 꿇고 역사의 뒤안길로 사라졌습니다. 모든 것은 중국을 중심으로 퍼져나가며 중국이 세상의 중심이라는 중화사상을 주장하던 중국 역시 산업혁명이라는 역사의 장면전환을 놓쳐서 근대화에서 후퇴하여 청일전쟁에서 패배하며 무너졌습니다.

한편 산업혁명에 성공하여 대영제국을 수립한 영국은 넬슨 제독을 필두로, 바다를 다스리는 나라가 세계를 다스린다는 신념을 바탕으로 범선에서 증기선으로, 증기선에서 전함으로 계속 도약을 이루며 세계를 재패하려고 했었습니다. 그러나 2차 산업혁명의 흐름을 놓쳐서 항공모함을 만드는 데에 실패하였고, 영국은 결국 강대국 중에서 가장 늦게 항공모함을 개발하는 나라가 되어 세계 최강국의 지위를 미국에게 내어 주었습니다.

이러한 장면은 오늘날에도 반복되어 나타납니다. 교회도 부흥을 이루고 성장하였지만 시대적 상황을 분별하며 지속적인 성숙과 성장을 이루기 위한 수고를 아끼지 않아야 다음 단계로 도약하는 것입니다. 이는 영적 리더는 다른 사람들보다 훨씬 더 부지런해야 한다는 사실을 알려줍니다. 변함없는 복음에 뿌리를 내리되, 복음의 메시지를 현대인들이 들을 수 있도록 전달하기 위해서는 정치, 경제, 사회, 문화 등의 시대적 흐름을 읽어야 하는 것입니다. 리더십 이론이 더 이상 리더 개인에만 집중하지 않고, 상황이나 구성원들과의 관계 등을 고려하는 것도 이러한 시대적 흐름을 반영합니다. 민주화되고 다원화된 현대 사회는 어느 한 가지 요소에만 치중하는 것이 아니라 전체를 아우르며 통합과 조화를 이루는 것을 강조하기 때문입니다.

2. 여성의 리더십(Women's Leadership)

1) 알파걸(Alpha Girl)의 부상

하버드대학교(Harvard University)의 아동심리학자인 댄 킨드론(Dan Kindlon)과 아동과 가족 전문 심리학자인 마이클 탐슨(Michael Thompson, 2000) 박사는 서구 문화의 남성상에 대한 편견이 남자 아이들의 감정적 문맹을 초래해서, 급기야 청소년 폭력의 원인으로 이어진다고 설명했습니다. 남자는 모름지기 감정을 드러내지 않아야 하고, 어떠한 어려움에도 눈물을 보이면 안 된다는 편견은 남자 아이들의 감정적 고립과 스트레스를 유발한다는 것인데, "남자다움"의 정의가 너무 협소하기 때문에 강하고 가치있는 모습을 보이거나, 아니면 약하고 하찮은 인간이 되거나 하는 두 가지의 극단적인 선택을 강요받고 있다는 것입니다.

그러한 점은 유교에 기반한 가부장적 가치관의 영향을 받는 우리나라의 경우에도 동일하게 적용할 수 있을 것입니다. 흔히 "사나이"는 태어날 때, 부모님이 돌아가셨을 때, 그리고 나라가 망했을 때 등, 세 번만 울어야 한다는 그릇된 인식이 남성을 감정적으로 소외시키고, 왜곡된 남성상으로 인해 자신의 남성성을 증명하는 수단으로서 불필요한 폭력을 조장합니다. 결국 편향된 남성성에 대한 강조가 부정적인 결과를 초래한 것입니다.

최근의 연구에 의하면 남성성과 여성성의 균형을 이룬 오늘날의 여자 아이들은 모든 면에서 남자 아이들보다 뛰어나며, 따라서 그렇게 뛰어난 여자 아이들을 그리스어 알파벳의 첫 글자인 "알파"(alpha)를 따서 "알파걸"(alpha girl)로 지칭했습니다(Kindlon, 2006).

상대적으로 위축된 남자 아이들은 그리스어 알파벳의 두번째 철자를 붙여서 "베타 보이"(beta boy)로 불립니다. 최근 미국의 여자 아이들은 자신감과 확신에 차 있고, 자율적이고 경쟁력이 있으며, 미래지향적이고 위험을 적절히 감수할 줄 알 뿐만 아니라, 겉모습에 치중하지 않고 협력하고 관계를 맺는 기술까지 뛰어나다는 것입니다(Kindlon, 2006).

우리나라도 사정은 비슷합니다. 2015년 현재, 고교졸업자 중 대학진학률은 남학생이 67.6%인데 비해 여학생은 74.6%로서 7%

나 높으며(통계청, 2015), 수도권의 15개 주요 대학의 입학생 중, 여학생이 차지하는 비중은 2015년 현재 45.7%로서 여대생 비율은 2013년 41.5%, 2014년 42.8%에 이어 해마다 꾸준히 증가하고 있습니다(http://www.edujin.co.kr). 교육통계연보(www.kess.kedi.re.kr)에 의하면 2014년말 현재, 초등학교 교사의 여성 비중은 76.7%, 중학교는 67.9%, 그리고 고등학교의 경우에는 48.9%입니다. 초, 중, 고교 전체의 여성 교사 평균비율은 2000년에 52.6%, 2005년 58.6%, 2010년 63.2%, 그리고 2014년에 65.7% 등 꾸준히 증가하는 추세입니다.

주유소 조크(gas-station joke)[2]로도 유명한 미국 민주당의 강력한 대선후보인 힐러리 클린턴(Hillary Clinton)은 알파걸의 표본입니다.

힐러리는 예일대학교 로스쿨(Yale University Law School) 출신으로 닉슨대통령의 탄핵조사위원회에서 근무했기 때문에 마음만 먹으면 뉴욕이나 워싱턴의 로펌에서 근무할 수 있었음에도 불구하고 당시 남자 친구인 빌 클린턴(Bill Clinton)이 있는 시골인 아칸소대학교 로스쿨(University of Arkansas Law School) 교수가 되었습니다.

또한 힐러리 클린턴은 빌 클린턴이 대통령 재위 시절 백악관 인턴인 모니카 르윈스키와 성적 스캔들이 있을 때에 의연하게 남

---

[2] 주유소 조크는 힐러리 클린턴의 당당함을 잘 보여주는 일화이다. 클린턴 부부가 휴가를 맞아 힐러리의 고향에 방문하던 도중에 차에 기름을 넣기 위해 주유소에 들렀다. 그런데 주유소 사장은 힐러리를 보고 깜짝 놀라며 고등학교 재학 시절 종종 데이트를 하던 자신을 기억하느냐고 물었다. 기름을 넣고 힐러리는 그 주유소 사장과 반갑게 이야기를 나누고 길을 떠났다. 빌 클린턴이 힐러리 클린턴에게 "당신이 저 친구와 결혼했다면 주유소 사장 부인인텐데"하고 비꼬자, 힐러리도 지지 않고 응수했다. "아니, 지금쯤 당신이 아니라 저 사람이 미국의 대통령이 되어 있겠지요."

편의 편을 들어서 대통령의 최대위기를 넘기는데 일조했습니다. 1995년부터 르윈스키와 부적절한 관계를 시작한 빌 클린턴 대통령은 1996년, 대통령선거에서 재선에 성공했지만 성 관계를 부인하다가 르윈스키의 드레스에 묻은 체액 때문에 곤경에 처하고, 공화당에서 클린턴의 위증을 사법과정 방해로 지목하여 탄핵을 추진했습니다.

남편 클린턴의 혼외정사 소문이 돌던 때에도 우익의 음모라고 일축했던 힐러리는 결정적인 파랑색 드레스의 증거를 보고서도 결혼에 대한 믿음을 잃지 않는다고 의연하게 대처하며 남편이 탄핵을 면하는 데에 가장 큰 공헌을 세웠습니다. 당시 힐러리 클린턴에 대한 미국 국민들의 지지도는 71%에 달했고, 지난 2012년에 이어 2016년 대통령 선거의 유력한 민주당 후보가 되었습니다.

2) 여성 리더십에 대한 연구

여성의 리더십 관련하여 초기의 연구는 과연 여성도 리더가 될 수 있는가 하는 질문에 초점을 맞추었다면, 최근의 연구는 남성과 여성의 리더십유형의 차이와 효과성의 차이는 무엇이며, 왜 여성은 사회의 중추적 리더십 역할에서 실제보다 과소평가되고 있는지를 다루고 있습니다. 여성의 리더십 증가에 따라 다양한 연구가 전개되고 있는데, 초기에는 남녀 간의 리더십유형 차이에 초점을 맞추었고, 여성의 리더십이 남성과 비교하여 관계 지향적인가, 아니면 과업 지향적인가 하는 측면과 민주적 스타일 또는 독재적 스타일인가를 비교했습니다. 그 결과 여성 리더와 남성 리더는 관계적,

과업적인 부분에서 유의미한 차이가 없다는 것이 밝혀졌고(Powell, 1990; Engen, Leeden, and Willemsen, 2001), 유일하고 확고한 성 차이는 여성의 리더십이 남성보다 더 민주적이고, 참여적이라는 것이 알려졌습니다(Eagly and Johnson, 1990; Engen and Willemsen, 2004).

최근 연구는 여성의 리더십이 남성에 비해 더 변혁적 성향이 있으며, 남성 리더들보다 더 업적에 따른 보상(공정성)을 활용하는 경향이 있다는 것을 보고하고 있습니다(Ayman, Korabik, and Morris, 2009). 여성들이 과거에 비하여 중간 관리자의 단계까지는 사회의 각 분야에서 활발하게 리더십 활동을 보이지만 여전히 최고위직에 올라가기에는 "유리 천장"(the glass ceiling)[3]이라는 보이지 않는 승진 장벽이 있으며, 이는 미국에서만 벌어지는 것이 아닌, 세계적인 현상이라는 점이 지적됩니다(Powell and Graves, 2003).

승진장벽을 쌓는 여러 가지 요인들로서 남녀 간의 성 차별과 성별에 따른 편견, 그리고 가정과 사회생활을 성별로 분리하는 구조적인 역할의 분화가 지적되었습니다. 예를 들면 교육, 훈련, 작업 경험과 같은 인적자본 투자에 있어서 여성에게는 덜 투자되고 있고(Eagly and Carli, 2007), 가사와 자녀양육의 부담 때문에 여성들은 작업경험과 고용의 지속성에 대해서 불리합니다(Bowles and McGinn, 2005). 직무 관련한 헌신과 리더십 역할을 위한 동기유발에 있어서 여성이 남성과 동일 수준의 헌신도를 보이지만(Thoits, 1992), 여성들이 자발적인 자기과시를 하고, 권한이 있는 직위에서 조직을 이

---

3 이는 미국 내 백인남성들의 어려움이 없는 수월한 승진을 의미하는 "유리 에스칼레이터"(glass escalator)와 대비되는 개념으로서, 유리처럼 눈에는 잘 보이지 않지만 여성들의 승진을 가로막는 성 차별의 장벽이 있다는 의미이다.

끌어가는 과정에서 남성보다 많은 사회저항을 경험하기 때문에 불리하다는 점도 지적됩니다(Rudman and Glick, 2001). 1970-80년대 남성지배적인 심포니 오케스트라의 단원을 모집할 때에 모든 응모자는 차단막 뒤에서, 즉 심사위원들이 얼굴을 볼 수 없는 상황에서 연주하여 심사를 받도록 했더니, 심포니 오케스트라의 여성 비율이 현저하게 증가했다는 사실은 성별에 따른 차별과 편견을 잘 나타냅니다(Goldin and Rouse, 2000).

최고위 리더십 지위에 오르는 것은 다른 사람들과의 교섭, 절충, 협상을 통해 필요한 경험, 자원, 지회, 지원을 얻어야 하지만, 여성들은 남성들보다 교섭과 절충을 꺼리고, 덜 선호하기 때문에 불리하다는 점이 지적되었습니다(Bowles and McGinn, 2005; Bowles, Babcock, and Lai, 2007). 그러나 이와 같은 차이는 남성에게 유리한 만큼, 지혜롭게 활용되기만 하면 여성에게도 유리할 수 있다는 반론도 제기되었습니다(Franke, Crowne, and Spake, 1997; Eagly and Carli, 2007).

효과적인 리더십은 남녀 구별없이, 여러 가지 특성들, 즉 지능, 사교성, 주도성, 설득력과 같은 특성들의 혼합에 의해 이루어지는데(Eagly and Carli, 2007), 승진장벽이 제거된다면 모든 사람이 리더십 역할을 맡을 수 있는 가능성 및 기회가 허용되어 기회균등의 이상이 실현되고, 인구통계학적으로 보다 크고 다양한 인재풀을 확보하여 재능있는 인재를 찾기가 더 용이하여, 조직의 성공수준을 증대할 수 있습니다(Northhouse, 2016). 또한 풍부하고 다양한 여성 인력을 리더십 역할에 진입시킴으로써 사회의 모든 구성 집단을 대표하는 사회적 수준의 조직을 형성하여 보다 높은 수준의 윤리적, 생산적, 개혁적 조직을 이룰 수 있습니다(Woolley et al., 2010).

3) 여성의 리더십의 장·단점

여성의 리더십에 대한 연구들은 성차별이라는 사회적 편견을 해소하는 데에 공헌하였고, 그동안 간과되었던 여성의 능력을 재확인하고, 승진장벽을 제거함으로써 사회적 불평등을 개선하도록 기여했습니다. 또한 리더십 스타일의 양성적 개념은 남성과 여성 모두에게 최선의 리더십행동을 선택할 수 있는 기회를 제공함으로써 리더십 효과성을 증진하는 데에 공헌했습니다. 또한 성별과 사회구조 및 제도에 대한 광범위한 사고의 틀을 제공함으로써 사회구성원의 균형있는 발전과 조화로운 조직 운영이 이루어지는 발판이 되었습니다.

그러나 성별과 리더십은 리더십의 다양성이라는, 보다 포괄적이며 일반적인 주제 아래 포함될 수 있는 내용이지만, 미국처럼 다민족으로 구성된 경우에는 인종, 종족 면에서 소수집단 출신의 리더에 대한 연구는 부족합니다(Hoyt and Chemers, 2008). 기존의 연구 역시 미국을 중심으로 하는 서구 문화권에서만 제한적으로 이루어져서, 세계의 다양한 지역의 문화권에서의 성별과 리더십 관련 연구의 진행도 필요하다는 점이 지적되었습니다. 또한 사회와 기업 내, 성 차별의 해소는 기초적인 조직인 가정에서의 성 차별의 해소로부터 시작되어야 한다는 점을 강조해야 할 것이라는 목소리도 점차 힘을 얻고 있습니다(Northhouse, 2016).

4) 이경숙 전(前) 숙명여대 총장의 리더십

숙명여대 전 총장인 이경숙 권사(1943-)는 남편이 전 고려대 최영상 부총장, 여동생이 전 성신여대 이숙자 총장으로서, 학자 가문의 배경 속에서 두 사람의 자매 모두가 여성 리더십을 발휘했습니다. 그녀는 숙명여대 정치외교학과 학·석사, 미국 캔자스대학교(University of Kansas) 정치학 석사를 거쳐, 노쓰캐롤라이나대학교(University of North Carolina)에서 국제정치학 및 비교정치학 박사 학위를 받은, 대한민국 여성 정치학 박사 3호입니다.

이경숙 권사는 지난 1994년 3월, 숙명여대의 13대 총장으로 선출되었는데, 당시 학교는 만성적자에 시달리고 있었고, 체납세금이 7억 8천만 원, 연체료 2억 3천만 원, 벌과금 3천만 원 등, 재정적 어려움을 겪고 있었습니다. 이에 더해 캠퍼스 부지의 시유지 편입으로 인해 졸지에 학교의 건물이 불법건물이 되었습니다. 이러한 일을 해결하기 위해 교직원들을 지휘하고, 공무원들을 직접 만나는 등, 아무리 열심히 뛰어도 눈에 보이는 성과는 얻을 수 없었는데, 결국 그녀는 자신의 힘을 의지하고 인간적인 열심으로 일하며 형식적으로 하나님께 맡긴 것을 회개했습니다.

이경숙 총장은 하나님의 마음을 품고, 성경적인 원리로 움직이기로 결심했습니다. 학교의 모든 비용지출과 회의내용을 공개해서 투명하게 학교를 운영하기 시작했고, 해외의 우수대학들을 탐방하고 벤치마킹했습니다. 그러한 대학 수준으로 학교의 인프라를 갖추려면 약 1천억 원의 예산이 소요된다는 것을 깨닫고, 기업들을 만나 기금을 조성하고, 동문들을 찾아다니며 "등록금 한 번 더 내기" 운동을 벌였습니다. "현모양처"라는 수동적인 구 시대의 모토를 버리고, "세상을 바꾸는 (여성의) 부드러운 힘"을 바탕으로 세계 최고의 여성대학을 목표로 제시한 것이 주효하며 이 운동을 성공적으로 이끌었습니다(양병무, 2008).

1994년 취임 당시 모금액이 1년에 2억 원에 불과했지만, 10년 후인 2004년에는 278억 원의 기금을 조성함으로써 당시 전국 대학에서 6위, 여자대학에서는 1위의 기금 조성의 실적을 올렸고, 2008년 현재, 모든 부채를 청산하는 것은 물론 창학 100주년 발전기금 1,000억 원을 초과 달성했습니다. 이 일이 더욱 의미있는 것은 기금조성이 기존의 접대 등의 관행없이, 신앙인의 신념과 원칙을 가지고 이루어 낸 성과라는 것입니다.

1994년 부임 당시, 숙명여대 재학생 수는 7,900여 명, 교직원 수가 211명이었는데, 이경숙 총장 퇴임할 당시인 2008년 9월 현재, 학교부지는 6천 평에서 2만 5천여 평 규모로 확장하고, 새 건물도 20개 동을 추가 건설했으며, 재학생 수는 1만 2,800여 명으로 늘었습니다. 이 총장은 이같은 성과와 능력을 인정받아 4회에 걸쳐 연임함으로써 직선제 총장으로서는 최장수 총장으로 자리매김했으며, 이명박 정부의 대통령직 인수위원장을 맡으며 2008년에 퇴임했습니다.

그녀는 자신의 리더십을 신앙을 바탕으로 하는 "섬김의 리더십"으로 평가합니다. 물론 이총장의 리더십은 신앙에 바탕을 둔 리더십이기도 하지만, 여성 특유의 부드러움과 섬세함을 바탕으로 교내, 외의 직원들, 동문들, 인사들과 관계를 제고하며 학교를 발전시킨 것을 감안할 때, 여성의 리더십이라고 보아도 무방할 것입니다. "유대인이나 헬라인이나 종이나 자유인이나 남자나 여자나 다 그리스도 예수 안에서 하나"(갈 3:28)라는 사도 바울의 말씀은 유대와 헬라 문화를 뛰어넘고, 신분이나 계층을 초월하고, 남자와 여자의 성별과 관계없이 하나님의 뜻을 이 땅에서 실현하는 모든 그리스도인 리더에게 해당하는 교훈인 것입니다.

3. 문화 리더십(Cultural Leadership)

1) 문화와 마케팅

스타벅스(Starbucks)는 문화[4]를 활용한 마케팅으로 성공을 거둔 기업입니다. 1971년, 미국 씨애틀(Seattle)에서 1호점을 개점해서 시작한 스타벅스는 가장 기본적인 품질을 바탕으로 다른 산업의 제품들과 연관하여 커피경험을 새롭게 하였습니다. 기존의 커피 또는 차 문화와 차별화된 독특한 커피문화를 제시하고, 이를 활용하여 성공을 거둔 것입니다. 스타벅스는 최고급의 원두를 까다롭게 선택할 뿐만 아니라 커피 맛의 기본이 되는 물을 특수여과장치로 세 번이나 걸러서 사용합니다. 이 때문에 미국의 스타벅스 고객들

---

[4] 문화에 대해서는 다양한 정의들이 존재한다. 일반적으로 문화란 특정 사회 집단이 공유하고 있는, 후천적으로 습득된 신념, 가치관, 규범, 상징 및 전통으로서 역동적이고 다른 사람들에게 전파(전승)된다고 여겨진다. 리더십 관련하여 문화를 정의한 유력한 설명은 문화란 생활방식이고, 관습이며, 그 사회 집단의 생활각본(Gudykunst and Ting-Toomey, 1988)이라는 것이다.

은 종종 무료로 제공되는 정제된 물을 달라고 따로 요구하기도 합니다.

　이러한 품질 수준의 유지는 기본이고, 반스앤노블(Barnes & Noble)이라는 대형서점 체인과 제휴하여 반스앤노블 매장마다 스타벅스가 입점함으로써 고객들에게 책을 읽으며 커피를 즐기는 도시의 지성인이라는 이미지를 부여했습니다. 또한 드라이어스 그랜드 아이스크림(Dryers Grand Icecream)과 제휴해서 진한 커피향을 내는 고급 아이스크림을 생산해서 하겐다즈(Häagen-Dazs)를 제치고 미국 내 고급 아이스크림 시장을 장악했고, 연간 8천만 명의 승객이 이용하며, 그 중에서 30% 가량의 승객이 커피를 요구하는 유나이티드 에어라인(United Airline)과 제휴하여 2천만 명 분량의 잠재시장을 차지하였습니다.

　지성인들이 대화를 나누는 서점의 이미지, 고급아이스크림의 고부가가치 이미지, 그리고 바쁘게 비지니스 여행을 하는 항공사 이용고객의 전문가 이미지를 조합해서 짧지만 편안한 휴식, 최고급 원두커피, 그리고 사회적 교류라는 가치를 지닌 커피문화를 제시해서 성공을 거둔 것입니다.

　스타벅스의 하워드 슐츠(Howard Schultz, 2011) 회장은 자신이 일곱 살일 때, 뉴욕 브루클린 빈민가의 트럭운전기사였던 아버지가 직장에서 사고로 다리가 부러져서 보험도 없이 고생했고, 어머니가 생계를 위해 대신 일을 해야 하는 모습을 기억하고 직원들을 가장 우선시하기로 결심했습니다. 그는 사업의 핵심역량은 사람이며, 종업원들이 회사를 사랑하면 그만큼 이직율이 내려가서 업무의 노하우가 유지되고, 재교육비도 감소되며, 대고객 서비스도 제고될 것이라고 생각했습니다. 그래서 직원들을 종업원(employee)이 아니라 파트너(partner)라고 불렀습니다. 또한 직원의 2/3를 차지하는 파트타이머들에게도, 주당 20시간 이상 근무하기만 하면, 의료보험 혜택을 부여했고, 원두주식이라는 의미의 "빈스톡"(Bin Stock), 즉, 스톡옵션까지 제공했습니다(다다유키, 2002).

스타벅스는 장기적인 관점에서 사업을 바라보고 사람을 키우는 데 집중했는데, 때로는 과감히 매장문을 닫고 바리스타 교육을 실시해서 표준화된 커피 추출을 가능하게 함으로써 커피의 품질을 유지했습니다. 이를 통해 전 세계 어느 매장에서든 동일한 수준의 고급 원두커피의 맛과 향을 제공함으로써 고객들의 신뢰를 얻게 되었습니다.

국내 토종 브랜드인 이디야(Ediya)커피는 스타벅스의 이러한 문화적 민감도를 높이 평가해서, 업계를 선도하는 스타벅스를 따라하는 전략(me too strategy)을 활용해서 성공을 거두었습니다. 이미 지역의 소득, 계층, 성별, 커피기호 등에 대한 시장조사를 마치고 입점한 스타벅스 매장의 위치는 검증되었다고 보고, 스타벅스 매장에서 최대한 가까운 곳에 이디야의 매장을 설치했습니다.

이를 통해 자사의 리서치 비용을 줄이고, 스타벅스처럼 원두의 품질을 엄격하게 관리하는 한편, 리서치 비용의 절감부분으로 커피의 가격을 낮추어서 가격 경쟁력을 확보했습니다. 또한 직장인을 주 고객으로 하는 점심시간에 스타벅스 매장에서는 줄을 길게 늘어서서 기다려야 하는 것에 비해 가까운 곳에 있는 이디야는 커피의 품질과 맛은 비슷하면서도 가격은 저렴하고, 거기에 기다릴 필요까지 없어서 스타벅스를 향하던 발걸음이 이디야로도 이어졌습니다. 그러나 장기적인 관점에서 볼 때, 진입장벽이 높지 않은 커피산업에서 이미 문화를 융합한 독특한 커피경험을 제공하는, 강력한 브랜드 파워를 지닌 스타벅스를 뛰어 넘기란 쉽지는 않다는 것이 총평입니다.

문화를 활용한 마케팅으로 미국에서 큰 성공을 거둔 스타벅스는, 역설적으로 문화적 차이 때문에 프랑스에서는 고전을 면치 못했습니다. 스타벅스는 2004년에 프랑스에 진출해서 2012년까지 63개의 매장을 오픈했는데, 그동안 단 한 번도 흑자를 내지 못했습니다. 프랑스의 커피 문화에 대해서 제대로 연구하고 공략하지 못했기 때문입니다.

첫째, 프랑스인들의 60% 가량이 에스프레소 원액을 마시는데 비해 스타벅스 커피는 라떼 등, 여러가지 우유, 크림과 시럽 등을 가미하기 위한 원액이므로 프랑스 사람들의 기호에는 너무 쓴 맛이 강했습니다.

둘째, 프랑스인들에게 있어서 카페란 가족, 친구들과 마주 앉아서 하루 종일 대화를 나누는 장소이고, 걸으면서 음식을 먹는 것을 금기시하는 전통이 있기 때문에 스타벅스의 주 수입원인 "테이크아웃"(take-out) 수입이 극히 부진했고, 매장회전율이 낮아서 수지타산을 맞추기가 어려웠습니다. 또한 프랑스인들의 까다로운 취향에 인테리어를 맞추려면 비용이 너무 많이 들기 때문에 초기 비용도 많이 소요되었습니다.

그래서 스타벅스는 새로운 것에 개방적인 프랑스 젊은이들에 초점을 맞추기 시작해서 휴식을 즐기기 위해 마시는 차와 일하기 위해 정신을 집중하기 위한 커피를 차별화했습니다. 프랑스 내에

38,000여 개나 있는 카페들과 차별화를 이루기 위해 노트북 컴퓨터를 가지고 커피를 마시며 일할 수 있는 공간으로 젊음이들에게 어필한 결과, 2016년 현재 프랑스 내에 90여 개의 매장으로 사업을 확장할 수 있게 되었습니다. 또한 커피의 본고장 이탈리아의 커피문화를 연구한 끝에, 2016년 내에 첫 매장을 오픈하겠다고 선언했습니다.

문화에 대한 인식과 이해는 기업의 성공, 즉 시장점유율을 점령하는 리더 위치를 확보하기 위해서 매우 중요한 요인입니다. 그러나 문화가 역동적이어서 변화한다는 점을 간과해서는 안 되며, 이를 선도할 수 있는 식견도 갖추어야 합니다. 리더십을 발휘해야 하는 그리스도인에게는 더욱 그렇습니다. 그리스도인에게 있어서 문화란 하나님의 나라의 관점을 반영하는 변혁의 대상이기 때문입니다(Niebuhr, 1951). 지역사회의 문화와 시대적 흐름을 읽으면 변혁적 리더십은 훨씬 수월하게 발휘될 수 있습니다.

2) 문화 리더십의 연구

초기의 문화 리더십 관련 연구는, 기존에 문화를 통해 리더십을 다루는 검증된 이론이 없었기 때문에, 문화와 문화의 차원들이 리더십에 미치는 영향에 초점을 맞추었습니다. 문화적 리더십연구는 세계화의 증대로 인하여 효율적 다국적 조직의 설계, 다국적 조직에 적합한 리더의 선발, 다양한 문화적 배경을 가진 구성원들로 이루어진 조직의 효과적인 관리라는 도전에 직면하여 발전하고 있는 리더십 이론의 분야입니다(House and Javidan, 2004).

세계화 추세에 따라 글로벌 리더의 다문화적 역량 개발의 필요성이 제기되고 있는데, 리더의 다문화적 역량이란 전 세계에 걸친 경영, 정치, 문화적 환경 이해력, 다문화적 시각, 문화적 취향, 문화의 추세 학습력, 타 문화권 출신의 사람들과 함께 업무할 수 있는 능력, 타 문화권에서의 의사소통 및 현지적응력, 그리고 타문화적 배경의 사람들과 문화적 우월성을 넘어 평등한 입장에서 친화적 관계 형성능력을 의미합니다(Adler and Bartholomew, 1992).

미국의 인류학자로서 하버드경영대학원(Harvard Business School) 교수를 지낸 에드워드 홀(Edward Hall, 1976)은 문화의 1차적 특성은 그 집단이나 민족이 그들의 관심을 개인이나 혹은 집단에 맞추고 있는 정도를 의미한다고 설명했습니다. 네덜란드계 프랑스인 조직이론가인 폰 트롬페날스(Fons Trompenaars, 1994)는 47개국에서 추출한 1만 5천명 이상의 표본연구를 통해 조직문화를 평등주의 대 계층주의, 그리고 인간지향 대 과업지향으로 분류했습니다. 네덜란드의 사회심리학자인 거트 홉스테드(Geert Hofstede, 1980; 2001)는 50여 개국, 10만 명 이상의 응답자로부터 수집한 설문지를 분석하여 각 문화의 차이를 낳게 하는 권력중심성, 불확실성 회피성, 개인주의-집단주의, 남성-여성중심성, 장기 또는 단기지향성의 다섯 가지의 문화 차원을 제시했습니다.

문화 리더십의 모형 중에서 "GLOBE"(Global Leadership and Organization Behavior Effectiveness research program)라는 모형의 연구는 1991년, 하우스(Robert House)에 의해 시작되었고 지금도 160여 명의 연구자들이 참여하고 있습니다.

이 모형은 각 문화권 간의 상호작용에 대한 이해와 문화가 리더십 효과성에 미치는 영향에 대한 이해 증진을 목적으로 전 세계에 걸친, 62개의 다른 문화권의 국가들을 대표하는 950여 개 조직의 1만 7천 여 명의 관리자들을 대상으로 한 설문의 응답을 분석하여 정리한 것입니다.

이 모형은 불확실성 회피성, 권력중심성, 사회제도적 집단주의, 소속집단주의, 양성평등주의, 자기주장성, 미래지향성, 업적지향성, 인간지향성 등의 9가지의 문화 차원들을 세계의 10개 문화권역으로 분류하여 확인했으며, GLOBE 연구자들은 카리스마-가치중심 리더십, 팀 지향적 리더십, 참여적 리더십, 인간지향적 리더십, 자율적 리더십, 자기방어적 리더십 등, 여섯 가지의 글로벌 리더십행동을 발견했습니다(House et al., 2004).

문화권과 관련한 리더십행동의 예를 들면, 유교아시아(Confucian Asia)에서는 자기방어적, 팀 지향적, 인간지향적 리더십을, 남아시아(Southern Asia)는 자기방어적, 카리스마-가치중심적, 인간지향적 리더십의 유형을 보였습니다. 영어사용지역(Anglo)은 카리스마-가치중심적, 참여적, 인간지향적 리더십, 서남유럽(Latin Europe)은 카리스마-가치중심적, 팀 지향적, 참여적 리더십을, 그리고 북유럽(Nordic Europe)은 카리스마-가치중심적, 참여적, 팀 지향적 리더십의 특징을 보였습니다.

한편, 게르만계 유럽(Germanic Europe)은 자율적, 카리스마/가치중심적, 참여적 리더십을, 동유럽(Eastern Europe)은 자율적, 자기방어적, 카리스마-가치중심적 리더십이 뚜렷했습니다. 중남미(Latin America)는 카리스마-가치중심적, 팀 지향적, 자기방어적 리더십, 중동지역(Middle East)은 자기방어적, 인간지향적, 자율적 리더십,

그리고 사하라 이남 아프리카(Sub-Saharan Africa)은 인간지향적, 카리스마-가치중심적, 팀 지향적 리더십이 우세했습니다.

3) 문화 리더십의 장·단점

문화 리더십은 세계의 모든 문화권에서 리더십이 어떻게 비추어 지는지를 분석한 유일한 연구로서 타당하게 설계된 정량적 연구이므로 그 결과를 일반화할 수 있습니다. 또한 GLOBE 연구는 아홉 개의 문화차원들을 통해 폭넓은 문화 차원의 분류를 제시함으로써 문화가 리더십에 미치는 영향과 보편적으로 바람직하거나 그렇지 못한 리더십의 특성들을 제시함으로써 유용한 정보를 제공하고 있습니다.

리더십 과정의 복잡성을 인식하고, 문화가 리더십에 어떻게 영향을 미치고 있는지를 강조함으로써 자민족 중심주의에서 벗어나 세계의 각기 다른 문화를 수용하는 시각을 제시한다는 점에서도 의미가 있습니다. 이를 통해 리더가 자신의 문화적 편견과 선호를 돌아보는 데에 도움을 제공하고, 문화적 특성을 반영한 좋은 리더의 모습에 대한 주의를 환기함으로써, 리더가 문화적 경계를 넘어 더 효과적으로 의사소통 하는데에도 기여합니다.

한편, 문화와 리더십의 관계 또는 문화가 리더십에 미치는 영향에 대한 이론 구성을 위한 명확한 전제나 가정이 결여됨이 한계로 지적되었고, 문화 차원이나 리더십행동의 명칭 정의가 모호하다는 비판도 있습니다. 리더십을 개념화하는 방법의 한계도 드러나서 사람들의 리더십에 대한 지각에만 초점을 맞추다 보니 리더가 무엇을 하는가를 간과하였고, 따라서 리더십이 다른 문화 속에서 어떻게 기능하는지에 대한 연구가 결여되었다는 점도 역시 비판을 받았습니다.

GLOBE 연구에 대해서 범위를 좁히면 보편적으로 지지되는 바람직한 리더의 특성과 바람직하지 않은 리더의 특성 목록들은 역량연구에서 논의한 성격특성의 목록들과 겹친다는 점도 지적되었습니다. 또한 리더십 상황의 영향은 간과한 채, 단지 효과적인 리더십 특성이라고 지각되는 일련의 리더십 특성들만은 분리해서 제시한다는 점도 비판을 받았습니다.

4) 우리나라의 가구 소비문화를 활용한 한샘의 리더십

이케아(Ikea)[5]는 스웨덴에서 시작한 가구기업입니다. 심플한 디자인과 저렴한 가격을 발판으로 전 세계적으로 폭발적으로 성장하고 있습니다. 이케아는 2014년 12월 18일에 광명점을 열며 한국 진출을 시작했고, 1년 만에 누적방문객수 670만 명, 매출액 3천억 원을 기록했고, 이러한 성공을 기반으로 5개의 매장을 더 오픈하겠다고 발표했습니다. 이케아가 한국 가구시장에 진입하면 한국의 가구 산업은 고사될 것이라는 전망이 대두되었는데, 막상 이케아가 들어

---

[5] 이케아(Ikea)는 영어권에서는 스펠링을 따라 "아이키아"로 발음한다. 하지만 국내에서는 "이케아"로 발음하고 표기하므로 본서에서도 "이케아"로 표기하기로 한다. 이와 같은 예는 영어로는 "아딧씨"(Odyssey)인 "오딧세이", 영어로 "니안"(neon)인 "네온" 그리고 영어 발음으로는 "마너터"(monitor)에 가까운 "모니터" 등이 있다.

온 후에 국내 가구업체 1위인 한샘은 오히려 더욱 성장했습니다.

　이케아가 국내에 진출하기 전인 지난 2013년, 한샘의 매출액은 1조 69억 원에 불과했지만, 2014년에 1조 3천억 원, 이케아가 영업한지 1년이 되는 2015년에는 1조 7천억 원, 그리고 2016년 매출은 2조 원을 예상합니다. 한샘의 이러한 성공 비결은 한국 가구 시장의 문화와 특성을 간파했기 때문입니다. 핵가족화가 급속히 진행되며 1-2인 가족이 늘어나는 추세에 따라 이케아같은 가구업체의 승승장구가 예상되는 가운데 한샘은 자신의 강점과 약점을 냉철히 분석했습니다. 한샘의 강점은 인적자원과 유통망이며, 약점은 생활소품과 작은 매장이라는 것을 직시하고 대응전략을 모색했습니다.

　한샘은 한 번에 가구 전체를 보고 구입할 수 있는 큰 매장이 있는 이케아에 직접 대항하지 않고 가구산업의 특성과 한국 소비자의 소비문화에 집중했습니다. 이케아는 소비자가 직접 조립해야 하므로 바쁘게 살아가는 현대인들에게는 저렴한 가격보다 조립과 관련한 시간소비와 불편을 감수해야 하는 어려움이 있고, 잘못 조립하면 오히려 가구의 기능이 훨씬 떨어진다는 점에 착안해서 한샘은 직접 배달은 물론 설치까지 하는 전략으로 대응했습니다. 가구의 품질은 조립과 설치가 좌우하기 때문입니다.

　한편, 이케아가 1인 가구를 소구대상으로 삼아 집중한데 비해서 한샘은 신혼부부 시장을 노렸습니다. 신혼부부들이 선호하는 주택 형태인 아파트들의 평면을 확보하여 맞춤형 제품들을 생산해서 건축 설계도처럼 가구배치의 설계를 제시하며 젊은 부부들의 라이프 스타일에 어필하는 마케팅 방법을 사용했습니다.

따라서 단위 매출도 1인 가구보다는 새로이 가정을 꾸리는 신혼부부 대상의 매출이 훨씬 높았고, 그들의 만족도는 2세의 출산과 더불어 아동가구의 매출로 연결되는 선순환 효과도 기대할 수 있게 되었습니다. 저출산으로 인해 오히려 자녀의 가구는 좋은 제품을 선호하는, 즉 저렴한 이케아 브랜드보다 가격은 높지만 믿을 수 있는 브랜드로서 조립과 설치까지 전담해 주는 한샘을 선택하도록 부모의 심리를 노렸던 것입니다.

또한 불리한 매장의 규모와 소품라인은 도심에 플래그십 대리점들을 개설해서 소비자들의 접근성을 높이고, 유리한 유통망을 활용해 우수 중소기업의 제품들을 유통하는 방식으로 생활소품의 구색을 맞추었습니다. 한샘의 이러한 성공사례는 "위기"(危機)는 곧 "위험"과 "기회"의 두 글자로 이루어진 단어임을 상기시켜 주는 사례인 것입니다.

4. 정직한 리더십(Authentic Leadership)

1) 영국 베어링스 은행(Bearings Bank)의 파산

1995년 2월 27일, 233년의 역사를 자랑하던 영국의 베어링스 은행이 파산했습니다. 8억 2천 7백만 파운드, 우리 돈으로 하면 약 15조원에 달하는 천문학적 금액의 부채를 안은 채, 네덜란드의 금융그룹 ING사에 단 1파운드에 매각된 것입니다.

파산의 원인은 1989년에 베어링스에 입사 후, 1992년에 싱가

포르 지점에 발령을 받고 파생상품 시장에서 우수한 수익을 올리던 고졸 출신의 직원, 니콜라스 리슨(Nicholas Leeson)이 옵션시장에서 행한 투기적 거래가 감당할 수 없는 손실로 연결되었기 때문입니다. 그는 싱가포르 거래소와 오사카 거래소 모두가 취급하는 "닛케이 225지수"의 가격 차이를 이용한 차익거래를 했는데, 점차 금융시장에 익숙해지고, 욕심이 생겨서 위험에 대한 대비없이 투기거래를 시작했습니다.

이 과정에서 손실이 발생하자 비밀계좌를 만들어 손실을 숨겼는데, 1992년말에 허위로 개설한 비밀계좌의 손실은 2백만 파운드에 달했고, 1994년말에는 이 금액이 512만 파운드로 늘어났습니다. 그는 본사에 손실이 보고되지 않도록 장부를 조작했고, 조작된 장부를 본 본사에서는 그를 신뢰해서 운영자금을 더 많이 맡겼습니다. 재무제표 상, 1993년에 베어링스 은행 수입의 20%에 달하는 수익을 안겨준 그는 연봉 5만 파운드에, 보너스만 13만 파운드에 달하는 실력파 딜러로 칭찬을 받으며, 1993-1994년의 최고 매니저상을 받았습니다.

하지만 1995년 1월 16일, 그가 시장에서 큰 변동이 없으리라 생각하고 취한 옵션매도는 다음 날의 고베 대지진으로 닛케이 지수가 폭락하면서 총 8억 2천 7백만 파운드의 손실을 보게 되었습니다. 그동안에는 리슨이 손실을 메울 허위 계정을 개설한 것, 본사에 대한 막대한 선물거래 증거금 요구 등은 모두 그가 보여준 표면적 수익에 묻혀 버렸습니다. 특히 베어링스의 경영자들은 감사팀의 경고, 로이터 통신의 인터뷰 요구, 증권 거래소의 규정 위반 경고 등, 모든 위험의 징후들을 외면하고, 리슨에게 보너스를 약속하고 금융계의 제왕이라는 찬사를 보냈습니다.

베어링스 은행의 파멸은 말단직원이었던 닉 리슨의 신분상승 욕구에서 시작했지만, 위험의 징후를 발견하고, 구성원들을 불법의 유혹으로부터 보호해야 할 의무를 간과한 경영진의 실책도 중요한 원인으로 작용했던 것입니다.

윤리경영의 고전이 된 미국 존슨 앤 존슨(Johnson & Johnson)사의 타이레놀 사건은 이와는 반대의 사례입니다. 1982년, 존슨 앤 존슨의 CEO인 제임스 버크(James Burke)는 결정적 순간을 맞이했습니다. 당시 시카고에서 존슨 앤 존슨이 생산한 타이레놀 병에 누군가 청산가리를 투입한 전대미문의 기업범죄가 발생했고, 급기야 이를 복용한 여섯 명이 사망하는 사건이 발생한 것입니다. 사건 발생 즉시 버크는 투명성이 최선의 대응책이라는 판단 아래 제조과정을 비롯한 회사의 모든 경영의 과정을 언론에 적극 공개했습니다. 동시에 무려 2억 4천만 달러의 비용을 감수하며 모든 제품을 수거하여 폐기하고 재생산하도록 함으로써 오히려 소비자들의 신뢰를 높이는 전화위복의 계기로 삼았습니다.

컨설팅 회사들과 일부 경영진이 타이레놀 브랜드를 포기할 것을 종용했지만, 버크는 이러한 과정을 통해 타이레놀을 새로운 이미지로 재 출시하기로 결정하였고, 마침내 오히려 소비자들의 높은 호응을 받았습니다. 이러한 결정으로 인해 CEO인 제임스 버크는 아직까지도 영웅으로 칭송을 받고 있습니다.

하버드대학교(Harvard University)의 기업윤리 교수인 조셉 바다라코(Joseph Badaracco, 1998)는 리더에게는 특별히 중요하게 부딪치는 "결정적인 순간들"(defining moments)이 있으며, 그 순간은 의사결정을 통해 리더의 가치관과 역량을 증명하는 순간이라고 주장했습니다.

덧붙여서 그는 개인적 차원의 의사결정은 자신의 정체성으로 시작하지만, 관리자의 차원은 팀의 차원에서, 그리고 최고경영자의 의사결정은 조직 전체의 차원에서 조명해야 함을 지적했습니다. 인간 중심의 이기적인 마음은 눈앞의 이익을 위해 편법과 술수를 사용하게 만듭니다. 하지만 하나님을 전적으로 신뢰하는 사람은 얕은 사람의 꾀를 쓰지 않고, 모든 것을 하나님께 맡기고, 자신은 옳은 길을 선택하고 묵묵히 그 길을 믿음으로 걸어가는 것입니다. 그러한 마음의 자세가 정직한 리더십의 원동력입니다.

2) 정직한 리더십에 대한 갈망

미국의 엔론(Enron)과 월드컴(Worldcom) 등 유수 대기업들의 회계부정과 리만브러더스(Lehman Brothers) 등 금융사의 경영부실 등 비윤리적인 경영이 드러나고, "9.11 테러" 등으로 사회 내에 공포와 불확실성이 만연하며, 신뢰할 수 있는 윤리적인 리더십을 갈망하는 움직임 가운데 정직한 리더십이 대두되었습니다.

정직한 리더십은 리더십연구에서 가장 최근에 나타나는 분야로서 아직 형성 단계에 있는 리더십 이론입니다. 따라서 검증이 필요하므로 새로운 연구결과들이 발표됨에 따라 변경될 가능성이 있습니다.

그러나 정직한 리더십이 기본적으로 윤리라는 본질적인 가치를 리더십의 중요한 기반으로 강조한다는 특징에는 변함이 없습니다. 자신의 이익을 위해서 수많은 인명의 피해를 무릅쓰고 불필요한 전쟁을 시작해서 승리한 군주, 불량식품을 팔도록 지시해서 큰 이익을 내고 그 성과를 임직원들에게 배분한 사장, 그리고 성경본문을 이용하여 기복신앙을 강조함으로써 외형적 성장(부흥)을 이룬 목회자들이 온전한 리더십을 발휘한 것인가 하는 질문들은 모두 정직한 리더십과 관련이 있습니다.

마치 리더십의 정의에 대한 뚜렷한 일치가 없듯이, 리더십을 연구하는 학자들 가운데, 정직한 리더십에 대하여 일반적으로 수용되는 정의를 내리는 학자는 없습니다(Chan, 2005). 각각의 정의는 각기 다른 관점에서 서술하고 있고, 그 강조점이 다르기 때문에 명확한 개념이 확립되어 있지 못합니다. 하지만 일반적인 모습을 살펴보자면 정직한 리더십은 리더 개인 내부에 무엇이 내재해 있는가에 초점을 두고, 리더의 자기인식, 자기조정, 자기개념을 포괄합니다. 정직한 리더는 꾸밈없는 진실한 리더십을 보이고, 바른 신념을 가지고 독창적인 리더십을 발휘한다는 특징을 보인다는 것입니다(Shamir and Eilam, 2005).

또한 정직한 리더십은 어떤 고정된 성격 특성이라기보다는 리더의 내부에서 발달(형성)되는 것으로서 전 생애에 걸쳐 내부에서 발전되고, 생애의 주요한 사건들에 의해 유도되는 것입니다. 따라서 리더의 리더행동 패턴은 그 리더의 긍정적인 심리 특성에서 발전되어 나오고, 결국 정직한 리더십은 자아인식, 내면화된 도덕적 시각, 균형잡힌 정보처리, 관계의 투명성으로 구성된다고 봅니다(Avolio, Walumbwa, and Weber, 2009). 정직성이란 리더와 구성원들의 상호작용에서 나오는 것으로서 효과적인 정직한 리더십의 성과는 구성원들로부터 의견을 받아들이는 리더와, 리더가 주장하는 가치를 옳다고 수용하는 구성원들을 통해 도출된다는 것이 핵심 내용입니다(Eagly, 2005).

정직한 리더십의 접근법에는 실제적인 사례와 훈련 및 개발에 바탕을 둔 실무적 접근법과 사회과학적 연구 결과에 근거한 이론적 접근법의 두 종류가 있습니다. 미국 미네소타대학교(University of Minnesota)의 리더십 센터장이었던 로버트 테리(Robert Terry, 1993)는 리더십을 어떻게 실행에 옮길 것인가에 대한 공식이나 지침을 활용하는 실무 지향적 접근법을 제공했습니다.

이 접근법의 도덕적 전제는 리더는 올바른 일을 하도록 노력해야 한다는 것입니다. 그는 실제로 무슨 일이 일어나고 있으며, 그 일어나고 있는 일에 무슨 조치를 취해야 하는지를 다루는 두 가지 핵심문제에 초점을 맞추어야 한다고 주장했습니다. 그는 리더의 정직한 활동을 진단하기 위해서 "회전틀 모형"(AAW: Authentic Action Wheel)을 제시했습니다.

회전틀 모형은 의미, 사명, 영향력, 구조, 자원, 존재 등, 여섯 개의 구성요소로 이루어져 있습니다.

첫 단계에서는 여섯 가지의 요소들로 구분한 구성원들의 관심사 중, 어디에서 문제가 발생하는가를 파악해야 합니다. 예를 들어 자원이 문제라면 인력, 자본, 정보, 시간 등의 세부 문제들을 파악해서 정리하고, 영향력이 문제라면 동기유발상태, 사기, 통제 등을 확인합니다.

문제점을 확인한 후에는 회전틀 모형을 활용하여 리더가 그 문제에 대한 대안들을 탐색하고, 그 탐색한 정보에 근거하여 적절한 대응책을 선택하도록 합니다. 예를 들어 구성원들이 누가 통제권, 즉 영향력을 가지고 있는가 하는 문제와 씨름하고 있다면 조직의 사명과 관련된 더 큰 목표를 제시함으로써 그 문제를 해결하는 것입니다.

하버드경영대학원의 교수인 빌 조지(Bill George, 2003)의 "정직한 리더 접근법"(Authentic Leadership Approach)은 기업경영자로서 성공한 125명의 리더들과의 인터뷰를 바탕으로 정직한 리더들의 특성을 제시한 것입니다. 테리의 회전틀 모형이 문제의 영역에 초점을 맞춘데 비해, 조지는 정직한 리더의 특성에 초점을 맞추어 사람들이 리더가 되는데 필요한 필수적 자질들을 어떻게 개발할 수 있는가를 설명하고자 했습니다.

그는 정직한 리더들의 다섯 가지 차원을 목적, 가치관, 관계, 자제력, 동정심으로 제시했습니다. 정직한 리더는 목표를 잘 이해하고 있고, 해야 할 올바른 일에 대한 강한 신념을 가지고 있으며, 다른 사람들과 신뢰관계를 확립합니다. 또한 자제력을 보이고, 가치관에 의해 행동하며, 리더가 측은지심을 개발해 감에 따라 더욱 정직하게 됨을 강조했습니다.

정직한 리더십의 이론적 접근법은 2003년, 네브라스카대학교(University of Nebraska)에서 열린 "리더십 정상회의"(Leadership Summit)에서 시작되었습니다. 연구자들은 미국 사회에 만연된 비윤리적이고 비효과적인 리더십 사건들이 보다 인도적이고 건설적인 정직한 리더십을 필요로 한다고 주장하였습니다. 이후 정직한 리더십의 구성요소로서 자아인식, 내면화된 도덕적 시각, 균형잡힌 정보처리능력, 그리고 관계의 투명성이 제시되었습니다

(Walumbwa et al., 2008).

　이같은 요소들은 리더의 자기 자신에 대한 통찰, 자기조절(통제)의 과정, 의사결정을 내리기 전에 정보를 객관적으로 분석하고 다른 사람들의 의견을 충분히 검토하는 모습, 그리고 자신의 참된 모습을 다른 사람들에게 정직하게 공개하는 것을 의미합니다. 정직한 리더십에 영향을 미치는 요인들로는 긍정적인 심리적 능력, 도덕적 분별력, 생애의 중대사건 등이 제시되었습니다(Gardner et al., 2005). 자기효능감과 불리한 상황에서도 평상심을 되찾는 복원력, 윤리적 결정을 내릴 수 있는 능력, 그리고 변화의 촉매제 역할을 하는 사람들의 삶에 큰 영향을 미치는 사건이 이에 해당합니다.

　3) 정직한 리더십의 장·단점

　정직한 리더십은 사회가 요구하는 신뢰할만한 리더십 욕구를 충족시키며, 정직한 리더가 되고자 하는 사람들에게 광범위한 지침으로서 로드맵을 제공한다는 데에서 의의를 찾을 수가 있습니다. 또한 변혁적 리더십, 섬김의 리더십과 마찬가지로 정직한 리더십은 명확한 도덕적 차원을 보유하며, 정직한 가치관이나 정직한 행동은 장시간에 걸쳐 리더 내부에서 발전(형성)될 수 있기 때문에 누구나 정직성을 개발하고 배울 수 있다고 주장하는 긍정적인 리더십 이론입니다. 또한 리더십 설문지(ALQ: Authentic Leadership Questionnaire)를 사용하여 측정가능하다는 이점도 있습니다.

　그러나 실무적 접근법에 제시되고 있는 개념이나 아이디어는 아직도 충분히 검증되지 않았으며, 정직한 리더십의 구성요소(이론적 접근법) 역시 충분히 설명되지 않고 있다는 한계를 드러냅니다. 또한 리더십의 개념을 너무 확장시킬 수 있는 긍정적인 심리능력을 정직한 리더십의 구성요소에 포함시켜야 하는가에 대한 의문이 제기되며, 어떻게 정직한 리더십이 조직의 긍정적인 성과로 이어지는가를 명확히 설명하지 못하는 맹점이 있습니다. 요약하면, 정직성은 리더십에 있어서 필수불가결한 요소이고, 가치있는 것임에는 틀림없지만, 그같은 정직성이 효과적인 리더십과 어떻게 연결되어 있는가에 대해서는 아직 깊이있는 설명을 하지 못하고 있는 것입니다.

4) 정직을 회복시키는 복음

누가복음 19:1-10에서 삭개오가 예수님을 만난 사건은 정직한 리더십의 가능성을 잘 보여줍니다. 로마의 통치 당시에 세율이 명확하게 정해져 있지 않았기 때문에 유대의 세리는 과도하게 세금을 징수하여 자신의 몫을 챙겨서 부를 축적했습니다. 그래서 세리는 사람들의 경멸의 대상이었습니다. "정의" 또는 "의로운 사람"이라는 뜻의 "삭개오"라는 이름을 가진 세리는 여리고 지역의 세무서장이었습니다.

여리고는 지역특산물로 올리브유와 대추야자열매가 유명했고, 이집트와 유대를 잇는 상업도로에 위치한 곳으로 예루살렘으로 가는 길목에 있었기 때문에 당시 팔레스타인에 있던 여리고, 가이사랴, 가버나움의 세무서 가운데 가장 많은 세금을 거두었던 곳이었습니다.

예수님이 세리장 삭개오의 집에 유하러 들어가시는 것을 본 사람들은 "저가 죄인의 집에 유하러 갔도다"(눅 19:7)라고 수근댔습니다. 한편, 예수님을 만난 삭개오는 너무나 기쁜 나머지, 자신의 재산의 절반을 팔아 가난한 사람들에게 나누어 주고, 다른 사람의 것을 속여 빼앗은 일에 대해서는 네 배로 갚겠다고 했습니다. "빼앗은"이라는 의미로 사용된 헬라어 단어는 "에수코판테사"(ἐσυκοφάντησα)로, 이는 부정(단순)과거 능동태 직설법 1인칭 단수로서 "실제적으로 속여서 빼앗았다"는 뜻입니다(최성훈, 2016b). 하지만 아무리 속여서 남의 것을 빼앗았다 하더라도 율법에 의하면 그 지은 죄를 자복하는 사람은 상환금에 1/5를 더해서 돌려주면 배상은 끝이 납니다(레 5:16; 민 5:7). 집의 담을 넘거나 뚫고 들어와서 강도짓을 한 경우에만 네 배로 배상을 하는 것이며, 그같이 중한 죄의 경우에는 로마법도 네 배 상환의무를 규정했습니다(Mousourakis, 2015: 148).

따라서 예수님을 만나 변화된 삭개오는 율법의 가장 중한 형벌을 자신에게 적용한 것입니다(출 22:1). 예수님께 용납되자, 그에게 가장 중요한 것은 더 이상 재물이 아니었기 때문입니다. 그가 예수님을 만나 돌무화과나무에서 급히 내려올 때 삭개오는 이미 예수님을 영접했고, 하나님의 구원이 그에게 임했습니다. 소유의 절반을 팔아 가난한 사람들에게 나누어 주고, 남의 것을 빼앗은 것에 대하여 네 배 배상을 한 것은 그의 마음이 변화된 결과일 뿐입니다.

비록 유대인의 배신자요, 사람들의 재물을 착복했던 악인이었지만 이제 회개하고 돌아온 삭개오는, 예수님께는 아브라함의 언약에 참여한, 잃었다가 도로 찾은 양이었습니다. 삭개오를 손가락질하며 전혀 회개의 필요를 느끼지 못하며 자신의 의를 주장하던 유대인들의 의보다 삭개오의 회개와 배상은 훨씬 나았습니다. 또한 재물이 많아 예수님을 영접하지 못하고 돌아간 부자 관리(눅 18:18-30)와 달리 재물이 예수님보다 가치없음을 깨달은 삭개오는 구원을 얻었습니다.

아리스토텔레스는 수사학적인 효과에 대해서 이성을 활용한 로고스보다 감성을 자극하는 파토스는 두 배의 효과가 있고, 말하는 사람의 인격을 담은 에토스는 그보다 두 배의 설득력을 얻는다는 사실을 강조했습니다(최성훈, 2016b). 아마도 변화된 모습의 삭개오는 이제 그의 변화된 인격을 통해 유대인들에게 신뢰를 얻었을 것이고, 그는 정직한 리더십을 발휘하며 건강한 그리스도인의 모습으로 영향력을 발휘하게 되었을 것입니다.

2부
리더십 이론의 성경적 적용

6장   인물이론과 청지기 의식
1. 채움과 비움, 그리고 청지기 의식
2. 광야: 모세 청지기 의식의 근원
3. 야베스의 기도에 나타난 청지기 의식
4. 하나님을 경외하는 청지기의 삶

7장   상황이론과 영적 전쟁
1. 영적 전쟁과 하나님의 도우심
2. 바울의 영적 전쟁
3. 죽음을 각오한 에스더
4. 영적전쟁의 수행과 하나님의 때

8장   조직이론과 목자의 마음
1. 목자의 마음이란?
2. 다윗이 품은 목자의 마음
3. 느헤미야의 목자의식과 신앙건축
4. 목자의 마음을 품은 사람이 이룬 일

9장   통합이론과 제자의 삶
1. 제자와 무리
2. 나그네의 소망: 베드로의 제자도
3. 간사함이 없는 제자 나다나엘
4. 누구의 제자인가?

10장   섬김의 리더십과 영적 지도력
1. 섬김을 통해 이룬 꿈
2. 섬김의 리더십
3. 예수님의 가르침
4. 감독과 집사의 직분 세우기

2부
리더십 이론의 성경적 적용

지금까지 살펴본 리더십의 제 이론들은 인물, 상황, 조직, 그리고 이들의 복합적인 상호작용을 강조합니다. 리더십 이론들이 성경적인 가치에 뿌리를 두고 있음에도 불구하고 그 핵심은 사람을 바라보고 있습니다. 그러므로 성경의 시각을 통해 중심을 바로잡아야 온전한 영적 리더십으로 승화될 수 있습니다. 성경적 리더십 또는 영적 리더십은 하나님께서 주신 은사와 능력, 기회가 하나님의 뜻을 이루기 위함이라는 인식을 바탕으로 하는 청지기(steward), 인간관계와 환경을 통해 하나님께서 세우신 공동체와 리더십을 흔들려는 어둠의 세력에 대항하는 전사(warrior), 교회의 머리를 이루며 끝까지 교회를 사랑하시는 예수님처럼 맡겨진 영혼들을 목숨을 다해 돌보는 목자(shepherd), 그리고 이들을 통합해서 이 땅에서 하나님 나라를 이루며 그리스도를 따라가는 제자(disciple)의 사명을 담당하기 위해서 주어진 것입니다.

6장

인물이론과 청지기 의식

　리더십의 인물연구는 리더의 타고난 특성, 역량, 그리고 행동 유형에 초점을 맞추고 있습니다. 그러므로 필연적으로 리더 개인이 부각될 수밖에 없습니다. 물론 리더의 존재는 중요합니다. 하나님께서 당신의 뜻을 이루실 때에 사람을 통해 그 일을 진행하시기 때문입니다. 사람들은 사람 때문에 상처를 받고, 낙심하며 넘어집니다. 하지만 다른 한편으로는 하나님께서 쓰시는 사람을 통해 위로받고, 다시 일어서기도 하는 것입니다. 따라서 하나님께 세움을 받은 리더의 존재는 하나님 나라의 사명을 이루는 데에 필수적인 요소입니다.
　그러나 인물을 강조하는 세속적 리더십과 영적 리더십의 결정적인 차이는 그 리더십의 근원이 어디에 있느냐 하는 것입니다. 가정과 교회를 포함해서, 사람들이 모여서 이룬 모든 공동체의 머리가 그리스도이며, 그 공동체를 온전히 이루기 위해 필요한 모든 것을 공급하시는 분이 하나님이심을 인정하는 청지기 의식이 영적 리더십의 기본자세입니다. 개인이 갖춘 모든 리더십의 능력 또한 하나님께서 당신의 뜻을 이루시기 위해 맡겨주셨다는 믿음이 바로 영적 리더십의 수행을 가능케 하는 청지기 의식인 것입니다.

그러므로 하나님의 말씀을 따라 하나님의 뜻으로 채우고, 나의 뜻을 내려놓는 사람이 청지기 의식을 지닌 리더입니다. 지금 나 자신에게 허락하신 모든 것은 하나님께서 당신의 뜻을 위해서 주신 것이고, 내 것이 아니라는 사실을 믿음으로 알기 때문입니다. 그러므로 나의 영광을 위하여 끝없이 채우는 것에 목말라 하는 것, 또한 나를 드러내기 위해서 비우는 척하는 것은 모두 청지기 의식과는 반대되는, 리더십을 가장한 속임수일 뿐입니다.

청지기에게 있어서 목표는 하나님께서 맡겨주신 것입니다.[1] 신학을 공부했다고 해서 특정 교회의 담임목사가 되는 것이 목표가 아니고, 박사 학위가 있다고 해서 교수가 되는 것이 목표가 아니며, 사업을 시작했다고 해서 그 사업을 통해 돈을 많이 버는 것이 성공이요, 목표인 것은 아닙니다. 그 과정에서 하나님과의 관계가

---

[1] 청지기의 목표는 하나님의 뜻을 이루기 위한 수단이다. 일례로 직장생활을 하다가 신학대학원에 입학한 사람이 "저는 교회를 섬길 때에 더 보람을 느낍니다"라고 말한다면, 그(그녀)의 신대원 진학은 자신의 필요를 채우기 위한 방편일 가능성이 높다. 하나님의 필요를 채우고, 하나님의 뜻을 이루는 것이 굳이 신학대학원 진학을 통해서만 이루어지는 것이 아니기 때문에 자신의 은사와 하나님의 뜻을 조화있게 살펴서 결정해야 한다. 기본적인 원칙은 다음과 같다. 하나님의 뜻을 따라 은사를 발휘하며 한 영혼을 품고 사랑하는, 삶을 통한 복음의 선포라는 십자가를 지기 원하는 마음(마 16:24-25)이 온전한 청지기의 마음이다. 십자가의 고난을 미리 알려주신 예수님을 만류하던 베드로가 "사탄아 내 뒤로 물러 가라"는 꾸중을 들은 이유는 그가 "하나님의 일을 생각하지 아니하고 도리어 사람의 일을 생각"(마 16:23)했기 때문이다. 청지기 의식을 가진 리더는 첫째, 구성원들을 추종자(follower)가 아닌, 하나님의 필요를 채우는 소명을 이루는 동역자로 바라보고, 둘째, 따라서 그들을 도구화하여 이용하지 않는다.

더 친밀해지고, 하나님의 마음으로 채우고, 그 마음을 따라 살아가는 것이 청지기 의식을 가진 영적 지도자의 목표가 되는 것입니다. 또한 오늘날처럼 급변하고 다원화된 세상에서 영혼을 섬기고 얻는 하나님의 일을 이루기 위해서는 먼저 말씀과 기도를 통해 하나님의 마음을 품되, 그 마음을 따라 맡겨주신 사명을 이루는 것에는 지혜가 필요합니다.

예를 들면 단순히 과거의 사영리 위주의 복음을 전달하는 것은 더 이상 현대인들에게 어필하지 못합니다.[2] 시대 조류를 읽으며, 오늘날 일어나는 일들의 영적인 의미를 전달할 수 있는 역량 배양과, 그러한 마음가짐을 복음에 비추어 삶으로 살아낼 수 있어야 하나님을 모르는 사람들의 마음이 열리고 복음이 전달되기 때문입니다. 복음이란 단순합니다. 그것은 죄인인 인간이 그리스도를 통해 영원한 생명을 얻는다는 기쁜 소식입니다. 문제는 그러한 복음

---

[2] "사영리"(四靈理)란 네 가지 영적 원리라는 뜻으로서 첫째, 하나님이 인간을(나를) 향한 사랑과 놀라운 계획을 가지고 계시는데, 둘째, 인간은 죄로 인해 그것을 알지 못하며, 셋째, 예수 그리스도는 인간의 죄의 문제를 해결하실 수 있는 유일한 통로이므로, 넷째, 따라서 예수님을 주님으로 영접하면 하나님의 사랑과 계획을 알게 되어 영생을 얻는다는 것이다. 일제강점과 한국전쟁 등으로 인해 교육의 기회를 박탈당했던 과거의 한국 사회에서는 사영리의 단순한 논리가 전달력을 지니고 있었다. 그러나 오늘날의 현대인들은 죄에 대하여 둔감해져 있어서 죄를 해결해야 하는 당위성에 대한 관심조차 없고, 따라서 예수 그리스도의 존재에 대한 필요성을 느끼지 못하는 실정이다. 그러므로 영적 지도자는 시대적 흐름을 읽으며, 그 의미를 제시하여 현대인들의 영적 필요를 일깨우는 영적 통찰력을 구비하여야 한다. 일례로 여의도순복음교회의 조용기 원로목사는 1970-80년대에 요한삼서 2절을 시대적 상황에 적합하게 해석하여, 영혼과 범사와 건강의 복을 강조하는 "삼박자축복"이라는 개념을 소개하였다. 그는 90년대 이후에는 이를 "삼중축복"이라는, 보다 현대적인 용어로 변경하여 복음의 의미가 현대인들에게 보다 쉽게 전달되도록 하였다. 물론 삼중축복이란 이미 복음의 의미 안에 포함된 개념이지만, 변하지 않는 복음의 본질을 수호하되, 시대적 상황을 고려하여 동시대를 사는 이들의 마음에 전달되는 용어를 생산하는 것은 영적 지도자로서 모든 신학자들과 목회자들의 사명이다.

이 귀에 들리고, 받아들여지는 방법을 통해 전달되어야 한다는 것입니다. 그러므로 청지기 의식을 가진 지도자는 부지런히 복음의 말씀과 그 복음이 전달될 수 있는 학식과 경험, 그리고 인격을 겸비하기 위해 노력합니다.

1. 채움과 비움, 그리고 청지기 의식

현대의 신앙인들에게 있어서 두 가지 큰 사상의 흐름은 긍정적인 사고방식을 통한 번영, 즉 "채움의 신앙"과 모든 것을 내려놓는 "비움의 신앙"입니다. 긍정의 신앙은 간단히 말하면 하나님을 믿는 자에게는 모든 것이 형통하게 된다는 축복의 신앙이요, 번영의 신앙입니다. 그 뿌리는 노먼 빈센트 필(Norman Vincent Peale) 박사와 수정교회(Crystal Church)의 로버트 슐러(Robert H. Schuller) 목사가 강조한 긍정적 사고방식이라는 채움의 신학, 축복의 신학이며, 이를 잇는 계보를 출간된 대표저서를 통해 보면 릭 워렌(Rick Warren) 목사의 『목적이 이끄는 삶』(The Purpose Driven Life), 브루스 윌킨슨(Bruce H. Wilkinson) 목사의 『야베스의 기도』(The Prayer of Jabez), 죠엘 오스틴(Joel Osteen) 목사의 『긍정의 힘』(Your Best Life Now), 『잘되는 나』(Become a Better You)로 이어지는 라인입니다.

이 가운데 2002년에 초판이 출판된 『목적이 이끄는 삶』은 3천만부가 넘게 팔렸습니다. 2001년, 2002년은 『야베스의 기도』가, 2003-2004년 두 해는 『목적이 이끄는 삶』이 기독교서적의 베스트셀러상인 "금메달 도서상"(Gold Medallion Book Award)을 받았습니다.

그렇다면 왜 이러한 채움의 신앙, 번영의 신학이 인기를 끌었을까요?

서구 사회는 종교개혁 이후 신앙의 자유와 더불어 개인의 자유를 강조하기 시작했습니다. 그 바탕에는 인간 이성에 대한 신뢰와 이를 바탕으로 한 과학의 발달에 대한 기대가 있었습니다. 그러다가 두 차례의 세계대전을 겪으며, 이성의 능력은 물론, 인간 본성 자체에 대하여 회의를 갖기 시작했습니다. 그렇게 서구의 합리주의적 세계관에 지루함을 느낀 서구의 젊은 세대는 지난 1960년대 이후 꾸준히 동양의 신비주의적 세계관에 매료되어 왔습니다. 그래서 동양의 여유로움과 부드러움을 동경하기 시작했고, 인도의 요가, 힌두사상, 뉴에이지 사상, 불교의 초월적 명상과 중국의 음양사상에 대한 관심이 증가되었습니다.

20세기 말에 이르러는 세기말의 대중적 불안감을 타고 현실세계로부터의 도피욕구가 발현되어서 현실을 초월하는 어떤 신념이나 명상에 관한 관심이 신학에도 영향을 미쳐서 긍정의 신학, 축복의 신학, 번영의 신학, 즉, 채움의 신학이 발전한 것입니다.

우리나라도 이러한 서구, 특히 미국 선교사들의 영향을 받아서 긍정의 신학이 발달했습니다. 예를 들면, 오순절 교단인 기하성(순복음)의 조용기 목사는 일제강점과 한국전쟁이라는 격변을 겪은 후 실의에 빠져있는 국민들을 복음으로 위로하기 위해 좋으신 하나님, 바라봄의 법칙, 4차원의 영적세계, 축복의 신학 등의 긍정적인 신학의 개념들을 지속적으로 강조했습니다.[3]

---

[3] 우리나라의 대표적인 오순절 교단인 기독교 대한 하나님의 성회는 보통 "순복음"(Full

그런가 하면 이와는 정 반대로 나눔의 신앙, 비움의 신학이 20세기말 이후 각광을 받고 있습니다. 어린 시절부터 천재라고 인정받았던 한 아이가 있었습니다. 그는 1936년 네델란드에서 태어난 헨리 나우엔(Henry Nouwen)으로서 나중에 가톨릭 사제가 되었습니다. 그가 저술한 30여 권의 책이 모두 베스트셀러가 되었고, 그는 영성의 대가로 존경을 받는 위치에 이르렀습니다. 나우엔은 예일대학교의 교수로 재직하다가 교수직을 내려놓고, 남미로 가서 볼리비아와 페루의 가난한 사람들을 돕는 사역을 하였습니다.

다시 미국으로 돌아온 그는 하버드대학교의 교수가 되어 남미의 실상을 알리고 가난한 사람을 돕는 사역을 지속했습니다. 그러다가 그는 프랑스의 발달장애인들을 돕는 "라르쉬 공동체"(L'Arche Community)를 방문하고 큰 도전을 받았습니다. 그는 하버드대학교의 교수직을 내려놓고, 캐나다 토론토의 "데이브레이크 공동체"(Daybreak Community)에 가서 6명의 정신지체 장애인들을 돕는 사역을 평생 하다가 1996년, "나는 내 사랑하는 우리의 이웃들

Gospel)이라는 별명으로 불린다. 순수하다는 의미의 "순"(純)자를 사용하는 순복음(純福音)이라는 단어는 그 의미를 제대로 설명하지 못하는데, 원래 의미는 "충만하다"(full)는 뜻이기 때문이다. 이는 유대교의 배경 하에서 이미 신론(神論)이 정비가 된 상태에서 초기 기독교 시대에 기독론과 관련된 이단들의 출현으로 인해 기독론은 정비되었으나 성령론에 대해서는 상대적으로 덜 강조되던 기존의 신학에 대한 반작용으로 성령의 존재와 사역을 강조하는 의미에서 순복음이라는 용어를 사용한 것이다. 그러나 성령론에 대하여 성서적 가르침에 철저하게 기반한 신학의 발전은 필수불가결한 요소이며, 기복신앙으로 전락되지 않기 위해서는 더욱 성경에 뿌리를 내린 올바른 신앙의 우선순위가 필수적이다. 복을 받고 잘되기 위해서 하나님을 믿는 것이 아니라, 하나님을 제대로 믿으면 힘들고 어려워도 환경과 관계없이 감사할 수 있음을 아는 것이 참된 믿음인 것이다(빌 4:6-7). 긍정의 신학 자체를 금기시할 것이 아니라 그러한 신학이 복음의 의미를 왜곡하지 않도록 영적 지도자들이 말씀의 의미를 잘 풀어서 전달해야 함을 잊어서는 안 될 것이다.

을 통해서 우리 주님 예수 그리스도를 새롭게 경험했다. 나는 참 행복했다. 나는 참 행복했다"라는 말을 남기고 세상을 떠났습니다.

청지기 의식이란 채움과 비움 사이에서 균형을 잡는 것입니다. 채우는 것과 비우는 것 중에서 무엇이 옳으냐고 묻는다면, 그것은 어리석은 질문입니다. 상황에 따라서는 둘 다 맞을 수도 있고, 둘 다 틀릴 수도 있기 때문입니다. 하지만 무엇이 먼저냐고 묻는다면 그 답은 명확해집니다.

예수님은 마태복음 6:33을 통해 "먼저 그 나라와 그 의를 구하라 그리하면 이 모든 것을 너희에게 더하시리라"고 말씀하셨습니다.

이 말씀은 내 중심이 하나님을 향하는 것이 가장 중요하다는 말입니다. 먼저 하나님 앞에 인간적인 모든 생각을 내려놓는 것이 중요하다는 뜻입니다. 하나님 앞에 겸손히 모든 것을 내려놓고 빈손으로 십자가를 붙들 때에, 하나님의 말씀으로 채우고, 하나님 나라의 사명을 위하여 채울 수 있습니다. 하나님과 동행하면 가치의 본질을 구분할 수 있고, 따라서 자신의 뜻이 아닌 하나님의 뜻을 따라 얼마든지 하나님께서 원하시는 곳으로 떠날 수 있는 것입니다.

2. 광야: 모세 청지기 의식의 근원

1) 광야의 고난과 연단

햇살이 강한 팔레스타인 지방에서, 잠시라도 광야에 나가 서 있는 것은 무척이나 끔찍한 경험입니다. 메마른 땅, 강력한 태양, 그리고 살인적인 더위는 그곳에 선 모두를 금방 죽음의 공포로 몰아넣기에 충분합니다. 그런데 자주 하나님은 당신의 사랑하시는 종들을 그러한 광야로 내모셨습니다. 모세가 그러하고, 엘리야가 그랬고, 다윗도 사울을 피하여 네게브 사막과 엔게디 광야와 동굴을 헤매고 다녔습니다. 사도 바울은 다메섹 도상에서 예수님을 만나고 아라비아 광야에서 3년을 보냈으며, 세례요한도 역시 광야의 사람이었습니다. 또한 우리 주님께서도 광야에서 40일을 보내셨습니다. 왜 하나님은 이렇게 살인적 위협이 가득한 곳, 죽음의 공포가 기다리는 곳으로 당신의 사랑하는 자들을 보내십니까?

첫째, 광야에서 우리가 겪는 고통은 때로는 하나님께서 우리가 무엇인가 잘못된 길로 들어섰음을 깨닫게 하시는 도구가 되기도 합니다.

신명기 8:1은 "내가 오늘 명하는 모든 명령을 너희는 지켜 행하라. 그리하면 너희가 살고 번성하고, 여호와께서 너희의 조상들에게 맹세하신 땅에 들어가서 그것을 차지하리라"고 말합니다.

그러므로 때때로 내가 지금 겪는 고통은 하나님의 명령을 지키지 않고 있다는 신호가 됩니다. 이스라엘 백성들이 출애굽한 후, 두 달이면 지나갈 수 있는 광야에서 40년을 허비한 이유가 무엇입니까?

그들의 교만 때문입니다. 그래서 하나님께서는 그들을 낮추시고 연단할만한 필요가 생긴 것입니다. 이스라엘 백성들은 출애굽하고, 홍해를 육지처럼 건너고, 광야를 지나 가데스 바네아에 도착한 이후에, 그 모든 여정들을 자신들의 힘으로 마친 줄 아는 착각과 교만에 빠졌습니다.

　이러한 모습은 이스라엘의 역사를 통해 반복되었습니다. 여호수아가 백성들을 이끌고 가나안에 입성할 때에, 그리고 여리고에 보낸 정탐꾼들의 보고를 들을 때에도 또 다시 드러났습니다. 하나님의 은혜로 여기까지 왔는데, 정탐꾼의 보고를 듣고 가나안에 못 들어간다며 대성통곡을 하고, 애굽으로 돌아가자고 불평한 것은 하나님의 도우심을 잊어버리고 자신의 힘을 바라보다가 낙심한 불신에서 비롯되었습니다. 그러한 낙심과 불신은 하나님께서 지금까지 인도해 주시고, 도와주신 것은 모두 무시하고, 자신의 힘으로 모든 일을 이루어왔고, 앞으로도 이루겠다는 교만의 표현입니다.

　사사의 시대도 마찬가지입니다. 이스라엘 백성들이 어려움을 당할 때마다 기도하면 하나님께서 길을 열어주시고 살려 주셨지만, 조금만 상황이 좋아지면 하나님을 떠나 우상에 매달리다가, 또 다시 주변 민족들에게 침략을 당하고 고생을 했습니다. 세상을 의지하다가 세상을 통해 징계를 받은 것입니다. 왕정이 세워진 이후에도 마찬가지입니다. 백성의 수를 의지하고, 군대를 의지하다가 큰 코를 여러 번 다쳤습니다. 결국은 왕국이 남북으로 갈라지고, 북 왕국 이스라엘과 남 왕국 유다, 모두가 멸망하게 되었습니다.

　예레미야 선지자는 "사람을 믿으며, 육신으로 그의 힘을 삼고, 마음이 여호와에게서 떠난 사람은 저주를 받을 것이요, 그는 사막의 떨기나무 같아서 좋은 일이 오는 것을 보지 못하고, 광야 간조한 곳, 건건한 땅, 사람이 살지 못하는 땅에 살리라"(렘 17:5-6)고 말했습니다.

　내 힘, 사람의 힘을 의지하는 이가 받는 징계가 바로 광야라는 것입니다. 그래서 광야가 내게 고통이 된 것입니다. 그렇다면 우리가 생각해야 할 것은 무엇입니까?

그것은 어디서부터 길을 잘못 들었는지를 살펴보고, 그 길을 바로 잡아야 하는 것입니다. 왜 광야에서 불뱀에 물려 고통당하고 있는지를 살펴보아야 합니다. 지금 내가 겪고 있는 이 고통이 나에게 무엇을 말해 주는지를 하나님과 나 자신에게 물어야 하는 것입니다.

그러나 한편으로는 이 땅에서의 삶 자체가 광야이고, 우리는 광야를 지나는 나그네의 삶을 살고 있습니다. 나그네란 어떤 사람을 의미합니까?

나그네란 지나가는 사람을 말합니다. 현재 걷고 있는 곳이 목적지가 아닙니다. 현재 머무는 곳이 집이 아닙니다. 잠시 거쳐 가는 곳일 뿐입니다. 그렇기 때문에 고달픕니다. 집에 가기까지는 마음이 놓이지 않습니다. 길을 가는 사람은 언제나 최종 목적지에 마음을 둡니다. 목적지를 생각하며 발걸음을 재촉합니다. 현재의 장소에 큰 의미를 두지 않습니다. 잠시 쉬는 공간에, 그 위치에서 누리는 것에 연연하지 않습니다. 우리의 인생길은 저 천국을 향한, 영원한 본향을 향한 나그네의 길입니다.

성경은 여러 곳에서 하나님의 백성들을 "나그네"라고 부릅니다. 아브라함은 하나님의 지시를 받고 갈대아 우르를 떠난 후에 가는 곳마다 "네가 누구냐?"는 질문을 받았습니다. 그 때에 이방족속들에게 아브라함은 자신이 "이 땅에 잠시 우거하는 나그네"라고 대답하기를 주저하지 않았습니다. 그의 자손 야곱은 바로왕이 그의 나이를 묻자, 자신의 나그네 됨을 다음과 같이 고백했습니다.

> 내 나그네 길의 세월이 백삼십 년이니이다. 내 나이가 얼마
> 못되니, 우리 조상의 나그네 길의 연조에 미치지 못하나, 험
> 악한 세월을 보내었나이다(창 47:9).

예수님께서도 마찬가지입니다. 이 땅 역시, 당신의 땅이었지만 예수님은 마치 나그네와 같이 사시면서 하나님의 뜻을 이루셨기에 이같이 말씀하셨습니다.

> 여우도 굴이 있고 공중의 새도 거처가 있으되, 인자는 머리
> 둘 곳이 없다(마 8:20).

히브리서 11장 역시, 허다한 믿음의 사람들에 대해 언급한 후, 다음과 같이 말합니다.

> 이 사람들은 다 믿음을 따라 죽었으며, 약속을 받지 못하였
> 으되, 그것들을 멀리서 보고 환영하며, 또 땅에서는 외국인
> 과 나그네임을 증거하였으니(히 11:13).

이 땅이 천국이 아니라면, 우리의 삶이 천국을 향해 가는 나그네의 삶이라면, 그래서 불완전한 이 세상이 광야와도 같은 곳이라면, 광야의 황폐함은 당연한 것입니다. 그러므로 고통을 부인하는 대신에, 고통의 근원인 현실을 대면해야 합니다.

이 고통, 광야와 같은 인생길에서 겪는 나의 문제는 내 힘으로는 해결할 수가 없습니다. 약한 자를 사용하셔서 강한 자를 부끄

럽게 하시고, 세상의 미련한 자들을 택해서 지혜로운 자들을 부끄럽게 하시는 하나님을 바라보아야 합니다(고전 1:27-29). 그러므로 영적 지도자는 광야를 헤쳐 나가는 힘의 근원이요, 메마르고 척박한 광야에서 우리와 고통을 함께 하시는 하나님을 향하여 손을 들어야 합니다. 그리고 궁극적인 소망을 이 땅이 아니라 장차 완전히 임할 하나님의 나라에 두어야 합니다.

사도 요한은 하나님께서 마지막 날에 예수님이 다시 오실 위대한 날들의 계시를 보여주시자, 마치 이 세상 사람이 아닌 것처럼 "아멘 주 예수여 오시옵소서"(계 22:20)하고 하늘을 향해 찬송을 올려드렸습니다. 성경의 저자들은 모두 우리들이 광야와 같은 인생길을 지나가는 나그네임을 강조했습니다.

그러므로 이 땅에서 천 년, 만 년, 살 것처럼 자신의 욕심만을 위해 살다가는, 하나님의 심판대 앞에서 쫓겨나서 바깥 어두운 곳에서 슬피 울며 이를 가는 날을 맞이하게 될 것입니다(마 25:30). 이 땅에서 하나님의 나라를 위해 살도록 주신 은사와 재능들을 내 것인 양, 자신의 욕심과 쾌락만을 위해서 사용하는 사람은 청지기로서의 삶을 사는데 실패한 것이기 때문입니다.

2) 광야의 목적

하나님께서는 이스라엘 백성들을 통해 광야의 본질적인 목적과 당신의 본심을 알려주셨습니다. 이스라엘 백성들로 하여금 40년 동안 광야 길을 걷게 하신 것은 이스라엘 백성들을 "낮추시며, 시험하사, 그 마음이 어떠한지, 하나님의 명령을 지키는지, 지키지 않는지 알려 하심이라"(신 8:2)는 것입니다. 이스라엘 백성들을 "낮추시며, 주리게 하시며, 알지 못하던 만나를 먹게 하신 것"은 "사람이 떡으로만 살 것이 아니요, 여호와의 입에서 나오는 모든 말씀으로 사는 줄을 알게 하려 하심"(신 8:3)이라는 것을 알려 주셨습니다. 이 말씀은 예수님께서 시험받으실 때에 인용하신 구절입니다(마 4:4; 눅 4:4).

예수님 말씀의 교훈은 물질적인 음식이냐, 영적인 음식이냐 하는 것에 대한 것이 아닙니다. 그것은 자신에 대한 신뢰냐, 하나님의 공급하심에 대한 순종이냐 하는 문제입니다. 내가 원하는 대로 내가 판단하고 결정한 길을 걸어가는 것은 불신입니다. 믿음이란 하나님께서 원하시는 길을 순종함으로 걸어가는 것이며, 그러한 모습이 바로 좁은 길을 가는 것이라고 성경은 말합니다(마 7:13-14). 우리의 죄성으로 가득한 마음이 아니라, 하나님의 뜻을 따라가는 것이 믿음이라는 것입니다.

요한복음 4:34에서 예수님은 "나의 양식은 나를 보내신 이의 뜻을 행하며, 그의 일을 온전히 이루는 이것이라"라고 말씀하셨습니다. 이어지는 요한복음 6장의 "오병이어 기적"의 사건에서 예수님은 다시 한 번 신명기 8:3의 의미를 밝히 알려주셨습니다. 예수님께서 기적을 통해 베풀어 주신 떡을 먹는 것에만 집중한 사람에게는 1차원적 욕망 충족이 신앙생활의 목표입니다. 먹고, 마시는 것에 모든 것을 걸고 그 일을 위해 하나님께 매달리는 것입니다. 하지만 예수님 자신을 생명의 떡으로 먹는 사람은 하나님께 순종함으로 새 힘을 얻고, 영원한 생명을 얻게 되는 것입니다.

이것은 마음 중심의 문제입니다. 겉으로 드러나는 모습으로는 구별되지 않습니다. 교회에 와서 예배드리며 기도를 드리는 흉내를 내지만, 여전히 내 뜻과 판단을 의지하고 있다면 그것은 "예배놀이"를 하고 있는 것입니다. 성경의 내용을 아는 것이 믿음이 아닙니다. 말씀을 들을 때에 회개하고 돌이키며, 말씀대로 살기를 결심하고 삶 가운데에서 그렇게 살아가려고 노력하는 것이 참된 믿음입니다. 내가 알고 있는 말씀의 지식에 속지 말아야 하고, 내 입술의 고백에 속지 않아야 합니다. 믿음은 내가 아니라, 하나님께서 예비하신 길을 순종함으로 걸어가는 것입니다.

믿음을 가진 이에게 광야의 참된 의미는 마침내 복을 얻는 통로라는 것입니다. 만나를 먹이시고, 메추라기를 주셔서 우리의 삶과 죽음, 화와 복이 오직 하나님의 손에만 있다는 것을 알게 하셔서 더 큰 복을 누리게 하시는 것입니다. 그러므로 광야는 하나님께서 우리를 복받을 만한 사람으로 준비시키시고, 다듬어 가시는 장소입니다. 또한 광야는 "내 주 예수 모신 곳이 그 어디나 하늘나라"라는 찬송가 438장의 가사처럼 예수 그리스도의 이름을 통해 하나님을 만나는 장소입니다.

하나님은 거기서 당신을 찾는 이들을 기다리고 계십니다. 더 큰 사명을 맡기시기 위해, 그 뜻대로 부르심을 받은 이들을 시험하시고, 연단하시는 것입니다. 무조건 교회에 와서 예배를 드리고 기도를 하면 복을 받고 응답을 받는 것이 아니라, 하나님을 사랑하고, 그 뜻대로 부르심을 입은 자들에게만 모든 것이 합력하여 선을 이루는 것입니다(롬 8:28). 의인의 간구는 역사하는 힘이 많은 반면에(약 5:16), 구하여도 받지 못함은 정욕으로 쓰려고 잘못 구하기 때문입니다(약 4:3).

이스라엘이 겪은 40년간의 광야 연단은 가나안 땅에 왕국을 건설하기 위함이었고, 결국에는 메시아 예수님을 통한 인류 구원의 역사를 이루기 위한 밑거름이었습니다. 200만 명 가량의 이스라엘 백성들은 애굽을 떠나올 때 식량과 의복, 무기 조달에 대한 계획이 전혀 없었습니다. 더구나 그들은 두 달이면 광야를 모두 통과하고, 약속의 땅으로 들어갈 줄로 기대하고 있었습니다. 광야의 길을 40년이나 방황하리라고는 전혀 예상하지 못했습니다.

그러나 그 연단의 40년 동안에도, 하나님께서 그들에게 친히 광야 생활의 모든 것을 공급해 주셨습니다. 이스라엘 백성들이 목말라할 때에는 메마른 땅에서도 샘이 터지게 하셔서 물을 공급하셨고, 배고플 때는 만나를 내려 먹이셨습니다. 조상들이 알지 못한 음식인 만나를 먹으며 광야를 지나게 하신 것은 사람이 떡으로만 살 것이 아니요, 하나님의 말씀으로 말미암아 살 것임을 가르쳐주시기 위함입니다. 그렇게 말씀을 붙드는 사람들로 준비되어 가나안을 든든하게 차지하게 하시기 위함이었습니다.

또한 광야의 고통 중에도 하나님은 40년 동안 의복이 해어지지 않고, 발(신발)이 부르트지 않게 보호하셨습니다.

신명기 29:5은 "주께서 사십 년 동안 너희를 광야에서 인도하게 하셨거니와 너희 몸의 옷이 낡아지지 아니하였고 너희 발의 신이 해어지지 아니하였다"고 기록합니다.

하나님께서는 모든 육적인 공급 속에서 광야 생활을 계속하도록 도와주신 것입니다. 그러나 이런 육체의 필요를 채우는 공급은 하나님께서 그들의 영혼에 내리신 은혜의 공급에 비하면 그림자에 불과하였습니다.

하나님께서는 두 가지 방법으로 이들에게 영적인 공급을 해주셨는데 하나는 그들이 범죄하고 불순종했을 때 회개하면 그들의 죄를 용서해 주시는 것이었고, 다른 하나는 능력이 모자라서 기도하면, 감당할 수 있는 능력을 은혜로 공급해 주신 것입니다. 그리하여 이스라엘 백성들은 자신의 힘과 능력을 통해서가 아니라, 오직 하나님의 은총에 힘입어 가나안에 이르게 되었던 것입니다.

우리는 이를 통해 하나님의 백성들의 삶이 어떤 것인지 배우게 됩니다. 하나님의 백성은 모든 문제를 하나님께만 아룁니다. 그리고 하나님으로부터 공급되는 오늘의 만나를 가지고 사는 것입니다. 그러면 부족함이 없습니다. 날마다 적자가 나고, 항상 모자람이 있는 것 같지만, 신기하게도 하루가 지나고, 이틀이 지나고, 한 달, 두 달, 1년, 2년, 40년을 지난 후에 돌아보면 조금도 부족함이 없이 지냈음을 깨닫게 됩니다.

그래서 시편 기자는 "그 백성을 인도하여 광야로 통과케 하신 이에게 감사하라. 그 인자하심이 영원함이로다"(시 136:16)라고 광야를 통해 가나안에 입성케 하신 하나님의 은혜를 감사했습니다.

결정적으로 신명기 8:5 말씀을 통해, 하나님께서 우리를 광야에서 연단하시는 이유를 알 수 있습니다. 그것은 마치 아버지가 그 아들을 징계함 같은 것입니다. 아버지가 아들을 징계하는 목적은 바로잡기 위해서입니다. 바로잡는 목적은 풍성한 은혜를 누릴 책임을 갖추도록 하기 위해서입니다. 우리는 하나님의 징계를 통해 아버지의 마음을 깨닫고, 아버지의 명령을 지키게 됩니다. 하나님의 명령을 지키는 행동은, 그의 길을 따라가는 습관으로 이어집니다(신 8:6). 그것의 동기는 아버지 하나님의 마음을 깨닫고 그분을 경외하기 때문입니다. 그러면 아름다운 땅, 가나안에 들어가게 되는 것입니다(8:7). 또한 부족함이 없는 복된 인생을 살게 됩니다(신 8:9). 인생이 고생스러울 때에도 말씀을 통해, 찬양과 경배의 비밀을 배운다면, 인생이 풀려서 살기가 좋을 때에도 하나님을 잊지 않을 것입니다.

그러므로 성공하고 잘되는 축복(신 8:7-10)이 오히려 우리를 망하게 하지 않기 위해서는 먼저 하나님이 우리를 광야에서 훈련시키셔야 하는 것입니다. 그래야 우리는 잘되든, 안되든, 하나님을 붙들고, 온전히 하나님만 의지하고, 그분과 교통하는 삶, 즉 믿음의 삶을 살 수 있게 되는 것입니다.

가나안에서 가장 중요한 농업의 과제는 수목재배입니다. 주요 수목들로는 포도, 무화과, 감람나무 등이 있었습니다. "네가 먹을 것에 모자람이 없고, 네게 아무 부족함이 없는 땅"(신 8:9)이라는 것은 풍요로움을 잘 대변하는 것입니다. 또한 가나안 땅의 바위는 철이나 구리를 함유하는 경우가 드뭅니다. 하지만 레바논 산지는 구리와 철광석이 풍부합니다. 그러므로 광야를 거쳐 도착하는 가나안 땅이란 팔레스타인 지방 전체를 아우르는 넓은 지역을 의미합니다. 하나님께서 우리가 생각하는 것보다 훨씬 풍성한 은혜를 예비하신다는 사실을 나타내는 것입니다.

그러나 그것을 잘 관리하고, 지속적으로 누리기 위한 능력이 필요합니다. 마치 어린 아이가 원한다고 해서 큰 돈을 그 손에 쥐어 주지 않는 것과 같은 이치입니다. 잘못하면 그 쥐어준 것 때문에 아이가 유괴를 당한다던지, 불량배를 만나 두들겨 맞고 그것을 빼앗긴다던지 하는 위험에 처할 수도 있기 때문입니다.

그러므로 하나님께서 광야에서 우리를 훈련시키셔서 우리가 생각하지 못했던 크고 놀라운 지경을 감당할 수 있도록 준비시키시는 것입니다. 하나님을 우리의 수준으로 생각하며 그분의 능력을 제한하니까 그 큰 은혜를 다 누리지 못하는 것입니다. 그러므로 광야는 우리의 판단 중지 훈련의 장소입니다. 내 눈을 세상으로부터 돌려, 내 자신의 지식과 경험으로부터 돌려서 하나님을 바라보게 하는 "눈 돌리기"의 부단한 훈련인 것입니다.

3) 광야의 목적을 이루는 만남

하나님은 만나와 메추라기로 먹이실 뿐만 아니라, 이제는 주저앉고 싶고, 포기하고 싶을 때에, 구름기둥과 불기둥으로 인도해 주시는 분입니다. 오늘을 사는 그리스도인들에게 구름기둥과 불기둥은 하나님의 말씀을 통해 주어졌습니다. 히브리어로 "미"(מִ)는 장소를 지칭하는 접두사입니다. 말씀의 복수인 말씀들은 히브리어로 "드바림"(דברים)이라고 말하는데, 광야는 여기에 "미"가 붙어서 "미드바르"(מדבר)입니다(최성훈, 2016a, 273). 다시 말하면 광야는 하나님의 말씀이 임하는 장소요, 하나님의 말씀에만 집중하고, 그 말씀을 듣고 깨닫는 장소라는 것입니다. 누가복음 3:2에서도 하나님의 말씀이 빈들, 즉 광야에서 세례요한에게 임했습니다.

그러나 임한 말씀을 듣는 것으로 끝난다면 광야는 그 사명을 다한 것이 아닙니다. 우리는 그 외침을 가지고 세상으로 돌아가야 합니다. 광야에서의 외침은 도성을 향한 것입니다. 광야 한복판에서 텅빈 광야를 향해 아무리 외쳐봐야 아무도 듣지 못하고 메아리가 되어 흩어질 뿐입니다. 광야는 사람이 전혀 없는 곳이기 때문입니다.

광야에서 훈련받고, 하나님의 음성을 듣는 법을 배웠다면, 우리는 그 들은 말씀을 가지고, 죄 가운데 권력과 재물을 위해 인생의 모든 것을 걸고 아귀다툼하는 도성을 향해서 외쳐야 하는 것입니다. 세례 요한의 이런 외침이 있자 도성에선 어떤 반응이 나타났습니까?

마태복음 3:5-6은, "이 때에 예루살렘과 온 유대와 요단 강 사방에서 다 그에게 나아와 자기들의 죄를 자복하고 요단강에서 그에게 세례를 받았다"고 기록했습니다. 여기저기에서 사람들이 나와 광야를 향해 나아갔습니다. 죄악의 도성에서 떠나 하늘의 왕을 맞이할 준비를 하라는 요한의 외침에 순종했습니다. 그러므로 요한의 외침은, 말씀을 들은 자들이 예수님께로 돌아오게 하는 길을 예비하는 것이었습니다.

세례 요한이 광야의 외침을 가지고 사람들에게로 갈 수 있었던 것은 광야에서 하나님의 말씀을 듣고, 하나님을 만났기 때문입니다. 광야의 훈련을 통과하면 우리의 눈이 바뀝니다. 눈에 보이는 현실만 바라보는 것이 아니라, 그 너머에서 역사하시는 하나님의 손길을 바라보게 됩니다.

사도 바울의 고백처럼 "내가 궁핍하므로 말하는 것이 아니니라. 어떤 형편에든지 나는 자족하기를 배웠노니, 나는 비천에 처할 줄도 알고, 풍부에 처할 줄도 알아, 모든 일, 곧 배부름과 배고픔과 풍부와 궁핍에도 처할 줄 아는 일체의 비결을 배웠노라"(빌 4:11-13)고 말할 수 있습니다.

일상의 작은 일에 일희일비(一喜一悲)하며 흔들리지 않습니다. 어려움과 고난, 가난과 궁핍에도 의연할 수 있습니다. 그 고난의 너머에서 역사하시는 하나님의 손길을 바라보기 때문입니다. 또한 저 멀리에서 우리를 향해 두 팔 벌리시는 독생자, 예수 그리스도를 바라보며 똑바로 믿음의 길을 걸어갈 수 있는 것입니다. 눈이 변하게 되면 우리를 향한 광야의 소명이 더욱 명확해집니다. 그러면 영적 리더십이 그 소명을 통해 발휘되기 시작하는 것입니다.

4) 모세의 광야

모세는 지금까지 수많은 기득권과 자신을 드러내는 수단들을 보유했었습니다. 그러나 광야에 나온 후, 그에게는 이 모든 수단들이 무용지물이었습니다. 왕족의 신분증도 통하지 않았고, 그렇게 많았던 사람들의 도움도 그곳에는 없었습니다. 지금까지의 경험도 유익하지 않았고, 이집트의 찬란한 문명의 힘도 거기에는 없었습니다. 그는 철저히 빈손이었고 주변은 광야였을 뿐이었습니다. 이것이 그의 실존이었고 현실이었습니다.

그 사실을 인정하는 순간, 그는 하나님 앞에 한 사람의 단독자로 설 수 있었습니다. 중간에 그 누구도 그 무엇도 끼어들지 않은 상태에서 모세가 하나님과 직면하여 마주하고 자신을 그분의 손길에 맡기는 순간, 하나님의 다스리심과 임재가 그에게 온전히 임했습니다. 그리고 그때부터 모세는 하나님의 사람이 되었습니다. 공주였던 양어머니의 품을 떠나 광야에 홀로 서서 하나님의 품으로 들어가는 그 순간, 그는 새로운 피조물이 되었습니다. 그러므로 모세는 이스라엘 백성들을 이끌고 광야를 지나 가나안으로 들어가도록 하는 지도자로 귀히 쓰임 받게 된 것입니다.

이 거룩한 광야 경험이 하나님의 사람들을 새롭게 합니다. 찬송가 494장 3절의 가사처럼 "빈손 들고 앞에 가 십자가를 붙들 때"에 우리는 하나님을 제대로 만날 수 있습니다. "천부여 의지 없어서 손 들고 옵니다"(찬송가 280장)하고 하나님 앞에 나올 때에 우리는 나음을 얻고, 회복되어 능력을 부여받습니다.

하나님의 뜻은 처음부터 우리에게 복을 주시는 것이고, 마침내 영원한 생명을 주시는 것입니다. 신명기 8:16 말씀처럼 우리를 시험하사 마침내 복을 주려 하심이 하나님의 마음입니다. 이 땅의 가나안은 거민들과 싸워 이겨야 얻을 수 있는 곳입니다. 하지만 하나님께서 예비하신 영원한 생명의 나라로 들어가기 위한 싸움은 이미 예수님께서 다 마치셨습니다. 우리는 그저 독생자를 통해 그 길을 열어 주신 하나님의 은혜 안에 거하기만 하면 되는 것입니다.

하나님은 이사야 선지자를 통해 "보라 내가 새 일을 행하리니 이제 나타낼 것이라, 너희가 그것을 알지 못하겠느냐? 반드시 내가 광야에 길을, 사막에 강을 내리라"(사 43:19)고 말씀하셨습니다. 내가 문제를 붙들고, 환경을 바라보며 씨름할 필요가 없습니다. 힘쓰고 애씀이 없어도, 말씀의 샘에 거하고 하나님의 은혜의 샘에 거하면 우리는 목을 축일 수 있는 것입니다.

혹시 나의 삶의 현장이 도저히 이해되지 않는 어려움과 고통으로 가득 찬 광활한 광야와도 같습니까?

도저히 희망이라곤 보이지 않는 메마른 땅, 광야와 같아서, 도움의 손길이 전혀 보이지 않습니까?

곳곳에서 불뱀과 전갈들이 도사리고 있고, 목을 축일 물마저도 없어서 죽음의 그림자가 드리워진 상황입니까?

지금이 바로 하나님을 향해 전심으로 눈을 돌려야 할 시점입니다. 이제는 인간이 붙들고 있는 모든 것을 내려놓고, 전적으로 하나님만을 의지하고, 잠잠히 하나님의 음성을 들어야 할 때인 것입니다. 그러므로 믿음 안에서 광야는 기적을 체험하는 곳입니다.

에스겔이 성령의 숨결로 살아난 새 생명의 환상을 본 곳도 뼈와 죽음의 골짜기, 즉 극단적인 불모의 광야였습니다(겔 37:1-14). 그러므로 기적은 광야에서만 일어납니다. 우리가 아무 것도 의지할 수 없을 때에, 하나님만 붙들고 기도하며 하나님을 대면하는 자리이기 때문입니다. 그러면 아무 것도 먹을 것이 없을 때에 만나가 떨어집니다. 하늘에서 메추라기가 후두둑 떨어집니다. 맛이 고약하고 쓰기가 이를 데 없는 물이 변하여 단물이 됩니다. 온통 메마른 바위 투성이인 땅에서, 문제의 근원인 바위를 믿음으로 내리치면 반석이 갈라지고 샘물이 솟아나듯, 겸손하고 가난한 마음에 하나님의 은혜가 임하고, 영적인 리더십이 세워지는 것입니다.

5) 광야를 통과한 모세에게 임한 하나님의 능력

모세는 광야를 통과하며 온유함이 지면의 모든 사람보다 더하는 경지에 이르렀습니다(민 12:3). 1장에서 살펴본 바와 같이, 그의 온유함을 드러내는 사건이 바로 앞의 장(민 11장)에서 나타납니다. 모세가 하나님의 말씀을 따라 이스라엘의 지도자 70명을 소집했는데, 오지 않은 엘닷과 메닷에게도 하나님의 영이 임하자, 여호수아는 그들이 모세를 거역한 것은 하나님의 뜻을 거역한 것이라고 생각하고 분개했습니다.

하지만, 모세는 여호수아가 자신이 아니라 하나님의 큰 뜻을 먼저 헤아려 보기를 원하고 그들을 용서했습니다. 광야를 통과하며 하나님의 마음을 품은 모세는 자신의 지도자됨이 하나님의 뜻을 수행하기 위한 청지기 직분임을 직시하였기 때문에 그렇게 온유할 수가 있었던 것입니다. 모세는 자신의 직분이 자기의 우월함을 드러내는 용도가 아니라 하나님의 백성들을 애굽에서 인도하여 가나안으로 들어가게 하는 것이라는 사실을 잊지 않았기 때문에 이같이 할 수 있었던 것입니다.

결국 가나안 입성을 눈앞에 둔 모세는 120세가 되어서도 눈이 흐리지 않고, 기력이 쇠하지 않을 정도로 건강했지만(신 34:7) 하나님의 뜻에 순종하여 여호수아에게 지도자의 자리를 넘겨 주고 죽음을 맞이했습니다.

모세가 그의 일생 동안 하나님의 뜻에 순종하여 행한 기적은 수없이 많습니다. 하지만 모세 기적의 근원은 결국 하나님이었습니다. 모세는 사람이 자기 친구와 이야기하는 것 같이 하나님을 대면하여 말씀을 들을 정도로 하나님과 친밀한 관계를 맺었고(출 33:11), 그 관계가 기적을 일으키는 원동력이 되었습니다.

하나님께서 모세에게 능력을 주셔서 행하도록 하신 첫번째 기적은 모세의 지팡이가 뱀이 되는 사건이었습니다. 그가 뱀의 꼬리를 잡을 때에 그것이 다시 지팡이가 되었고, 손을 품에 넣었다가 꺼내니 나병이 생겼는데, 다시 품에 넣었다가 빼자 본래의 살로 돌아오는 모습을 보고(출 4:1-9), 모세는 확신을 가지고 바로 왕에게 나아갈 수 있었습니다. 출애굽기 7장에서 모세는 하나님의 명령을 따라 아론에게 지팡이를 던지게 하였고, 그 지팡이는 뱀이 되었습니다. 하지만 애굽의 현인들과 마술사들도 똑같은 일을 행하였기 때문에 바로는 모세의 말을 들으려 하지 않았습니다.

하지만 하나님께서는 바로가 모세와 아론에게 기적을 요구할 것을 아셨습니다(출 7:9).

그렇다면 왜 지팡이가 하필이면 뱀이 되게 하는 기적을 보이셨을까요? 그것은 애굽의 전통적인 술법의 거짓됨과 미약함을 보이기 위함입니다. 이집트의 기후는 매우 건조합니다. 나일강 계곡과 지중해 연안의 좁은 해안지방을 제외하면 국토의 대부분이 사막에 해당합니다. 이 사막의 뱀들은 대개 맹독을 가진 독사들입니다. 그래서 이스라엘 백성들이 광야에서 하나님과 모세를 원망했을 때, 불뱀들을 통해 심판하셨습니다(민 21:4-9). 애굽 사람들도 독이 있는 뱀들을 무서워했기 때문에 술객들이 이 두려움을 이용했습니다.

그래서 고대 애굽은 물론이고 오늘날에도 이집트에서는 광야에서 흔히 발견할 수 있는 뱀을 이용하는 술법이 많습니다. 대개 마술사들이 최면을 걸어 뱀을 지팡이처럼 딱딱하게 만들어 가지고 다니다가 뱀을 집어 던지면 다시 기어 다니는 것입니다. 그러므로 바로왕은 지팡이가 뱀이 되는 일을 많이 보았었고, 아론의 지팡이가 원래 뱀이었던 줄로 알고, 애굽의 마술사들이 그런 일을 행하자, 모세의 말을 듣지 않은 것입니다.

그러나 아론이 던진 지팡이는 뱀이 지팡이처럼 보였던 것이 아니라, 진짜 지팡이가 실제로 뱀이 된 것입니다. 하나님의 말씀에 순종하여 지팡이를 던졌기 때문에 지팡이가 뱀이 되는 기적이 일어난 것입니다. 그 지팡이를 모세가 던졌느냐, 아론이 던졌느냐가 중요한 것이 아닙니다. 아론이 모세를 통해 주어진 하나님 말씀에 순종해서 던졌다는 것이 핵심입니다. 그 일은 사람이 아니라, 하나님께서 이스라엘 백성들을 구원하시려는 특별한 목적을 가지고 행하신 일이었기 때문입니다.

이처럼 하나님의 능력과 말씀은 우리가 거짓을 대적하여 승리하게 합니다. 우리를 미혹케 하고 죽음으로 인도하려는 악한 세력의 공격으로부터 우리를 든든히 지켜 줍니다. 요한복음 8:44에서 예수님은 사단을 "처음부터 살인한 자요 진리가 그 속에 없으므로 진리에 서지 못하고 거짓을 말할 때마다 제 것으로 말하나니 이는 저가 거짓말쟁이요 거짓의 아비가 되었음이라"고 말씀하셨습니다. 요한계시록 9:11은 그 이름을 "아볼루온"(Ἀπολλύων) 즉, "파괴자"(destroyer)라고 말했습니다.

그러므로 사단은 우리를 속여서 파괴하여 하나님으로부터 멀어져서 죽음에 이르게 하는 대적인 것입니다. 또한 뱀은 요한계시록 20:2에서 "옛 뱀이요, 마귀요, 사단이라"고 소개되며 인류를 미혹케 해서 파괴한 에덴동산의 일을 상기시킵니다. 사단에게 속아서 광야에서조차 하나님을 만나지 못하면 리더십을 발휘할 기회는 영영 사라져 버립니다. 그러나 하나님을 만나고, 하나님의 능력으로 채워지면 리더로 일으켜 세우심을 받는 것입니다.

6) 하나님께서 세우신 리더십

하나님께서 사단의 역사에 대항하여 하나님의 백성들에게 특별히 주신 직분은 선지자의 직분이었습니다. 그러므로 말씀을 가르치고 적용하는 이 직분은 거짓된 사단의 능력을 이겨낼 수 있는 이스라엘의 힘이었습니다.

오늘날도 목회자를 비롯하여 말씀을 맡은 교회 지도자들의 직분이 매우 중요합니다. 이 직분의 영향력과 중요성을 알기에 사단은 목회자를 포함한 교회 지도자들을 공격합니다. 목회자를 통해, 제직들을 통해, 그리고 소그룹 인도자들을 통해 교회를 갈라지게 합니다. 거짓 종을 세워서 목회자에 대한 신뢰를 떨어뜨리고, 거짓 지도자들을 통해 교회에 대하여 불신하게 합니다. 결국 사람들을 속여서 목회자와 교회지도자들 뿐만 아니라 하나님의 말씀에 대해서도 떨어지게 하고, 그 말씀을 주신 하나님도 원망하고 떠나게 하는 것입니다. 베드로 사도가 경고한 대로 사단은 지금도 그 일을 위해 우는 사자같이 두루 다니며 삼킬 자를 찾고 있습니다(벧전 5:8).

그러나 진리의 하나님이 승리하시듯, 아론의 지팡이에서 변한 뱀은 애굽의 술객들의 뱀을 잡아 먹어 버렸습니다. 이것은 앞으로 나타날 열 가지 재앙의 기적과 홍해와 요단강이 갈라지는 기적, 만나와 메추라기의 기적에 비하면 아무 것도 아닌, 아주 작은 기적이었습니다. 하지만 하나님은 작은 부분도 소홀히 여기지 않으셨습니다. 애굽의 술객들에 의해, 사단의 세력에 의해 잘못 사용되는 뱀들조차도 응징하신 것입니다. 하나님은 작은 부분에서도 철저하게 승리를 거두십니다. 작은 영광도 놓치지 않으십니다. 그것은 하나님의 완전하심 때문입니다.

　하나님은 당신을 따르는 믿음의 백성들도 승리하기를 원하시며, 이를 위해서 우리에게도 온전한 믿음을 요구하십니다. 두 마음을 품지 않기를 원하십니다. 그러한 온전한 신앙은 우리 삶의 작은 부분에서도 우리가 결단하고 승리를 거두는 것을 말합니다. 혹시 아직도 쉽게 빠져들어, 되풀이하고 있는, 사소한 잘못된 습관들이 우리에게 있지는 않은지, 하나님 앞에 깨끗하게 구별되어 새로이 서지 못하게 하는 고질적인, 쓴 뿌리의 상처와 죄가 아직도 자신을 괴롭히고 있지 않은지 점검해야 합니다. 하나님은 그것마저도 돌이키고 하나님의 거룩한 성품을 가지길 원하십니다. 이 작은 부분에서 승리하지 못하면 큰 싸움에 승리할 수 없습니다. 이것은 결단의 문제입니다. 결심하고 단호히 끊어야 거룩하신 하나님께 쓰임 받을 수 있는 것입니다.

　이러한 기적은 처음에는 하나님께서 모세에게 확신을 주시기 위해 떨기나무의 불을 통해 행하셨던 것입니다. 이후에 나타나는 열 가지 재앙, 홍해가 갈라지는 것과 같은 각종 기적들은 이스라엘 백성들에게 믿음을 주기 위함이었습니다. 그러나 바로에게 이러한 기적을 행하신 것은 그에게 믿음을 주시기 위함이 아닙니다. 하나님께서 바로에게 이 기적을 행하신 것은 "바로의 마음을 완악하게" (출 7:3) 하시기 위함입니다. 똑같은 기적이었지만 어떤 사람에게는 그것이 믿음을 주었고, 어떤 사람은 오히려 더 마음이 굳어지고 교만하게 하였습니다.

　이것은 무엇을 말합니까?

　믿음은 기적으로 생기는 것이 아니라는 것입니다. 로마서

10:17의 말씀처럼 "믿음은 들음에서 나며 들음은 그리스도의 말씀으로 말미암는 것"입니다. 결국 믿음은 하나님의 말씀을 들음으로 생기는 것입니다. 그러므로 하나님의 말씀을 귀담아 듣지 않는 사람, 또한 하나님의 말씀을 거부하는 사람은 기적을 보아도 믿음이 생기기는커녕 더 완악하게 되는 것입니다.

따라서 우리에게 가장 필요한 것은 마음이 새로워지는 것입니다. 이것은 단순히 말씀의 지식이 아니라 말씀을 듣고 깨닫는 것을 말합니다. 말씀을 듣고 깨닫는 사람은 어떤 특별한 일이 일어났을 때, 그것이 하나님의 손길이요, 은혜라는 것을 압니다. 그러나 이러한 깨달음이 없는 사람은 기적을 체험해도 오히려 하나님을 더욱 시험하려고 하고, 여전히 믿지 못합니다. 그러므로 기적은 새로운 믿음을 만들어 내는 것이 아닙니다. 기적은 믿음을 보충하는 것일 뿐입니다.

지팡이가 뱀이 되게 한 본문 말씀을 보면 기적을 행한 주체가 모세와 아론이 아니라 하나님이심을 알 수 있습니다.

첫째, 하나님께서는 바로가 이적을 보일 것을 요구하리라는 사실을 미리 말씀하셨습니다.

둘째, 출애굽기 4장에서 모세를 만나주신 하나님이 모세를 통해 지팡이가 뱀이 되고, 그 뱀이 다시 지팡이가 되는 기석을 보여 주셨습니다. 하지만 바로 앞에서는 모세가 기적을 독점하게 하시지 않고, 이번에는 그 기적을 아론이 행하게 하셨습니다. 다시 말하면 기적의 근원은 하나님 자신이심을 나타내신 것입니다. 모세와 아론이 하나님의 허락을 받아 명령대로 행했을 때 기적이 나타난 것뿐입니다. 그러나 사단은 우리를 계속해서 속이고 넘어뜨리려는 의도로 사람을 높입니다. 바로의 왕궁에서는 술사들이 높여 졌고, 오늘날에는 목회자와 교회 지도자들이 하나님보다 전면에 드러납니다.

성경에는 모세를 대적한 애굽의 술사들의 이름이 소개됩니다. 그들의 진리를 대적했던 자들로서 마음이 부패하여 믿음으로부터 떠난 자들입니다.

> 항상 배우나 마침내 진리의 지식에 이를 수 없느니라 얀네와 얌브레가 모세를 대적한 것 같이 저희도 진리를 대적하니 이 사람들은 그 마음이 부패한 자요 믿음에 관하여는 버리운 자들이라(딤 3:7-8).

고대의 얀네와 얌브레는 뱀 마술로 사람들을 미혹케 했지만 오늘날의 얀네와 얌브레와 같은 이들은 세상의 걱정거리로 우리들을 말씀에서 멀어지게 합니다. 인생의 문제들을 가지고 우리를 시험합니다. 실패하고 상처받은 마음, 섭섭한 마음을 통해 우리를 말씀의 진리로부터 떠나게 합니다. 교회를 갈라놓습니다. 거짓 가르침과 이단을 통해 교회를 좀먹습니다.

그러므로 모든 능력이 하나님께로 부터만 오고, 하나님의 뜻을 이루기 위한 목적으로 주어졌다는 청지기 의식을 붙들어야 합니다. 어려울 때에 근심하고 걱정하는 것으로 문제가 해결되지 않습니다. 한 시간 걱정하는 것보다 1분 동안 진실한 마음으로 기도하는 것이 훨씬 강력한 결과를 낳습니다. 욥처럼 주신 이도 하나님이요, 거두신 이도 여호와 하나님이심을 고백하는 청지기 의식이 다시 일으켜 세움을 얻고 갑절의 복을 받는 비결인 것입니다(욥 1:21; 42:10-17). 또한 이러한 온전한 믿음과 이에 기반한 청지기 의식은 하나님의 기적이 이루어지는 통로가 되고, 영적 리더십의 근원이 되는 것입니다.

3. 야베스의 기도에 나타난 청지기 의식

1) 야베스 이름의 배경

1942년 2월 20일, 미 해군 전투기 조종사인 버치 오헤어(Butch O'Hare)는 항공모함 렉싱턴(Lexington)을 떠나 출격했습니다. 하지만 그는 계기판을 보다가 연료가 부족하다는 사실을 깨달았습니다. 전날 담당 하사관이 연료탱크에 연료를 충분히 채우는 것을 잊어 버렸기 때문입니다. 편대장에게 이를 보고하고 항공모함으로 돌아가는데 적군인 일본군 전투기 편대가 항공모함을 향해 날아가고 있는 것을 발견했습니다. 1941년 12월 일본이 미국을 공격했던 진주만 공습을 겪은 지 2개월 만의 일이라 오헤어는 소스라치게 놀랐습니다. 뿐만 아니라 당시에 항공모함에 있었던 전투기들이 모두 출격을 떠났기 때문에 항공모함은 그야말로 무방비 상태였습니다. 이미 멀리 떠난 비행편대를 되돌려 항공모함을 방어하기에는 시간적인 여유가 없었기에 오헤어가 할 수 있는 방법은 오직 한 가지, 적군의 비행편대를 교란시켜서 항공모함에 접근하지 못하게 하는 수밖에 없었습니다.

오헤어는 자신의 안전보다는 항공모함에 남아 있는 수백 명의 인명을 구해야 되겠다는 일념으로 적군의 편대를 혼자서 공격하기 시작했습니다. 비행기에 달린 기관총을 이용하여 맹렬히 적군의 전투기를 공격하자 일본군 전투기는 한 대, 두 대, 세 대가 연거푸 기관총알에 맞아 격추되었습니다. 오헤어는 기관총의 총알이 떨어지자 자신의 전투기 기체를 적군의 비행기에 접촉시켜 자폭하며 장렬히 전사했습니다. 모든 수단과 방법을 다 동원했던 오헤어에게 불의의 일격을 당한 일본 비행대는 방향을 바꿔 철수할 수밖에 없었습니다. 오헤어는 전사했지만 그의 비행기에 장착되어있던 블랙박스는 그의 용맹스러운 장면을 다 촬영하였고, 결국 그는 최고훈장을 받았습니다. 그리고 세계에서 제일 비행기가 많이 뜨고 내린다는 시카고의 국제공항은 그의 이름을 따서 "오헤어 국제공항"(O'Hare International Airport)이라고 이름을 붙였습니다.

중요한 공항이나 도로의 이름에는 이렇게 훌륭한 사람의 이름을 붙여 지은 경우가 많이 있습니다. 예를 들면 프랑스의 "샤를르 드골 공항"(Charles de Gaulle Airport), 뉴욕의 "J. F. 케네디 공항"(John F. Kennedy International Airport), 이탈리아의 "레오나르도 다빈치 공항"(Leonardo da Vinci International Airport) 등 세계적인 공항에 훌륭한 사람들의 이름이 붙어 있습니다. 도로도 마찬가지입니다. 한국의 도로 이름을 살펴봐도 "퇴계로", "율곡로", "세종로"와 같이 훌륭한 사람들의 이름을 붙여 놓은 것을 찾을 수 있습니다. 미국에도 "Washington Street", "Lincoln Avenue" 등 훌륭한 사람의 이름을 붙인 길들이 많이 있습니다.

성경에도 사람의 이름을 붙인 지명이 나옵니다. 그 중에 역대상

2:55 말씀을 보면 "야베스"(יַעְבֵּץ)라는 이름의 지역이 나옵니다. 얼마나 존귀하게 되고 칭찬을 받았으면 그 땅 이름을 야베스라고 붙였을까요?

사실 야베스는 존귀한 자가 될 외적인 조건이 하나도 없었던 사람입니다. 그러나 많은 사람들은 축복의 사람을 이야기할 때 그의 이름을 빼놓지 않습니다. 그 이유는 지난 2000년 출판된 브루스 윌킨슨 목사의 『야베스의 기도』라는 베스트셀러 때문입니다. 그래서 수많은 사람들이 야베스처럼 기도하면 그저 복을 많이 받을 것이라고 착각하기도 합니다. 기복신앙에 물든 사람들은 흔히 이렇게 존귀하게 된 야베스의 복을 이야기하지만, 그리스도인은 야베스의 삶을 통해 그에게 임한 복음의 의미를 바라보아야 합니다.

원래 야베스란 이름은 "내가 수고로이 낳았다", "그가 고통을 불러오다"라는 뜻입니다. 즉 "슬픔, 고통"이 그 이름의 뜻입니다. 대부분 자녀의 이름을 할아버지나 아버지가 짓지만 야베스는 어머니가 아들의 이름을 그렇게 지었습니다(대상 4:9). 그가 유복자요, 아버지가 없는 사생아였기 때문입니다. 게다가 성경은 그의 어머니가 수고로이 야베스를 낳았다고 말합니다. 야베스의 어머니는 극심한 난산을 겪었던 것입니다. 야베스의 이름에는 "약골", "여위있다"는 뜻도 있습니다. 아마도 야베스는 선상하지 못한 아이였을 것입니다.

사실 야베스는 그 출생부터 부모님의 기다림이나 기쁨이 아니라 원망과 슬픔이었을 것입니다. 아버지도 없이 고통과 눈물 가운데 태어났습니다. 그는 태어나지 말았으면 더 좋았을 아이였습니다. 그래서 이름이 야베스였습니다.

오죽했으면 어머니가 자기 아들의 이름을 그렇게 지었을까요? 그 삶이 어떠했을지 쉽게 짐작이 갑니다.

그런데 성경은 야베스는 그 형제보다 귀중한 자, 존귀한 자라고 소개합니다. 여기서 "귀중한 자"라는 것은 부유한 재산가를 말합니다. 높은 사회적 지위를 가지고, 강력한 영향력을 행사하는 사람, 그리고 인격적으로도 훌륭해서 존경받는 사회 지도층을 말합니다. 유대 전승에 의하면 야베스는 당대에 유명한 율법 학자였고, 그가 죽은 후에도 존경을 받아서 서기관들이 살던 마을에 "야베스"라는 이름을 붙여 기념하였습니다(대상 2:55).

어떻게 그가 귀중한 자가 되었을까요?

그가 하나님만을 구하고 찾았기 때문입니다. 야베스는 어려운 환경을 탓하거나 자신의 신세를 한탄하며 주저앉아 있지 않았습니다. 인생의 주인이 자신이 아니며, 의지할 대상이 이 세상의 것이 아니라 오직 하나님임을 알고 있었습니다. 그러한 청지기 의식을 바탕으로 야베스는 이스라엘의 하나님께만 아뢰었습니다(대상 4:10). 그 아뢰는 기도를 통해 야베스는 하나님을 깊이 만날 수 있었습니다. 그 만남은 자신의 모든 문제를 내어놓고 해결받는 복된 만남이었습니다. 야베스는 인생의 주인이 자신이 아니라 하나님이라는 사실을 알고 있었습니다. 그래서 그는 어려운 환경이 아니라 그 환경 너머에서 환경을 주관하시는 하나님을 바라보고 기도했을 때 그의 기도는 응답받았고, 그는 대표적인 축복의 사람이 되었습니다. 기도를 통해 그는 존귀한 자가 되었던 것입니다.

2) 야베스의 기도에 나타난 청지기 의식

야베스가 만난 하나님은 어떤 하나님이셨습니까?

이미 우리의 기도에 응답하시기로 작정하신 바로 그 하나님입니다. 시편 145편 18-19절은 "여호와께서는 자기에게 간구하는 모든 자 곧 진실하게 간구하는 모든 자에게 가까이 하시는도다 저는 자기를 경외하는 자의 소원을 이루시며 또 저희 부르짖음을 들으사 구원하시리로다"라고 말씀합니다. 예수님은 하늘에 계신 아버지에 대해 증거하시며 "구하라 그러면 너희에게 주실 것이요 찾으라 그러면 찾을 것이요 문을 두드리라 그러면 너희에게 열릴 것이니 구하는 이마다 얻을 것이요 찾는 이가 찾을 것이요 두드리는 이에게 열릴 것이니라"(눅 7:7-8)고 말씀하셨습니다. 사실 야베스에게 하나님 외에는 아무런 길이 없었습니다. 사방이 캄캄했습니다. 그래서 야베스는 오직 하나님께 모든 것을 걸고 기도했던 것입니다.

야베스가 구했던, 지역을 넓혀 달라는 기도의 배경을 살펴본다면 그 기도는 자신만을 위한 이기적인 기도가 아니라 하나님의 뜻을 행하려는 믿음의 기도임을 알 수 있습니다. 야베스가 살던 시기의 이스라엘은 가나안을 정복하는 과정 중에 있었습니다.

야베스는 자신이 속한 유다 지파가 정복해야 할 헤브론 땅을 바라보며, 자신만의 세속적인 욕심을 채우기 위해 지역을 넓혀 달라고 기도한 것이 아니라 가나안 땅을 주시겠다고 약속하신 하나님의 신실하신 약속을 믿고 하나님의 도우심을 구하는 기도를 드렸습니다. 그 약속을 성취하기 위한 과정, 즉 전투를 통해 지역을 넓히는 과정은 결코 순탄한 과정이 아니기에, 야베스는 하나님 나라를 확장하여 나가는 과정 가운데 하나님께서 환란을 벗어나 승리할 수 있는 힘과 능력을 주시기를 믿음으로 간구했었던 것입니다. 그리고 하나님의 마음에 합한 그 기도는 다윗과 솔로몬의 시대에 찬란하게 성취되어 그 땅 위에 예루살렘 성전이 세워지게 되었습니다.

야베스의 기도는 첫째, 지역을 넓혀 달라는 기도였습니다. 주님께 속한 복의 결과는 지역이 넓어지는 것입니다. 지역이란 자신이 관리할 수 있고, 감당할 수 있는 삶의 자리를 말합니다. 우리는 하나님께서 독생자를 이 땅에 보내주신 것을 통해 그분의 마음을 알 수 있습니다. 예수님은 "내가 온 것은 양으로 생명을 얻게 하고 더 풍성히 얻게 하려 함이라"(요 10:10)고 말씀하셨습니다.

하나님은 우리들의 삶이 풍성해지기를 원하십니다. 하나님은 우리의 지역이 넓어지기를 원하십니다. 그러므로 우리는 이런 하나님께 얼마든지 복을 구할 수 있습니다. 그런데 우리는 지역을 넓혀 달라, 복을 달라는 기도를 할 때, 나 자신, 내 가족들만을 위한 물질과 재능과 학식과 평안을 위한 지역만을 구하는 경우가 많이 있습니다. 그러나 사랑과 섬김, 봉사와 헌신, 용서와 용납, 감사의 지역을 넓혀 달라는 기도는 하지 않습니다.

또한 자신의 이기적인 욕심만을 바라보는 근시안적인 태도는 어려움을 당할 때마다 낙심하고 좌절케 합니다.

지역을 넓혀달라고 기도하는 우리의 눈은 어디를 향하고 있습니까?

하나님을 향하고 있습니까?

아니면 우리의 지역을 막고 우뚝 서 있는 사람들과 환경을 바라보고 있습니까?

우리의 눈에 사람이 크게 보이고, 환경이 크게 보일수록 하나님은 작게 보입니다. 하나님은 우리가 하나님을 크게 보기를 원하십니다. 우리는 우리 삶 가운데 충만하신 하나님을 바라보아야 합니다. 우리는 가정에서, 교회에서, 직장에서, 사업장에서, 그리고 지역사회에서 그분을 볼 수 있어야 합니다.

브라질의 아마존 강에는 사람들이 헤엄쳐 지나가기 힘든 급류가 많이 있습니다. 그런데도 그 곳 원주민들은 그러한 급류를 잘 헤쳐 나갑니다. 그 비결은 아주 간단합니다. 물살이 너무 세서 그냥 지나가면 휩쓸려가기 쉬우니 등에 무거운 돌을 지고 가면 되는 것입니다.

그리스도의 사명을 맡은 청지기로서 우리가 이루고자 하는, 지역이 넓어지는 일은 마치 잔잔한 물결이 이는 시냇물을 건너는 것으로부터 시작하여 세찬 급류가 흐르는 강을 건너는 능력에 이르는 것과 같습니다. 지역이 넓어지고 큰일을 감당하기 위하여 우리가 짊어져야 할 훈련과 연단의 십자가를 무겁다고 지지 않으면 세상의 풍파와 급류에 휩쓸려 떠내려 갈 수도 있습니다. 마치 높은 하늘을 나는 독수리가 커다란 날개가 거추장스럽다고 날개를 잘라 버린다면 그 독수리는 더 이상 창공을 날 수 없는 것과 같은 이치입니다.

사람은 모두 유한하고 연약합니다. 문제만 바라보면 길이 보이지 않을 때가 많습니다. 그러므로 우리는 부단히 시야를 넓히는 훈련을 해야 합니다. 우리의 관심은 먹고 사는 문제나 내가 지금 직면해 있는 문제가 아닙니다. 하나님 앞에서의 나의 위치와 모습이 관심이 되어야 합니다. 하나님과의 관계가 온전해 지면 다른 모든 문제가 자연스럽게 해결되기 때문입니다. 하나님과의 올바른 관계를 통해 나의 지역이 온전히 넓어지고, 나의 넓어진 지역을 통해 죽어가는 영혼을 살리고, 교회를 섬기며, 하나님의 나라를 이루는 것이 그리스도인의 본질적인 관심입니다.

또한 야베스는 "주의 손으로 나를 도우사 나로 환난을 벗어나 내게 근심이 없게 하옵소서"(대상 4:10)라고 기도했습니다. 기도하는 사람은 어떤 상황에서도 하나님이 나와 함께 계심을 볼 수 있어야 합니다. 기도의 사람은 환경과 형편에 얽매이지 않는 사람입니다. 조금 힘들다고 인생을 포기하지 않는 사람입니다. 언젠가 하나님께서 자신을 사용하실 것이라고 기대하는 사람입니다. 희망의 고삐를 풀지 않는 사람입니다. 야베스는 환난과 풍파, 고통 속에 있었습니다. 그래서 야베스는 제발 환난과 근심이 떠나가게 해 달라고 하나님 앞에 기도했습니다.

그러나 우리가 놓치지 말아야 할 사실은 근심이 없게 해달라는 이 기도는 순식간에 하나님께서 근심을 몰아내 달라는 기도가 아니라는 것입니다. 야베스는 어떤 어려움에도 인내로 임하겠다는 믿음의 자세를 보여주고 있는 것입니다.

우리가 살고 있는 이 세상은 천국이 아닙니다. 그렇기 때문에 모든 것이 온전하고 완전하지는 않습니다. 완전하지 않은 이 세상을 온전히 살기 위해서 어려움이 없는 것보다 어려움을 이기는 힘이 더 필요합니다. 왜냐하면 불완전한 이 세상에서는 하나의 어려움이 사라지면 또 하나의 어려움이 찾아오고, 그 어려움과 그로 인한 근심, 걱정이 사라지면 어느새 새로운 어려움과 근심이 밀려오게 마련이기 때문입니다.

우리는 인생의 여정 가운데에서 자주 힘들어 합니다. 때로는 너무도 지친 나머지 깊은 절망에 빠질 때가 있습니다. 또한 눈앞에 큰 문제의 산이 놓여 있는데, 그 산을 반드시 넘어 가야만 할 때가 있습니다. 우리가 기도하는 순간 태산 같던 문제가 단번에 사라졌으면 좋겠지만 하나님은 기도할 때 그 태산 같은 문제를 단번에 사라지게 하시는 분이 아닙니다. 하나님은 그 대신, 우리에게 태산같은 문제를 뛰어 넘을 수 있는 힘과 지혜를 주십니다. 담대한 마음과 어려움을 극복하고 이겨낼 믿음의 능력을 주십니다.

그리스도인에게 있어서 복이란 고난으로부터 구원을 받는 것이 아닙니다. 그것은 고난 가운데 있으면서 구원을 경험하는 것입니다. 우리가 하나님을 경외하고 하나님과 하나가 되었다면 비록 환난 중에서라도 이길 수 있습니다. 그러므로 어려울 때마다 기도해야 합니다. 기도는 믿음의 눈으로 환난 뒤의 영광을 보게 하는 능력이 있기 때문입니다. 그러므로 영적 지도자는 "환난 날에 나를 부르라 내가 너를 건지리니 네가 나를 영화롭게 하리라"(시 50:15)는 하나님의 말씀을 기억해야 합니다.

3) 하나님의 기도응답 – 야베스의 복음

때때로 삶은 주님을 믿는 그리스도인에게 전혀 협조하지 않고, 고달프게 만들기만 합니다. 이 땅은 천국이 아니기 때문입니다. 예수님을 주님으로 믿는 모든 사람들은 다시는 눈물, 사망의 고통,

아픔이 없는 세상으로 갈 것입니다(계 21:4). 그러나 그때까지는 인생여정 노면의 움푹 패인 곳들을 소화할 단단한 충격흡수 장치를 갖추는 것이 필요합니다. 그것은 야베스처럼 하나님께만 아뢰고, 하나님의 손으로 이루시는 도우심만을 바라보는 마음의 자세요, 도우심을 내 것으로 착각하지 않고, 하나님께 영광을 돌리는 청지기 의식입니다.

비록 인생의 바람과 파도가 몰아칠지라도 그리스도인의 마음의 중심에는 평안히 누워 계신 분이 있습니다(마 8:23-27; 막 4:35-41; 눅 8:22-25). 그 분은 하나님의 아들입니다. 우리가 하나님께 기도할 때 항상 그분의 이름으로 기도하는 바로 그분입니다. 어떠한 바람과 파도도 그분을 깨울 수 없습니다. 그러나 우리가 "주여"하고 부르짖으면 그분은 벌떡 일어나십니다. 우리의 믿음이 형편없어도 그분은 꾸짖지 않으십니다. 오히려 바람과 파도를 꾸짖으십니다. 그러한 분께서 우리를 돌보아 주십니다. 무수한 삶의 고난 속에도, 그리고 죽음의 순간에도 그분은 우리와 함께 계실 것입니다. 돌에 맞아 고통을 당하며 죽어가던 스데반과 함께 계셔서 그를 저편으로 데려가신 것처럼 말입니다(행 7:55-59). 이것이 하나님을 바라보고 그분께서 보내신 독생자를 바라볼 때, 우리가 체험하는 "복음"의 능력입니다.

어릴 때 축구하다가 실명을 한 사람이 있었습니다. 눈을 고치지 못하자 그 충격으로 어머니가 돌아가시고, 동생을 돌보던 누나마저 먼저 주님 품으로 갔습니다. 할 수 없이 남동생은 철물점 점원으로 보내고, 여동생은 고아원으로 보냈습니다. 그리고 자신은 장애자 재활학교에 들어가게 되었습니다. 그러나 포기하지 않고 하나님을 찾고 기도했습니다. 하나님께서 그 기도에 응답하셨고, 마음의 상처를 치유하시고 존귀한 자아상을 심어 주셨습니다. 그는 연세대학교을 졸업하고, 미국 피츠버그대학교에서 한인 최초 맹인 교육학 박사가 되었습니다. 세계 장애인 위원회 부위원장, 루즈벨트 재단 고문, 미국 백악관 직속 장애위원회 정책차관보를 지냈습니다. 그가 바로 고(故) 강영우 박사입니다. 그는 죽을 때까지 육신의 장애인은 물론, 마음의 장애와 낙심과 실망에 빠진 많은 사람들을 살리는 존귀한 삶을 살았습니다.

야베스에게, 그리고 강영우 박사에게 새로운 삶의 기쁨을 주시고 웃음을 주신 예수 그리스도는 우리 모두들 가까이 계십니다. 예수님은 지금도 하나님을 중심에 삼은 믿음과 청지기 의식을 가진 신실한 그리스도인들의 마음 문을 두드리고 계십니다.

> 볼지어다, 내가 문 밖에 서서 두드리노니 누구든지 내 음성을 듣고 문을 열면 내가 그에게로 들어가 그로 더불어 먹고 나는 그로 더불어 먹으리라(계 3:20).

자신의 마음 문을 열고 하나님을 인정하고 경외하며, 그분께 기도하며, 이 땅에 보내주신 독생자 예수님을 그리스도로, 내 삶의 주인으로 모셔 들이면 야베스를 변화시키시고, 강영우 박사를 변화시키신 예수께서 우리들을 변화시켜 주실 것입니다. 우리의 삶도 그렇게 존귀한 인생이 될 수 있고, 리더로 쓰임받을 수 있습니다. 하나님을 만나면 됩니다. 외적인 조건은 아무 상관이 없습니다. 하나님의 뜻을 우선시하는 청지기 의식과 믿음이 있으면 되는 것입니다.

넓은 집에서 살고, 좋은 자동차를 타고, 명품가방을 드는 것도 복입니다. 그러나 영적 지도자는 더욱 더 놀라운 복을 구해야 합니다. 축복의 통로가 되고, 천대까지 은혜가 임하며, 영혼을 살리는 더 큰 복을 구해야 합니다. 구약의 복이 아브라함과 이삭과 야곱의 복, 그리고 야곱의 아들 유다의 후손 야베스의 복으로 대표된다면 신약의 복은 하나님께서 예수님을 이 땅에 보내신 것입니다.

신약의 복은 인류 모두에게 죄 사함의 축복으로 주어졌습니다. 하나님은 독생자를 이 땅에 보내셔서 십자가 위에서 모든 수모를 당하시고 물과 피를 다 쏟게 하셨습니다. 그것은 하나님 자신이 모든 고통을 다 겪으신 것입니다. 따라서 독생자를 이 땅에 보내셨다는 것은 하나님께서 모든 것을 다 주셨다는 것을 의미합니다. 그래서 바울은 로마서 8:32을 통해 "자기 아들을 아끼지 아니하시고 우리 모든 사람을 위하여 내어 주신 이가 어찌 그 아들과 함께 모든 것을 우리에게 은사로 주지 아니하시겠느뇨"라고 복음의 의미를 설명했습니다.

구약성경은 신약성경과 동일하게 성령의 감동으로 기록된 하나님의 말씀입니다. 예수님의 십자가 죽음으로 율법의 멍에는 사라졌지만 하나님의 말씀은 변함이 없습니다. 아브라함의 하나님, 이삭의 하나님, 야곱의 하나님, 그리고 야베스의 하나님은 동일한 하나님이며, 그들에게 복을 내려 주신 그 하나님께서 오늘날의 그리스도인들에게도 예수님을 통해 동일한 복을 약속하셨습니다. 그것은 복이 아니라 오히려 복된 소식, 복음입니다. 이사야 선지자의 말(사 61:1-2)을 인용하시며 예수님은 이 땅에 오신 이유를 이렇게 말씀하셨습니다.

> 주의 성령이 내게 임하셨으니 이는 가난한 자에게 복음을 전하게 하시려고 내게 기름을 부으시고 나를 보내사 포로된 자에게 자유를, 눈먼 자에게 다시 보게 함을 전파하며 눌린 자를 자유케 하고 주의 은혜의 해를 전파하게 하려 하심이라 (눅 4:18-19).

우리는 야베스의 기도를 그대로 따라서 할 필요는 없습니다. 반대로 세상에 속한 것을 구하는 기도를 금지할 필요는 더더욱 없습니다. 중요한 것은 모든 도움과 은혜의 근원되시는 하나님을 놓치지 않는 것입니다. 하나님의 독생자 예수 그리스도만 바라고 소망하는 것입니다. 그러한 믿음이 야베스를 귀중한 자로 높여주셨던 하나님의 은혜가 임하는 통로가 되며, 그러한 믿음을 가진 사람을 하나님께서는 들어 쓰실 것입니다.

4. 하나님을 경외하는 청지기의 삶

1) 하나님 경외와 부모공경

그리스도인에게 있어서 믿음이란 신비한 것입니다. 성경은 믿음이란 "바라는 것들의 실상이요 보이지 않는 것들의 증거"(히 11:1)라고 말합니다. 믿음을 가진 신앙이라면 창조주이자 심판주이신 하나님의 존재를 신뢰하며, 따라서 그러한 믿음은 하나님을 기쁘시게 하는 것입니다(히 11:6). 사도 바울도 아브라함의 예를 통해 믿음이란 100세에 얻은 아들 이삭을 바치라는 명령에도 하나님은 죽은 자를 살리시며 없는 것을 있는 것으로 부르시는 이(롬 4:17) 이심을 믿고 순종하는 것이라는 사실을 일깨워 주었습니다. 이처럼 믿음은 눈에 보이지 않고, 손에 잡히지 않는 것을 바라볼 것을 요구합니다.

오늘날의 그리스도인들은 예수님을 실제로 만나보지 못했습니다. 그럼에도 불구하고 예수님의 십자가 구원 사역과 부활의 승리를 믿으며, 예수께서 이 땅에 다시 오실 날을 기다립니다. 이것이 신앙인과 비 신앙인의 차이입니다. 신앙이 없는 사람은 하나님이 어디 계시느냐고 반문하며, 보이지 않는 하나님은 없다고 말합니다. 하지만 신앙인은 눈에 보이지는 않아도 하나님이 계신다는 사실을 믿습니다.

에덴동산의 아담과 하와 타락 사건 이후, 하나님을 대면하는 것이 일상적이지 않게 되며, 하나님은 눈에 보이지 않는 하나님과 관계 맺고, 하나님을 섬기는 방법을 알려주시기 위해서 가정을 사용하셨습니다. 십계명의 1-4계명은 하나님과의 관계에 대한 계명이고, 5-10계명은 사람과의 관계를 조명하는 계명입니다. 그런데 사람과의 관계를 규정하는 계명의 첫번째 계명, 즉 제5계명의 가르침은 "부모를 공경하라"(출 20:12; 신 5:16)는 것입니다. 이것은 인간의 연약함을 고려하셔서 주신 계명으로서 눈에 보이는 부모를 공경하지 않는데, 눈에 보이지 않는 하나님을 믿을 수 없다는 뜻입니다.

이것은 부모의 신앙과 인격과는 상관없는 원칙입니다. 부모가 신앙적으로, 또는 인격적으로 공경을 받을만해서 공경하는 것이 아닙니다. 마치 에덴동산에 있는 선악과가 하나님을 경외하고 신뢰하는 상징으로서 존재하듯, 부모님은 자신이 이 세상에 존재하도록 한 통로요, 하나님의 사명을 감당케 하는 존재적 기반인 것입니다.

노아의 세 아들 중에서 함은 노아의 저주를 받았습니다(창 9:25). 노아가 포도주를 마시고 취해서 벌거벗은 몸으로 누운 것을 보고 형제들에게 알렸기 때문입니다. 하지만 셈과 야벳은 옷을 가져다가 뒷걸음쳐 들어가서 노아의 하체를 덮었습니다. 그래서 그들은 노아로부터 축복을 받았습니다. 이처럼 노아가 아버지로서 품위를 지키지 못했음에도 불구하고 하나님을 공경하듯 아버지를 공경한 두 사람은 복을 받았고, 그렇지 못했던 함은 저주를 받았습니다.

야곱은 그 이름이 "속이는 자"일만큼 자신을 위해서 수단과 방법을 가리지 않는 삶을 살았습니다. 나중에 야곱은 애굽 왕 바로 앞에서 자신의 인생을 "험악한 세월"(창 47:9)이라고 고백했습니다. 아버지 이삭을 속이고, 형 에서를 속였다가, 자신도 역시 삼촌 라반에게 속임을 당하고 갖은 고생을 했던 그의 삶을 돌아보며 그것이 나그네 길의 세월이요, 험악한 세월이라고 말할 정도로 야곱은 거친 인생을 살았습니다. 야곱은 라헬을 편애했고, 라헬이 낳은 요셉을 편애하다가 형제들 간의 불화를 조장했습니다. 형 에서를 만나러 갈 때에는 레아와 라헬의 여종들, 실바와 빌하와 그 자녀들은 가장 앞에 세우고, 레아와 그 자녀들은 그 다음 줄에, 그리고 라헬과 그 자녀들은 마지막 줄에 세우는 편애가 가족들 모두 앞에 드러났습니다(창 33:1-2).

형과 극적인 화해를 이룬 후에 자신이 하나님께 서원한 벧엘로 돌아가서 단을 쌓아야 하지만 그만 중간에 세겜이란 곳에 주저앉았다가 딸 디나가 세겜의 추장에게 성폭행을 당하는 일이 벌어집니다(창 34:1-35:15).

이렇듯 야곱은 아버지로서 자녀들에게 존경받을 만한 것보다는 그렇지 못한 부분이 더 많았던 허물이 많은 사람이었습니다. 하지만 그가 죽을 때, 야곱의 입술은 축복과 저주를 선포하는 입술로 자녀들에게 임했습니다. 레아를 통해 낳은 첫 네 자녀들의 예를 들면, 야곱은 큰 아들 르우벤에게는 "너는 내 장자요 내 능력이요 내 기력의 시작이라 위풍이 월등하고 권능이 탁월하다"(창 49:3)는 말로 시작해서 "너는 탁월하지 못하리니 네가 아버지의 침상에 올라 더럽혔음이로다 그가 내 침상에 올랐도다"(창 49:4)고 저주했습니다. 르우벤이 라헬의 종이었던 서모 빌하와 동침한 사건(창 35:22) 때문에 그는 장자권을 빼앗기고 오히려 저주를 받았습니다. 둘째와 셋째 아들인 시므온과 레위는 세겜에서 야곱의 허락 없이 디나를 성폭행한 세겜 일가를 학살한 사건 때문에 저주를 받았습니다. 그래서 그들의 칼은 폭력의 도구라고 지적받으며, 야곱 중에서 나누며 이스라엘 중에서 흩으리라는 저주를 받았습니다(창 49:7).

결국 시므온 지파는 유다지파로 흡수되었고(수 19:1-9), 레위 지파는 48개의 성 외에는 땅을 배분받지 못하게 되었습니다. 다만 이스라엘 백성들이 광야생활 중에 바알 신을 섬기며 모압 여인들과 행음했을 때에, 하나님의 마음을 품은 거룩한 분노로 인해 거기에 가담한 사람들을 죽였던 레위 지파는 이 때문에 영원한 제사장 직분의 언약을 받을 수 있었습니다(민 25:1-13).

유다는 넷째 아들이었고, 며느리 다말을 통해서 대를 이을 정도로(창 38:1-30) 내세울 것이 하나도 없는 사람이었지만 형들이 저주를 받은 결과로 야곱에게 큰 축복을 받았습니다. 야곱은 "유다야 너는 네 형제의 찬송이 될지라 네 손이 네 원수의 목을 잡을 것이요 네 아버지의 아들들이 네 앞에 절하리로라"(창 49:8)라고 말하며 복을 빌었습니다. 또한 "규가 유다를 떠나지 아니하며 통치자의 지팡이가 그 발 사이에서 떠나지 아니하기를 실로가 오시기까지 이르리니 그에게 모든 백성이 복종하리로라"(창 49:10)는 축복이 다윗왕 대에 모두 이루어졌습니다.

이처럼 보이는 부모를 공경하는 것을 하나님께서는 기뻐하십니다. 그런 사람은 보이지 않는 하나님께 경배할 수 있기 때문입니다. 그 사람은 사도 바울이 명령한 대로 "무슨 일을 하든지 마음을 다하여 주께 하듯 하고 사람에게 하듯 하지 말라"(골 3:23)는 말씀을 지키는 사람입니다. 하나님을 경배하고 사랑하는 사람은, 모든 것을 주신 하나님께 감사하는 정시기 의식을 바탕으로 하나님의 형상으로 창조된 사람도 섬기고 사랑할 수 있기 때문입니다.

2) 하나님 경외와 자녀양육

부모를 공경하는 것뿐만 아니라 자녀를 양육하는 데에도 하나님과의 관계가 기본이 됩니다. 자녀를 내 자녀라고 생각하는 태도는 하나님을 경외하는 것과는 거리가 먼 모습입니다. 하나님의 자녀를 맡아서 양육한다는 청지기 의식이 가정을 평안하게 하고, 작은 천국이 되게 하는 것입니다. 어둠의 세력이 가장 맹렬히 공격하는 대상은 가정이므로, 부모는 청지기 의식을 가지고 가정을 온전히 지켜 나가는 데에 최선을 다해야 합니다. 하나님께서 가장 먼저 창조하신 공동체요, 하나님을 예배하는 최소의 단위인 가정은, 전혀 관계없는 두 사람의 남녀가 만나 이루는 사랑의 공동체입니다. 가정은 피 한 방울 섞이지 않는 두 사람 사이에서 예수 그리스도의 사랑을 실천하는 최고의 기회를 부여합니다. 그래서 하나님은 "남자가 부모를 떠나 그의 아내와 합하여 둘이 한 몸을 이룰지로다"(창 2:24)고 말씀하셨습니다.

 그 의미는 자녀가 성장하면 부모를 공경해야 하지만 가장 먼저 사랑하고 품으며 그리스도의 사랑을 실천해야 할 대상은 배우자라는 것입니다. 이를 위해서 부모를 떠나 독립해야 합니다. 그렇지만 부모를 공경함으로써 자신이 가정이라는 공동체 안에서 그리스도의 사랑을 실천하는 이유를 놓치지 않아야 하는 것입니다.

 예수님 당시에도 인간의 죄성은 가정을 공격하고 파괴했습니다. 바리새인들이 예수님을 시험하려고 모세 율법에 의하면 사람이 이혼증서를 써 주고 아내를 버릴 수 있다고 말하며 그것이 옳으냐고 질문했습니다. 그 때, 예수님은 율법이 세워진 배경, 즉 율법의 정신은 사람의 허물에도 불구하고 서로를 용납하고 품고, 사랑하는 것임을 분명히 하셨습니다. 예수님은 "사람이 그 부모를 떠나서 그 둘이 한 몸이 될지니라 이러한즉 이제 둘이 아니요 한 몸이니 그러므로 하나님이 짝지어 주신 것을 사람이 나누지 못할지니라"(막 10:7-9)고 교훈을 주셨습니다.

남자와 여자는 한 몸으로 창조되어 서로 사랑하여 가정이라는 울타리를 통해 신앙을 전수하고 이 세상에서 맡겨진 사명을 감당하도록 하는 기반으로 세워졌습니다. 말라기 선지자는 부부간의 관계를 통해 하나님과 유대 백성들의 관계를 비유했습니다. 그는 하나님은 이혼하는 것을 미워하신다고 선포하며, 서약한 아내에게 거짓을 행하는 것을 죄악으로 규정했습니다(말 2:14-16). 이방 여인(세상)을 맞이하기 위해 자기 아내(하나님, 신앙)를 버린 것은 심판을 불러일으키는 큰 죄입니다. 이는 하나님과의 관계를 깨고, 자신의 정욕(요일 2:16)을 좇아 자기 마음대로 살려는 불순종의 표현이기 때문입니다.

또한 부모들은 자녀들을 자신의 것으로 착각해서는 안 되며, 하나님께서 미래의 일꾼으로 맡겨 주신 선물임을 명심하고, 청지기 의식을 갖고 사랑으로 양육하여, 그들을 노엽게 하지 않아야 합니다(골 3:21). 바울은 에베소 교회의 교인들에게도 "아비들아 너희 자녀를 노엽게 하지 말고 오직 주의 교훈과 훈계로 양육하라"(엡 6:4)고 말했습니다. 에베소 교회는 요한계시록에서 첫 사랑을 버렸다고 비판 받으며, 어디서 떨어진 것을 생각하고 회개하여 처음 행위를 가지라고 비판받은 교회입니다(계 2:1-7). 돌이키지 않고, 회개하지 않으면 촛대를 옮기리라는 경고를 받은 바로 그 교회입니다.

왜 첫 사랑을 잃어 버렸을까요?

기준이 흐려졌기 때문입니다. 하나님께서 사명을 주시고 이 땅에 보내신 자녀를 내 소유물인양, 착각했기 때문입니다. 다시 말하면 자녀를 향해 청지기 의식을 잃어버렸기 때문입니다. 예수님께서 한 어린아이를 불러 세우시고, 이 작은 사람들 가운데서 한 사람이라도 업신여기지 않도록 조심하라고 말씀하시며, 그들의 천사들이 하늘에 계신 하나님 아버지의 얼굴을 늘 뵙는다고 덧붙이셨습니다(마 18:10). 그러므로 어른의 눈으로 성급하게 아이들을 판단해서, 자녀들을 노엽게 하고, 그들을 말할 수 없는 사랑의 눈으로 바라보시는 하나님을 노엽게 하지 말아야 하는 것입니다. 그러면 자녀들 또한 하나님 나라의 일꾼으로, 부모의 삶을 통해 모범을 배운 청지기 의식을 가진 리더로 성장하게 될 것입니다.

7장

상황이론과 영적 전쟁

　하나님은 성경인물의 발달 수준에 따라 당신의 뜻이 이루어지는 시기를 조정하신 상황적 접근법과 상황이론의 대가입니다. 또한 당신의 백성들을 적절히 동기유발시키셔서 하나님의 뜻을 이루게 하시는 경로-목표 이론의 조성자요, 실행자이십니다. 일례로 아브라함의 뒤를 이어 이스라엘 믿음의 조상 반열을 잇는 이삭은 40세까지 결혼을 못했습니다. 그가 만나 결혼한 리브가의 나이는 10대 소녀에 불과했습니다. 창세기 24:16에서 리브가를 지칭하는 단어는 "베투라"(בתולה)이며, 24:43에서는 "알마"(עלמה)가 사용되었습니다.

　베투라는 결혼을 하지 않은, 즉 남성과 성 관계를 하지 않은 처녀를 지칭하고, 알마는 단순히 젊은 여성을 가리키는 말입니다. 또한 유대인의 전통은 성인식을 남성의 경우 만 13세에, 그리고 여성은 만 12세에 행하기 때문에,[1] 이삭을 만났을 때의 리브가의 나이는 10대 소녀로 추정하는 것에 무리가 없습니다. 그러므로 만약 이삭이 30세에 결혼하고자 했다면, 그는 너무 어린 리브가를 만나지 못했을 것입니다. 하나님은 이삭이 이방여인이 아니라 하나님 나라의 예비된 여인 리브가를 만나게 하기 위하여 그를 기다리게 하셨던 것입니다.

"주의 약속은 어떤 이들이 더디다고 생각하는 것 같이 더딘 것이 아니라 오직 주께서는 너희를 대하여 오래 참으사 아무도 멸망하지 아니하고 다 회개에 이르기를 원하시느니라"(벧후 3:9)는 베드로의 가르침은 죄인들뿐만 아니라, 그 죄인들을 구속하기 위한 일을 이루는 데에도 동일하게 적용되는 말씀인 것입니다.

이 세상의 모든 일들은, 사람이 보기에는 답답하고 이해가 되지 않을 수 있지만, 하나님의 섭리를 이루는 하나님의 시계는 한 치의 오차가 없이 진행되고 있습니다. 영적인 지도자는 상황을 고려하고, 이끄는 사역에 이러한 하나님의 시각을 반영해야 합니다. 따라서 영적 리더십은 상황 너머에서 상황 전체를 주관하시는 하나님의 능력에 대한 전적인 신뢰 안에서 발휘됩니다. 영적 지도력의 본질은 결국 하나님을 향한 믿음인 것입니다.

---

[1] 유대 성인식은 남성의 경우는 "바 미츠바"(Bar Mitzvah), 여성의 경우에는 "뱃 미츠바"(Bat Mizvah)라고 부르는데, 이제 율법(미츠바)의 아들(바)과 딸(바트)이 되었으므로 책임있는 삶을 살아야 한다는 의미이다.

1. 영적 전쟁과 하나님의 도우심

스코틀랜드 출신의 선교사 존 패턴(John Paton, 1824-1907)은 런던에 있는 성경학교에 다니던 중에 오늘날의 바누아투 공화국(Republic of Vanuatu)에 해당하는, 식인종이 거주하는 남태평양의 뉴헤브리디스(New Hebrides) 군도에 가서 복음을 전하라는 하나님의 부르심을 받았습니다. 위험을 무릅쓰고 선교지에 도착한 패턴 부부는 해안에 작은 오두막집을 지었고, 아내 메리는 도착 3개월만인 1859년 2월 12일에 아들 피터를 낳았지만 출산 후 19일 만에 소천했습니다. 아들 피터 역시 생후 36일 만에 열병으로 죽고 말았습니다. 하지만 패턴 선교사는 계속 선교 사역을 유지했고, 1864년에 스코틀랜드에 돌아와서 재혼한 후, 1866년 다시 뉴헤브리데스로 복귀해서 선교 사역을 계속했습니다.

오랜 사역 끝에 1899년 그는 복음을 성공적으로 전파한 것은 물론, 뉴헤브리데스의 30개 섬 가운데 25개 섬의 언어로 신약성경을 번역하는 열매를 맺었습니다. 나중에 그가 머물던 섬의 부족 추장이 그리스도를 영접한 후에 패턴을 찾아와서 매일 밤 그의 오두막집을 둘러싸고 있는 군대가 누구냐고 물었습니다(Paton, 2001). 물론 패턴 선교사도 그 군대를 보지 못했습니다. 눈에 보이지는 않았지만 하나님의 천사들이 그를 보호해주었던 것입니다. 식인종들을 향한 복음전파라는 영적 전쟁을 치르는 그에게 하나님께서 친히 도와주셨던 것입니다.

이와 비슷한 일이 성경에도 기록되어 있습니다(왕하 6:8-17). 아람 군대가 이스라엘을 공격할 때마다 하나님께서 엘리사에게 그 공격 경로를 알려주셔서 이스라엘이 방어에 성공했습니다. 이러한 일이 반복되자 아람 왕은 마음이 불안해져서 신복들을 불러 자신의 군대에 이스라엘과 내통하는 사람이 있는 것이 아니냐고 물었습니다. 그 때 신복중의 한 사람이 이스라엘에는 하나님의 선지자 엘리사가 있어서 그가 아람 왕이 내린 명령을 이스라엘 왕에게 전달해서 자꾸 공격이 실패하는 것이라고 대답했습니다. 그 말을 들은 아람 왕은 수많은 병거와 군사를 보내서 엘리사가 있는 도단 성읍을 에워쌌습니다. 엘리사의 사환이 아침 일찍 일어나서 수많은 군사와 말, 병거를 보고 낙심해서 엘리사에게 "우리가 어찌하리이까"(왕하 6:15)고 한탄하자, 엘리사는 "두려워하지 말라 우리와 함께 한 자가 그들과 함께 한 자보다 많으니라"(왕하 6:16)고 말했습니다. 그리고 사환의 영의 눈을 열어달라고 하나님께 기도하자 그 사환 청년은 불말과 불병거가 산에 가득해서 엘리사를 둘러싼 것을 보게 되었습니다(왕하 6:17). 사람의 눈에 보이지 않는 하나님의 군대가 친히 엘리사를 지키고 있었던 것입니다.

　이러한 기적의 체험은 영적전쟁을 온전히 수행하는 하나님의 일꾼에게는 언제나 있을 수 있는 일입니다. 눈에 밝히 보이지 않는 일이라 하더라도 하나님의 섭리와 주권을 신뢰하며 맡겨진 사명을 감당할 때에 하나님의 도우시는 손길이 함께 하는 것입니다. 그러므로 하나님의 나라를 품고 사명을 수행하는 이는 하나님을 시험하지 않습니다. 그저 하나님의 뜻을 신뢰하고 하나님께서 주신 비전을 이루어가기 위한 수고를 묵묵히 담당하는 것입니다.

　반면에 눈에 보이는 기적을 구하는 것은 하나님을 전적으로 의지하지 않고 있다는 증거입니다. 리더로 세워질 만큼 신앙의 경륜

이 쌓인 사람이나 영적 지도자가 표적을 구하는 것은 하나님을 온전히 신뢰하지 않는 것이며, 그 때문에 하나님을 시험하고 있는 것입니다. 일례로 "믿는 자들에게는 이런 표적이 따르리니 곧 그들이 내 이름으로 귀신을 쫓아내며 새 방언을 말하며 뱀을 집어올리며 무슨 독을 마실지라도 해를 받지 아니하며 병든 사람에게 손을 얹은즉 나으리라"(막 16:17-18)는 말씀은 오늘도 변함없이 이루어지는 말씀입니다.[2]

하지만 이 본문을 문자적으로 해석해서 뱀을 집어올리는 일을 하는 것은 하나님을 시험하는 행위이기 때문에 말씀이 역사하지 않습니다. 실제로 미국에서 오순절 성결주의 교단의 목사 찰스 프린스(Charles Prince)는 마가복음 16:18을 문자적으로 믿고 방울뱀을 집었다가 물렸고, 36시간 고통을 겪은 끝에 죽음을 당했습니다 (Burton, 1993, 108). 최근에도 독사를 집었다가 물려서 사망한 일들이 계속해서 벌어지고 있습니다.[3]

---

[2] 성경의 원전을 재구성하기 위한 본문비평에 의하면 마가복음 16장 9-20절이 권위있는 사본들에는 포함되지 않기 때문에 그 권위가 폄하되는 경향이 있다. 하지만 신약성경의 정경이 393년 히포 레기우스 회의에서 확정되고, 397년 카르타고 공의회에서 재결되는 과정에서 무리가 없이 정경으로 포함되었으므로 하나님의 말씀으로서 신뢰할 수 있다는 데에는 의심의 여지가 없다. 다만 성경의 어떤 부분에 있는 말씀이라도 개인이 자신의 이익을 위해 자의적으로 해석한다면 그 권위는 성립되지 않는 것이다. 자세한 사항은 최성훈, 『성경가이드: 개인성경공부에서 소그룹인도까지』(서울: 기독교문서선교회, 2016) 참조.

[3] 2012년 5월에 미국 오순절교회의 맥 울포드(Mack R. Wolford) 목사는 독사에 물리는 것은 자신의 신앙을 시험하기 위한 행위라고 말하고 주일 독사에 물리는 의식을 행했다가 한 시간만에 사망했고, 2014년 6월, 미국 오순절교회의 앤드류 햄블린(Andrew Hamblin) 목사는 자신의 멘토이자 TV 복음전도자인 제이미 쿠츠(Jamie Coots)가 독사에 물려 죽자 교회로부터 축출당했다. 자세한 사항은 http://www.dailymail.co.uk/news/article-2152184/Serpent-handling-pastor-Mack-Wolford-dies--hours-hes-bitten-RATTLESNAKE.html과 http://

왜 이런 일이 계속될까요?

하나님의 이름을 빌어 자신을 드러내려는 사역자가 계속해서 등장하기 때문입니다. 이런 일을 하는 사역자는 하나님을 신뢰하는 것처럼 말하지만 사실은 기적을 통해 자신을 드러내고자 하는 것입니다.

영적 리더는 자신을 바라보고, 자신의 능력을 의지하지 않습니다. 또한 눈에 보이는 세상과 환경, 상황을 바라보지도 않습니다. 진정한 영적 지도자는 오직 하나님 한 분만을 바라보고, 말씀을 통해 주신 하나님의 뜻을 이루기 위해 모든 노력을 다하는 사람입니다. 그러면 자신도 모르는 사이에 하나님의 돕는 손길이 그(그녀)로 하여금 영적전쟁을 수행하고, 또한 승리하게 하시는 것입니다. 이사야 선지자를 통해 주신 "두려워하지 말라 내가 너와 함께 함이니라 놀라지 말라 나는 네 하나님이 됨이라 내가 너를 굳세게 하리라 참으로 너를 도와주리라 참으로 나의 의로운 오른손으로 너를 붙들리라"(사 41:10)는 말씀은 하나님을 신실하게 바라보며 영적 전쟁의 선봉에 있는 리더에게는, 오늘도 살아서 역사하는 "나의 말씀"이 되는 것입니다.

---

www.dailymail.co.uk/news/article-2665177/Snake-handling-pastor-kicked-church-buildings-owner.html를 참조하라.

2. 바울의 영적 전쟁

1) 바울의 복된 만남과 보냄

바울을 특징짓는 몇 가지가 있습니다.

그는 "예수 그리스도의 종"이었습니다. 바울은 원래 열심이 있는 사람이었습니다. 처음에는 그 열심의 목적이 잘못되었습니다. 하나님의 뜻을 제대로 알지 못했기 때문입니다. 하지만 예수님을 만난 후의 바울은 열심의 목적을 깨닫게 되었고, 예수 그리스도께 자신의 모든 삶을 온전히 맡길 수 있게 되었습니다. 이러한 모습은 "사도로 부르심을 받은 자"라는 그의 두번째 특징을 통해 잘 드러납니다. "사도"(apostle)란 "보냄을 받은 자"란 뜻입니다. 바울은 다른 열두 제자가 사도가 된 것과 같은 방식으로 사도가 되었습니다. 예수님께서 제자들을 사도로 삼으신 방법은 단순합니다. 예수님은 베드로와 안드레에게 그저 "나를 따르라"(마 4:18-20)고 말씀하셨습니다. 야고보와 요한도 그저 부르셨습니다(마 4:21-22). 그리고 수년 후에 바울을 부르셨습니다.

바울은 다메섹에 있는 그리스도인들을 잡아 옥에 가두도록 보냄을 받은 사람이었습니다(행 22:5). 그런 의미에서 바울은 이전에도 "보냄을 받은 자"였습니다. 바울이 다메섹 도상에서 예수님을 만나 회심하기 전에는, 그는 율법의 문자적 의미를 따르며, 교회를 핍박하는 나쁜 소식을 전하는 자였습니다. 하지만 예수님을 만난 바울은 이제 예수 그리스도에 의해 보냄을 받게 되었고, 성령의 인도하심을 따르며, 교회를 세우는 복된 소식을 전하는 자로 변화되었습니다. 이것이 복음의 증거요, 참 평안의 증거입니다.

로마가 이룬 평화는 수많은 노예들의 눈물과 한숨 위에 이룩한 평화입니다. 하지만 하나님 나라의 평화, 곧 그리스도인이 말하는 평안은 복음의 진수를 통해 드러나는 평화입니다. 그것은 가난한 자에게 복음을 전하는 것이고, 포로된 자에게 자유케 하고, 눈먼 자가 다시 보게 하며, 눌린 자가 자유함을 얻게 함으로써 주의 은혜의 해를 선포하는 것입니다(눅 4:18-19).

이것이 바로 복음의 의미입니다. 이 일을 위해 바울이 보내심을 받았고, 오늘날 교회를 이루며 여러 가지 형태로 리더십을 발휘하는 한 사람, 한 사람이 그 일을 위해 보냄을 받은 것입니다.

스데반을 잡아 죽이고, 예루살렘 교회를 박해하고, 수많은 그리스도인들을 잡으러 가다가 다메섹 도상에서 예수님을 만난 바울에게, 예수님은 "사울아, 사울아, 네가 어찌하여 나를 핍박하느냐"(행 9:4)고 꾸짖으셨습니다. 사울이 박해했던 이들은 예수님이 아니라 초대교회의 교인들인데, 예수님은 바울이 예수님 자신을 박해했다고 말씀하셨습니다. 예수님을 주님으로 받아들이는 순간, 나는 더 이상 나 혼자가 아닙니다. 주님이 내 안에 계십니다. 내가 어려움과 고통을 당하며 탄식할 때, 함께 계시며, 나를 위로하십니다. 내가 어디에 있던지, 아무리 험한 곳이라도 따라오실 주님입니다.

복음이란 이런 것입니다. 예수님을 믿는다고 하면서도 두려워하는 자는 아직 복음을 제대로 이해하지 못하는 것입니다. 죄만을 강조하고, 천국과 지옥만을 강조해서, 지옥 가지 않으려면 제대로 믿으라고 강요하는 것은 치우친 신앙입니다. 그것은 아직도 예수 그리스도의 깊은 사랑을 알지 못하는 한계를 드러내는 모습입니다. "사랑 안에 두려움이 없고 온전한 사랑이 두려움을 내쫓나니 두려움에는 형벌이 있음이라 두려워하는 자는 사랑 안에서 온전히 이루지 못하였느니라"(요일 4:18)는 말씀처럼, 사랑 안에는 두려움이 없습니다. 우리는 아버지, 어머니를 두려워하는 것이 아니라 사랑합니다. 그런 관계가 온전한 관계입니다. 두려워한다면 친아버지, 친 어머니가 아닌 것입니다. 바울은 예수님을 만나고, 그분의 두려움 없는 사랑, 즉 복음 안에 거하게 되었습니다. 그 복된 만남이 바울로 하여금 예수 그리스도의 복음을 전하도록 보냄을 받은 영적 리더가 되게 하는 원동력이 되었습니다. 이러한 모습은 모든 그리스도인에게 동일하게 적용됩니다. 믿음 안에서 복음의 능력을 의지하는 모든 이가 영적인 리더가 되는 것입니다.

2) 바울이 전한 복음

바울의 복음은 하나님의 아들에 관한 복음이었습니다. 그분은 육신의 어머니, 마리아를 통해 나심으로 온전한 인간이 되셨습니다. 다윗의 후손인 아버지에게 양육되심으로 이스라엘 왕족의 자격을 갖추셨습니다. 성결의 영으로 잉태되셨기 때문에 온전한 하나님이시며, 죄가 없으셨습니다(마 1:20; 롬 1:4). 그 예수님이 우리의 흉악의 결박의 문제, 죄악의 포로된 문제, 영적으로 눌리고, 한 치 앞을 보지 못하는 어리석은 인생의 문제를 해결해 주신 것입니다.

이것이 복음의 의미이며, 따라서 복음에 대한 믿음은 순종으로 드러나야 합니다. 순종은 권위 아래에 있다는 것을 전제하므로,

그리스도인에게 있어서 순종이란 하나님 뜻을 따르는 것을 말합니다. 이 순종의 시작은 하나님을 올바로 아는 것입니다. 또한 순종은 하나님께서 예수님을 통해 허락하신 복음을 제대로 아는 데서 시작합니다.

하나님의 뜻을 알고, 그 안에서 내 인생의 의미를 깨달으면, 이제는 더 이상 내가 내 삶의 주인이 아니요, 내 인생의 목표를 하나님의 뜻과 맞출 수 있습니다. 하나님께서 기뻐하시고 원하시는 것을 위해 살 수 있게 되는 것입니다. 그러면 영원히 가치있는 삶의 목표를 가지게 되고, 그 목표를 이루는 길을 인도하시고 보호하시는 주님과 동행하게 되는 것입니다. 그러므로 순종하는 사람은 "유혹의 욕심을 따라 썩어져 가는 구습을 따르는 옛 사람을 벗어 버리고 오직 심령이 새롭게 되어 하나님을 따라 의와 진리의 거룩함으로 지으심을 받은 새 사람"(엡 4:22-24)이 된 것입니다.

복음에 순종하는 사람의 삶의 모습은 다음과 같습니다. 그것은 "음행과 온갖 더러운 것과 탐욕은 그 이름조차도 부르지 않는 것"이고, "누추함과 어리석은 말이나 희롱하는 말"을 버리는 것입니다(엡 5:3-4). 음행과 더러운 것과 탐욕, 어리석은 말, 희롱하는 말을 하면 구원을 얻지 못하고 지옥에 간다는 말이 아닙니다. 예수님을 구주로 믿고 받아들이는 모든 이는 값없이 구원을 얻습니다. 이것이 하나님의 은혜입니다. 하지만 이러한 것들은 우리가 올바로 하나님께 순종하는 데에 방해가 됩니다. 하나님 안에 약속된 귀한 일들을 이루는 데 아무런 도움이 되질 않습니다. 성령을 좇는 것과 육체를 좇는 것은 동시에 이루어 질 수 없는 일입니다.

예를 들어 진학 준비를 하거나, 또는 취업 관련해서 시험을 준비하는데, 카드놀이를 하거나 게임하며 허비한 시간은 다시 돌아오지 않습니다. 거기에서 사용한 시간만큼 진학준비, 취업준비 시간에서 빠지는 것입니다. 우리의 인생이 80년이면, 우리가 청산하지 못한 죄로 허비한 시간은 하나님 나라의 온전한 의를 이루고, 내 인생을 통해서 그분께서 계획하신 일들을 이루는데 사용되지 못합니다. 영적으로 깨어 있지 않으면 삶 가운데 주어진 시간은 자신도 모르게 허비되어 버리는 것입니다.

구원은 한 번 얻어진 다음에는 취소되지 않습니다. 그것은 하나님께서 우리에게 허락하신 것이고, 하나님의 능력과 성실함을 통해서 지켜지는 것입니다. 그것을 원수가 빼앗아 갈 수 없습니다. 하지만 우리에게 허락된 하나님의 계획들을, 우리가 얼마나 더 풍성하게 이루느냐, 어떠한 영향력을 발휘하느냐 하는 것은 각자의 싸움입니다. 원수 마귀는 이것을 방해하는 것입니다. 우리는 전에는 어둠이더니 이제는 주안에서 빛이 되었습니다(엡 5:8). 그러므로 우리는 빛의 자녀들처럼 행해야 합니다. 이것은 도덕과 윤리의 문제가 아닙니다. 우리가 예수 그리스도의 것으로 부르심을 받았기(롬 1:6) 때문입니다.

우리의 삶을 통해 나타낼 하나님의 계획과 그분께 마땅히 돌려드려야 할 영광을 위해 우리는 부르심을 받았습니다. 그런데 복음을 어떤 윤리적인 교훈으로 각색하면 기독교는 인간이 만들어낸 종교로 전락합니다. 인간이 주체가 되어 선택하는 것을 강조합니다. 하지만 이것이 복음의 핵심이 아니라, 예수님이 인류를 구원하기 위해 이 땅에 오신 것이 핵심입니다. 우리가 예수님을 믿은 것이 아니라 예수님께서 우리를 구원하신 것이 복음의 핵심입니다. 내가 구원을 얻기 위해 무엇을 하는 것이 중요한 것이 아닙니다. 그분께서 이미 우리를 구원하시기로 작정하셨기 때문입니다.

이사야 53:5은 "그가 찔림은 우리의 허물 때문이요 그가 상함은 우리의 죄악 때문이라 그가 징계를 받음으로 우리는 평화를 누리고 그가 채찍에 맞으므로 우리는 나음을 받았도다"라고 말합니다. 나의 선택이나 깨우침도 아니요, 내 행위도 아니요, 예수 그리스도께서 십자가 위에서 나의 죄를 대신하여 찔림으로 인해, 내가 구원을 받은 것입니다. 우리가 그분을 선택하기 이전에 이미 주님께서 인류를 선택해 주신 것입니다. 그러므로 복음의 본질은 우리의 눈을 하나님께로 돌리는 것입니다.

사람들은 자신이 실패하면 하나님도 실패하시는 것으로 착각합니다. 자신의 모습이 초라하고 연약하면, 하나님도 연약하신 것으로 오해합니다. 내가 하나님께 불성실하면, 하나님도 자신과의 관계를 끊으시리라는 어리석은 생각을 하고, 혼자서 울고불고, 때로는 삐치고, 때로는 도와 달라고 안달하다가 소중한 시간들을 다 흘려보내는 것입니다. 하나님은 내가 힘쓰고 애쓰는 것으로 구원을 좌지우지하시는 분이 아닙니다. 힘쓰고 애씀이 없을지라도, 내 모습이 너무나 한심하고 부족할지라도, 내 모습 이대로 주님 앞에 "천부여 의지 없어서"(찬송가 280장)하고 손 들고 나오면 받아주시는 분입니다. 그분은 우리의 죄악된 모습을 꾸짖지 아니하시고, 불쌍히 여겨주시는 분입니다. 인생의 문제에서 우리는 실패해 왔고, 또 여전히 실패하고 있습니다. 하지만 우리가 그리스도 예수 안에서 영원한 영광의 자리에 들어가는 것은 무엇으로도 방해받지 않고,

따라서 우리는 구원의 역사에 있어서는 절대 실패하지 않습니다.

영적 리더도 병이 들 수도 있습니다. 공동체가 함께 계획한 일이 제대로 이루어지지 않을 수도 있습니다. 하지만 주님을 믿고 복음의 은혜 안에 거하는 한, 하나님의 사랑과 인도하심, 그리고 그분의 함께 하심 속에서 마침내 도달하고 지금도 누리는 하나님의 자녀된 모든 특권은 어느 누구도 빼앗아 갈 수 없습니다. 그러므로 세상의 일로 인해 흔들릴 필요가 없습니다. 하나님께서 독생자를 갈보리 십자가에 못 박으셨는데, 무엇인들 아끼시겠습니까?

그것이 그리스도인의 믿음의 근거입니다. 영적 리더가 전사로서 악한 세력을 이기는 비결도 역시 하나님을 향한 믿음이요, 복음에 대한 확신인 것입니다

3) 영적 전쟁

모든 그리스도인이 인생을 살면서 맞부딪치는 싸움에는 두 종류가 있습니다. 하나는 육적인 싸움이요, 다른 하나는 영적인 싸움입니다. 재미있는 사실은 이 두 가지 싸움이 서로 영향을 미친다는 것입니다. 영적인 싸움에 승리하면 웬만한 육적인 싸움은 할 필요가 없습니다. 시시한 시험, 육적인 갈등에는 끄떡하지 않습니다. 반대로 육적인 싸움에 매어 있으면 영적인 싸움은 해 보기도 전해 실패합니다. 하지만 영적 전쟁은 예수님을 통해 이미 승리가 확정된 싸움입니다. 예수님께서 이미 이겨 놓은 싸움을 내 승리로 받아들이면 믿고 인정하면 내 승리가 되는 것입니다. 예수님의 이름으로 나아가기만 하면 이기는 것입니다. 그렇다고 해서 이 세상에서

지옥처럼 살다가 죽어서 천국가는 것이 아닙니다. 이 땅을 천국으로 화하도록 만들어 가는 싸움, 혼자만 천국가는 것이 아니라 하나님께서 독생자의 피를 흘려서 얻은 영혼들을 위해 나도 거룩하신 하나님을 닮는 성화의 과정을 통해 영혼들을 하나님께로 인도하는 영향력을 위한 싸움인 것입니다.

바울은 에베소서 6:10-20을 통해 영적 리더가 취해야 할 전신갑주에 대해서 설명했습니다. 그는 먼저 싸움에서 승리하기 위해 갖추어야 하는 기본적인 자세를 말하고(엡 6:10), 다음에는 하나님의 전신갑주를 입을 것을 권면했습니다(엡 6:11). 그 전신갑주는 우리가 준비해야 하는 것이 아니라, 이미 하나님께서 우리를 위해 준비해 주신 것입니다. 그래서 바울은 하나님께서 주신 "하나님의 전신갑주를 취하라"(엡 6:13)고 말했습니다.

바울은 싸움의 대상을 소개하며 우리의 "씨름"이라는 용어를 사용했습니다. 씨름이란 헬라어로 "팔레"(πάλη)로서 "싸움"이나 "전투"를 말합니다. 이 싸움은 혈과 육, 즉 인간의 연약한 본성과의 싸움이 아닙니다. 그리스도인의 싸움은 악한 영들을 대적하는 영적전쟁입니다. 구체적으로는 "통치자들과 권세들과 이 어둠의 세상 주관자들과 하늘에 있는 악한 영들"(엡 6:12)을 상대하는 싸움입니다. 그들의 수장은 사단이라고도 하고, 마귀라고도 하는 타락한 천사, 루시퍼입니다. 그리고 그를 따르는 함께 배반한 천사들이 악한 영들, 곧 귀신들입니다. 그들은 통치의 권세, 세상을 주관하는 권세가 있습니다. 즉 이 땅에서 능력을 가지고 있습니다. 더구나 그들은 간계를 사용하는 교활한 존재들입니다.

신앙생활을 하면서 주의해야 할 두 가지 사항이 있는데, 그것은 각각 하나님과 사단에 관한 것입니다. 어떤 사람들은 모든 일을 하나님 뜻이라고 말하면서 하나님의 이름을 파는 경우가 있습니다. 자신이 하는 일은 하나님의 음성을 듣고 하는 일이라고 말합니다. 하나님이 시키셔서 하는 일이라고 주장하는 것입니다. 하지만 그 일이 정말로 하나님으로부터 왔는지를 잘 분별해야 합니다. 어제나 오늘이나 동일하게 역사하시는 하나님의 말씀을 통해서 깨달음이 임했을 때에는 말씀 가운데 감동을 받았다고 말하는 것이 더 옳을 것입니다. 오늘날 성경 이외의 신비한 표적에 너무 매어달리는 것은 위험합니다. 하나님의 기사와 표적은 오늘도 임합니다. 하지만 우리는 그 능력이 어디에서부터 온 것인지, 또한 무엇을 위해 주어진 것인지를 말씀을 통해 조명해 보아야 합니다. 말씀과 부합되지 않는 신비한 영적현상은 하나님을 높이지 않고, 그 일을 행하는 사람을 높임으로써 하나님께 돌려드려야 할 영광을 가로채기 때문입니다.

그러므로 우리의 신앙생활은 철저하게 말씀 중심이어야 합니다. 말씀의 중심이 굳건하면 어떠한 영적현상도 하나님의 시각으로 해석할 수 있고, 분별할 수가 있습니다. 성령께서 말씀을 통해 역사하시기 때문입니다. 예수님께서 말씀하신 성령 훼방죄도 진리의 말씀, 복음의 말씀을 깨닫게 하시는 성령의 역사를 비하시키고 부정하는 교만한 바리새인들을 향한 것이었습니다. 하나님의 성령은 말씀을 통해 임하시고 역사하십니다. 그러므로 그리스도인에게 있어서는, 특히 리더십을 발휘하기 위해 부르심을 받은 이에게는 어떤 기준들보다도 하나님의 말씀이 최우선이 되어야 합니다.

그런가 하면 다른 어떤 사람들은 모든 것이 사단으로부터, 그리고 귀신들로부터 온 것이라고 말합니다. 일이 잘 되면 귀신이 시험하는 것이라고 하고, 안되면 귀신이 막아서 그런 것이라고 말을 합니다. 병이 들어도 귀신 때문이고, 사고가 나도 귀신 때문이고, 인간관계가 무너져도 귀신 때문입니다. 그렇게 사람의 책임을 회피하고, 하나님보다 귀신을 더 높이는 불경을 범합니다.

하지만 그렇지가 않습니다. 모든 일을 주관하시는 이는 하나님 한 분입니다. 마귀와 그 졸개들인 귀신들, 즉 악한 영들은 하나님의 주권 아래에서만 움직일 수 있습니다. 사단은 전지전능하지 못합니다. 무소부재하지 못합니다. 전지전능하시고 무소부재하신 분은 오직 한 분 하나님뿐입니다. 우리는 하나님께서 허락하시는 범위에서만 움직이는 사단과 악한 영들을 대적하면서 우리의 자유의지로 하나님을 믿습니다. 뿐만 아니라 하나님께서 독생자 예수 그리스도를 통해서 이미 최후의 승리를 약속해 주셨습니다. 그리고 우리 한 사람, 한 사람이 각자의 싸움을 감당할 능력도 주셨습니다. 그러므로 예수 그리스도의 이름을 붙들고 있는 한, 영적 전쟁은 반드시 승리할 수밖에 없습니다.

4) 영적 리더가 갖추어야 할 전신갑주

바울은 이 싸움을 감당하기 위해서 구체적인 두 가지 권고의 말을 들려줍니다. 하나는 일반적인 권면이고, 다른 하나는 구체적인 권면입니다.

첫째, 이 싸움을 감당하기 위하여 우리는 "주 안에서" 힘을 얻고, "그 힘의 능력"으로 강건해져야 합니다(엡 6:10). 이 말은 내 안에서 싸움이 시작되어야 함을 가르쳐 줍니다. 자기 자신과의 싸움에서 승리해야 마귀와의 싸움에서 승리할 수 있습니다. 내 안에 있는 불평과 불만, 나태와 게으름, 정욕과 자기자랑, 교만과 싸워 이겨야 합니다. 이것은 결국 죄와의 싸움입니다. 그래서 바울은 디모데에게 "선한 싸움을 싸우며 믿음과 착한 양심을 가지라"(딤전 1:18-19)고 권면했던 것입니다. 죄는 사단에게 빌미를 줍니다. 사단은 죄를 통해 틈을 타고 마음을 지배하러 들어옵니다. 그러므로 우리는 그리스도와 연합하여 그리스도의 능력으로 싸워야 합니다.

일반적인 경우에 사람이 병에 걸리는 이유는 무엇입니까? 세균, 즉 나쁜 병균에 감염되기 때문입니다. 그런데 육체적으로 건강하면 대개 병을 이깁니다. 병을 이겨서 면역력을 갖추어 더욱 건강해집니다. 하지만 몸이 피곤하고 육체적으로 약해지면 단순한 감기에도 심한 몸살을 앓는 것입니다. 그래서 평소에 신선하고 좋은 음식, 즉 건강한 음식을 섭취해야 하고, 건강한 생활습관을 가지고 운동을 하며 몸을 관리해야 하는 것입니다. 이러한 원리는 영적으로도 그대로 적용됩니다. 우리가 영적으로 깨어있으면 사단이 아무리 날뛰어도 우리는 승리합니다. 그래서 바울은 "그의 힘의 위력으로 역사하심을 따라 믿는 우리에게 베푸신 능력이 지극히 크심이 어떠한 것을 너희로 알게 하시기를 구하노라"(엡 1:19)라고 말했습니다.

신앙생활을 하다가 상처를 받고 낙심하고 실족하는 이유도 마찬가지입니다. 상처받는 이유는 영적인 무장이 제대로 되어있지 않기 때문입니다. 영적으로 무장하고 깨어 있지 않으면 넘어지는 것입니다. 이 싸움은 세상적인 능력과 힘으로 감당할 수 없는 싸움입니다.

그러므로 예수 그리스도의 이름의 능력과 권세, 성령의 능력으로 싸워야 합니다. 이 싸움은 영혼을 두고 벌어지는 쟁탈전이기 때문입니다. 사단은 예수께서 십자가에 달리심으로 하나님과 사람 사이의 화해를 이루시고, 사람들이 하나가 되게 하셔서 구원이 임하는 것을 견디지 못합니다. 그래서 우는 사자와 같이 두루 다니며 삼킬 자를 찾아 영원한 죽음으로 데려가려고 몸부림치는 것입니다(벧전 5:8). 이를 파하는 강력한 힘은 성령의 능력입니다. 그러므로 성령으로 충만한 베드로가 설교했을 때, 어둠의 세력의 공격을 이겨내고, 3천 명이 돌아오고(행 2:41), 5천 명이 구원받는(행 4:4) 역사가 나타났던 것입니다.

둘째, 좀 더 구체적인 권면은 우리가 하나님의 전신갑주를 취해서 입어야 한다는 것입니다(엡 6:13-18). 먼저 "진리로 허리띠"를 띠어야 합니다. 진리는 곧 예수님입니다. 예수님께서 "내가 곧 길이요, 진리요, 생명"(요 14:6)이라며, 당신이 진리라고 말씀하셨습니다. 진리로, 즉 예수님으로 허리띠를 매어야 한다는 말은 예수 그리스도로 우리 삶의 중심을 잡아야 한다는 뜻입니다. 예수님의 말씀으로 마음의 중심을 채워야 한다는 것입니다. 바울은 진리의 허리띠를 말할 때, 로마 군인의 속옷으로서 소매가 짧고 무릎까지 내려오는 튜닉을 여미어서 행군 때에 방해를 받지 않도록 해 주는 허리띠를 지칭했습니다. 허리띠를 맨다는 것은 행동할 채비를 갖추는 것입니다. 그래서 바울은 악한 날에 능히 대적하고 서기 위해서 전신갑주를 취하라고 말했습니다(엡 6:13).

여호수아가 가나안의 첫 성이요, 거대한 성인 여리고를 치기 전에 하나님의 군대장관을 만났습니다. 여호와의 군대장관은 칼을 빼어 손에 들고 마주 서 있었습니다(수 5:13-15). 칼을 뽑아든 것은 전쟁이 시작되었다는 뜻입니다. 일어서 있는 것도 전쟁의 시작을 알립니다. 그러므로 "선다"(엡 6:14)라는 말은 영적 전쟁에 있어서의 결단을 의미합니다. 진리로 허리띠를 매는 것은 마귀의 간계를 물리치고 자유함을 주는 진리 가운데에 서는 것을 말합니다. 거짓을 쫓아내고 하나님의 말씀을 붙드는 것이 영적 싸움의 시작인 것입니다.

"의의 호심경"에서 호심경이란 철판 위에 가죽을 씌워서 가슴과 등의 몸통을 보호하는 장비를 말합니다. 바울은 데살로니가전서 5:8에서 "믿음과 사랑의 호심경"을 붙일 것을 명했습니다. 의의 호심경은 하나님과의 올바른 관계를 강조하는 말입니다. 우리가 하나님의 일을 할 때에 마귀는 종종 우리의 죄를 들추어내며 공격합니다. "네가 그렇게 죄가 많은데 하나님이 너를 사용하고, 네 기도를 들으신다고? 전도하기 전에 너나 똑바로 살아라"라며, 우리를 정죄하고 조롱합니다. 하지만 그리스도를 통해 하나님의 자녀된 사람은 믿음이 의가 되어 하나님의 사랑 안에 거하게 되는 것입니다. 그러면 악한 영의 공격, 중상과 비방을 물리칠 수 있습니다. 그래서 사도 바울은 "그리스도 예수 안에 있는 자에게 결코 정죄함이 없나니 이는 그리스도 예수 안에 있는 생명의 성령의 법이 죄와 사망의 법에서 너를 해방하였음이라"(롬 8:1-2)고 선언한 것입니다.

내가 부족하고 모자라기 때문에 예수님의 이름으로 싸우는 것입니다. 충성하지 않았기 때문에, 불의하기 때문에, 내 성격이 다

듣어주지 않았기 때문에 하나님이 나를 사랑하지 않으실 것이라고 생각하지 말아야 합니다. 우리가 주님 앞에 용서를 구한 모든 죄는 용서를 받았습니다. 하나님은 우리의 죄를 전혀 기억하지 않으십니다(렘 31:34; 사 43:25). 이것을 자꾸 들추어내고 기억나게 하는 것은 사단입니다.

"평안의 복음이 준비한 신"은 가죽으로 만든 로마 군단의 "칼리가"(caligae)를 연상시킵니다. 그것은 발가락이 밖으로 나오고, 바닥에는 무거운 징이 박혀 있으며, 발목과 정강이를 끈으로 묶는 신입니다. 이 칼리가를 신으면 오랫동안 행군할 수 있고, 견고한 자세를 유지할 수 있습니다. 발과 다리에 밀착된 신이 기동성을 유지하게 하며 미끄러지는 것을 방지해 주기 때문입니다. 바닥에 있는 징이 가시덤불을 헤치고 다녀도 전혀 발이 상하지 않게 해줍니다. 우리의 발바닥, 즉 기반이 튼튼하고 평안해야 이 싸움을 거뜬히 감당할 수 있습니다.

복음은 하나님과 사람 사이의 평안뿐만 아니라, 사람과 사람 사이의 평안도 가져다줍니다. 가화만사성(家和萬事成)이라고 집안이 화목해야 다른 모든 일도 잘 할 수 있는 것처럼, 복음 가운데 있는 평안은 이 싸움에 온전히 집중할 수 있도록 든든한 버팀목이 되는 것입니다.

"믿음의 방패"로는 화전을 이길 수 있습니다. 화전이란 화살 끝에 역청이나 송진을 묻혀서 쏘는 화살을 말합니다. 바울이 말하는 방패는 가로 75cm, 세로 1.2m나 되는 긴 직사각형의 나무방패를 말합니다. 그 방패의 라틴어 이름은 "스쿠툼"(scutum)입니다. 그것은 나무판 두 개를 접착제로 붙인 다음에 아마포로 싸고, 다시 가

죽으로 싼 것입니다. 이 화전이 가죽으로 만든 나무 방패에 꽂히면 불이 꺼집니다. 역청과 송진에 불을 붙여 쏘는 그 화전을 마귀가 그리스도인의 인격에 쏘고, 성격에 쏘고, 행위에 쏘고, 건강에 쏘아대더라도 믿음의 방패로서 이것을 이길 수 있습니다. 특별히 믿음의 방패라는 것은 사단이 율법의 행위만 강조하는 거짓 죄책감으로 공격하고, 의심으로 공격해 올 때에 믿음으로 모든 그러한 불화살들을 다 소멸할 수 있다는 것입니다.

"구원의 투구"는 청동이나 철로 만든 투구로서 안에 펠트천으로 안감을 대고, 경첩으로 면갑을 달아 머리와 얼굴을 보호했습니다. 우리의 머리는 생각이 임하는 곳입니다. 우리의 생각 안에 악하고 약한 흔적들이 있으면 사단은 옳다구나 하고 틈을 타는 것입니다. 우리의 생각이 예수 안에 온전히 들어가게 되면 그 안에 모든 승리가 있고, 그렇지 못하고 세상과 타협하고, 날마다 습관적이고 반복적인 죄를 지을 때에 마귀는 자꾸 틈을 탑니다. 그리스도인이 마음 속에 있는 상처, 특별히 가까운 사람들에게 받은 상처와 그로 인해 그들을 용서하지 않을 때에, 그 생각 속에 마귀는 틈을 탑니다. 내 생각이 나를 높이는 것에만 정신이 팔리면 물질관이 변질됩니다. 지위와 외모에 대한 관점도 왜곡됩니다. 하나님을 섬기고 나 자신의 규모있는 삶을 유지하고, 내 가족들, 어려운 사람들을 위해 사용해야 할 물질을 낭비하게 만들고, 필요없는 것을 사고 싶고, 자꾸 사치하고 싶게 됩니다. 이 땅에서 사명감당하라고 주신 기회, 지위, 건강들을 나를 높이기 위해 사용하고, 더욱 더 돋보이게 하려고 가꾸는 것에 시간을 소비하는 생각, 그 생각에 악한 영들이 틈을 타서 시간을 낭비하고, 무너져 가는 것입니다.

사단은 우리의 생각을 통해 틈을 탑니다. 하지만 사단은 우리의 마음과 생각을 읽을 수는 없습니다. 귀신들은 우리의 말과 행동을 보고 틈을 탑니다. 사람이 제사를 지내며 조상이 귀신이 되어 와서 그 제사를 받는다고 믿고 말을 하는 것을 보고 때로는 조상의 흉내를 내며 미혹케 하는 것입니다.

예를 들면 이 제사를 받는 할아버지가 우리를 도와주실 것이다, 미신을 믿는 사람들이 하는 그런 말을 듣고 때때로 귀신이 역사해서 할아버지의 음성을 내고, 흉내를 내며 마음을 도적질하려는 것입니다. 하지만 사단은 우리의 마음을 읽지 못합니다. 우리의 생각을 알 수 없습니다. 우리의 말과 행동으로 드러난 모습을 보고 우리의 마음을 아는 것입니다.

오직 우리의 마음을 지으신 하나님만이 우리의 마음을 살피실 수 있습니다. 하나님은 마음의 중심을 보시는 분이며(삼상 16:7), 마음을 감찰하시는 분(잠 21:2)입니다. 사무엘상 16:7에서 이스라엘의 두번째 왕에게 기름을 부으려는 사무엘에게 하나님은 "사람은 외모를 보거니와 나 여호와는 중심을 보느니라"고 말씀하셨고, 잠언 21:2에도 "사람의 행위가 자기 보기에는 모두 정직하여도 여호와는 마음을 감찰하시느니라"고 말했습니다. 사도 바울은 데살로니가전서 2:4에서 하나님을 "오직 우리 마음을 감찰하시는" 분으로 소개했고, 로마서 8:27에서 하나님은 "마음을 살피시는 이"라고 말했습니다. 다윗은 "여호와께서 하늘에서 굽어보사 모든 인생을 살피심이여 곧 그가 거하시는 곳에서 세상의 모든 거민을 굽어살피시는도다, 그는 그들 모두의 마음을 지으시며 그들이 하는 일을 굽어살피시는 이로다"(시 33:13-15)라고 고백했습니다. 쫓겨난 하갈은 하나님을 "나를 살피시는 하나님이라"(창 16:13)고 고백했습니다.

우리는 구원의 투구를 쓰고 마음과 생각을 지켜야 합니다. 그래서 바울은 "아무 것도 염려하지 말고 다만 모든 일에 기도와 간구로, 너희 구할 것을 감사함으로 하나님께 아뢰라. 그리하면 모든 지각에 뛰어난 하나님의 평강이 그리스도 예수 안에서 너희 마음과 생각을 지키시리라"(빌 4:6-7)고 말했습니다.

5) 영적 리더의 무기

그리스도인에게 있어서 강력한 공격무기가 있습니다. 그것은 성령의 검입니다. "성령의 검"에서 말하는 검이란 "마카이라"(machaira)라는 단검을 말합니다. 이 검은 고대의 병사들이 가까이서 서로 맞붙잡고 싸울 때 사용하던 검입니다. 하나님은 지금도 사람들의 변명을 물리치고, 그들의 양심을 자극하며, 그들이 영적으로 깨어있도록 하기 위해서 그 검을 주십니다.

히브리서 4:12 말씀처럼 "하나님의 말씀은 살아 있고 활력이 있어 좌우에 날선 어떤 검보다도 예리하여 혼과 영과 및 관절과 골수를 찔러 쪼개기까지 하며 또 마음의 생각과 뜻을 판단"합니다.

우리가 하나님의 말씀을 마음에 담고 있으면 우리는 깨어서 승리할 수 있습니다. 우리는 말씀 안에 거하는 가운데 믿음이 생기고 믿음의 선포를 통해 승리를 얻는 것입니다. 지금까지 방어용 장비만 소개되었다면 말씀은 공격무기입니다. 성령의 검인 하나님의 말씀으로 물리치면 악한 영은 도저히 견뎌내지 못합니다. 가끔 말씀을 엉뚱하게 왜곡하며 교회를 허물고, 주의 종을 무너뜨리려고 대적하는 세력들을 만날 때에 예수 그리스도의 이름으로 물리치면 꼼짝하지 못합니다. 예수님의 이름에는 힘이 있으며, 하나님의 말씀에는 능력이 있기 때문입니다.

그러므로 영적 지도자는 인생 가운데 죽음의 그림자를 드리우는 말할 수 없는 어려움이 찾아올 때마다 "사망아 너의 승리가 어디있느냐, 사망아 네가 쏘는 것이 어디 있느냐"(고전 15:55) 꾸짖으며 "너희 수고가 주 안에서 헛되지 않은 줄 앎이라"(고전 15:58)는 약속의 말씀으로 승리하는 사람입니다.

바울은 성령의 검은 곧 하나님의 말씀이라고 말합니다. 성령께서 영감을 주셔서 40인의 저자들에게 하나님의 말씀을 기록하게 하셨고, 또 우리가 성경 말씀을 대할 때에 성령께서 성경을 조명하여 주셔서 깨달음을 주시기 때문에 말씀의 검은 곧 성령의 검입니다. 소위 개혁교회라고 하는 장로교회의 특징이 여러 가지가 있는데 그 중에 가장 중심이 되는 것은 하나님의 말씀이 모든 것의 최우선 순위가 되는 것입니다. 그것은 종교개혁의 정신을 따릅니다. 종교개혁의 정신은 "오직 성경(Sola Scriptura), 오직 믿음(Sola Fide), 오직 은혜(Sola Gratia)"의 세 가지 모토를 핵심으로 합니다. 개혁주의는 하나님 중심, 말씀 중심, 개혁의 정신을 기치로 내겁니다.

감리교는 웨슬리의 사변형(Wesleyan Quadrilateral)이라고 해서 성경말씀, 교회의 전통, 인간의 이성, 그리고 경험을 중요한 네 요소로 강조합니다. 하지만 말씀이 가장 중요한 기준이 되어 교회의 전통과 인간의 이성, 경험을 판단하는 것입니다. 그러므로 말씀 중심이라는 데에서 장로교, 감리교 등, 교파의 차이는 없습니다. 목사와 장로의 정치가 아니라 모든 회중에게 권한을 주어야 한다고 주장해서 장로교로부터 갈라져 나온 침례교나, 감리교의 웨슬리 사변형을 중심으로 중생, 성결, 신유, 재림의 사중복음을 주창한 성결교나, 성결교의 사중복음에서 성결을 성령충만으로 바꾸고, 축복을 포함하여 오중복음을 부르짖는 오순절 순복음교회나 하나님의 말씀이 시작점이 되어야 한다는 것에는 다름이 없습니다.

　기독교를 기독교되게 하는 것은 진리이신 예수 그리스도요, 또한 하나님의 말씀인 것입니다. 그러므로 우리는 예수님의 이름으로 악한 영들을 대적합니다. 그러면 우리는 아무런 공로가 없지만, 예수 그리스도의 이름의 권세와 능력으로 승리하는 것입니다. 또한 하나님의 말씀으로 적군, 마귀를 내쫓을 때에 한 길로 왔다가 일곱 길로 도망하는 역사가 나타나는 것입니다(신 28:25). 영적 전쟁을 수행하는 리더가 특별히 따로 있는 것이 아닙니다. 그저 하나님의 말씀을 의지하고, 예수 그리스도 이름의 능력과 권세를 믿는 사람이 영적인 지도자가 되는 것입니다.

　6) 영적 리더의 사명

　이제 이 모든 장비들을 가지고 영적 리더가 해야 할 일은 무엇입니까?
　그것은 기도하고 간구하며 깨어 있는 것입니다. 기도는 눈에 보이지 않는 또 하나의 강력한 무기입니다. 그리스도인의 기도는 굉장히 포괄적입니다. 바울이 전신갑주를 입으라고 권면한 본문에서 영어로 "all"이라는 표현이 네 번 등장합니다(엡 6:18). 우리는 "모든"(all) 기도와 간구를 하되, "항상"(at all times) 기도해야 합니다. 깨어 있기를 "항상 힘쓰며"(with all perseverance), "여러"(all) 성도들을 위하여 구해야 합니다.

하지만 대부분의 교인들은 어떻습니까?

약간의 기도를 하는데, 그것도 때때로 기도하며, 조금 힘써서, 일부 사람들을 위해 합니다.

가장 중요한 것은 깨어서 기도하는 것입니다. 우리는 기도하며 깨어 있어야 합니다. 성도가 잠자는 시간이 곧 사단이 활개치는 시간이기 때문입니다. 파리떼는 잠자는 사자에게 몰래 다가갑니다. 노아는 포도주를 마시고 잠에 곯아 떨어져 있는 동안 아들 함에게 좋지 못한 모습을 보여주었습니다(창 9:21-22). 삼손은 잠자는 동안 들릴라에게 머리털이 잘렸습니다(삿 16:19). 사울 왕은 잠자는 동안에 다윗에게 창을 빼앗겼습니다(삼상 26:7-12). 유두고는 바울의 설교 중에 졸다가 3층 다락에서 떨어져 죽었습니다(행 20:9). 우리가 깨어 있어야 하는 이유는 우리의 대적 마귀가 우는 사자처럼 두루 다니며 삼킬 자를 찾기 때문이고(벧전 5:8), 거짓 교사들이 사나운 이리처럼 다니기 때문이며(행 20:29), 예수님께서 예기치 않을 때에 다시 오실 것이기 때문입니다(막 13:33; 눅 12:37).

결국 그리스도인의 영적전쟁에 있어서 가장 중요한 것은 일상 가운데 하나님과 동행하며 말씀을 따라가는 평범한 삶입니다. 그리스도인이 날마다 말씀을 통해 하나님의 음성을 듣고 기도하며 하나님과 소통하는 평범한 삶을 무시하는 것은 운동선수가 중요한 시합을 앞두었을 때 외에는 전혀 운동하지 않는 것과도 같습니다.

미국 대학 스포츠를 통틀어서 가장 인기있는 스포츠는 남자 대학 농구입니다. 미국 사람들은 매년 챔피언십 경기가 열리는 3월이면 "March Madness"라고 해서 아주 흥분을 하고, 이 경기에 집중합니다. 전미대학협회(NCAA: The National Collegiate Athletic Association) 역사상, 가장 위대한 팀 중의 하나는 2016년 현재, 전미 농구대회인 NCAA에서 가장 많은, 열한 번이나 우승한 UCLA(University of California, Los Angeles)입니다. 두번째로 많이 우승한 캔터키대학교(University of Kentucky)가 8회 우승이고, 농구황제 마이클 조던(Michael Jordan)을 배출한 노쓰캐롤라이나대학교(University of North Carolina)가 5회니까, 얼마나 우승을 많이 한 것인지가 드러납니다. UCLA의 최고 전성기는 1960-70년대였습니다. UCLA는 1964년부터 1975년까지 12회의 대회 중에 10회 우승을 했고, 특히 1967년부터 1973년까지는 7년 연속 우승을 했습니다. 열 번 우승은 모두 존 우든(John Wooden)이라는 한 사람의 감독으로부터 이루어졌습니다.

1999년말에 뉴스위크(Newsweek)지에는 20세기의 사연을 증인들의 말을 통해 듣는 기사가 연재되었습니다. 뉴스위크 기자가 우든을 찾아가 성공의 비결을 물었습니다. 그런데 그의 답변이 기가 막혔습니다.

> 선수들을 처음 만날 때마다 제가 맨 처음에 신경을 써서 가르쳐 주는 것이 있습니다. 좀 더 시간을 들이시라도 양말과 신발을 제대로 신는 것이지요. 준비할 때 가장 중요한 부분이 바로 양말과 신발을 신는 일입니다.

특별한 공격, 수비의 전략을 세우거나, 우수한 선수를 발굴하는 데에 집중한 것이 아니라, 가장 기본이 되는 작은 일에 집중했다는 것입니다. 그러므로 그리스도인에게 있어서 이미 보장된 영원한 생명의 싸움이 아니라, 하나님의 마음을 담아 복음을 증거하며 이 땅에서 영향력을 발휘하기 위한 일상의 삶의 승리는 기본적인 것에 달려 있습니다. 제대로 허리띠를 매고 있느냐, 투구, 호심경(흉배), 신발, 검과 방패를 쥐고 있느냐가 관건인 것입니다.

하나님의 뜻이란 우리가 거창하게 이루고자 하는 큰 일이 아니라, 날마다 해야 하는 작은 일들로 이루어집니다. 그런 의미에서 기도 시간이 다른 시간들과 달라야 한다는 생각은 착각입니다. 기도할 때, 기도로 하나님께 매달리는 것 못지않게 삶 가운데 행동할 때에는 믿음의 행동으로 철저히 하나님께 붙어있어야 하는 것입니다. 그래서 예수님도 "지극히 작은 것에 충성된 자는 큰 것에도 충성되고, 지극히 작은 것에 불의한 자는 큰 것에도 불의하니라"(눅 16:10)라고 말씀하셨습니다. 달란트 비유를 통해서도 다섯 달란트와 두 달란트를 남긴 종들에게 "잘하였도다 착하고 충성된 종아, 네가 적은 일에 충성하였으매 내가 많은 것을 네게 맡기리니 네 주인의 즐거움에 참여할지어다"(마 25:21)고 칭찬해 주셨습니다.

하나님은 우리가 작은 일에 순종하기를 원하십니다. 그분은 우리가 일상에서 가난한 사람을 돕고, 자녀를 사랑과 믿음으로 양육하고, 어려움을 당한 이웃의 친구가 되고, 부정직한 세상에서 정직하게 살며, 무엇보다도 하나님을 먼저 찾는 삶을 살기를 원하십니다. 그렇게 일상의 삶에서 하나님께 순종하여 믿음 생활을 하는 것이 우리를 향한 하나님의 뜻이요, 그것을 기뻐하시는 것입니다.

우리에게는 승리의 소망이 있습니다. 이 싸움이 지금 당장은 힘들고 어렵고, 고달프다 하더라도 우리에게 최후의 승리가 보장되어 있음을 압니다. 예수님을 그리스도, 즉 구원하신 주님으로 믿기만 하면, 오늘의 승리뿐만 아니라 더 큰 영원한 승리가 내 것이라는 사실에 우리의 소망이 있습니다. 이 땅에서도 하나님의 전신갑주로 무장하고 승리하면 이 땅을 천국으로 화하도록 하는 능력이 나의 삶을 통해 드러나게 될 것이라는 확신이 있습니다. 이러한 소망은 영적 리더가 전사로서 공동체를 이끌어 승리하도록 하는 기반이 됩니다.

3. 죽음을 각오한 에스더

1) 페르시아의 절대 군주

구약성경에는 여성의 이름이 제목으로 붙여진 책이 두 권 있습니다. 하나는 룻기서요, 다른 하나는 에스더서입니다. 또한 에스더는 아가서와 더불어 "하나님"이라는 표현이 전혀 언급되지 않는 책입니다. 그럼에도 불구하고 에스더서는 하나님의 섭리에 대한 생생한 교훈을 담고 있습니다.

에스더서에 등장하는 나라는 바사, 즉 페르시아, 오늘날로 말하면 이란입니다. 바사 제국은 팔레스타인 지방에서 맹위를 떨치는 것으로 만족하지 않고, 유럽으로 그 눈을 돌렸습니다. 다리우스 1세(Darius I)는 주전 490년에 군대를 그리스에 보냈습니다. 하지만 마라톤 전투에서 패배하고 그 뜻을 이루지 못했습니다. 주전 486년에 즉위한 그의 아들 크세르세스 1세(Xerxes I)는 선왕의 뜻을 이루기 위해 주전 484년부터 481년까지 3년 동안 그리스의 침공을 준비했습니다.

에스더서에 나오는 페르시아왕 아하수에로의 그리스 이름은 "크세르세스"입니다. 아하수에로는 "왕위에 있은지 제 삼년"(에 1:3), 즉 주전 486년에 즉위한 그가 3년째 되는 주전 484년부터 그리스 원정 준비를 시작했습니다. 자신의 강력한 왕권을 온 천하에 알리기 위해서 180일 동안이나 잔치를 베풀어 "그의 영화로운 나라의 부함과 위엄의 혁혁함"(에 1:4)을 나타냈습니다.

그 180일 동안 그저 잔치만 한 것이 아니라 신하들과 전쟁의 계획을 세우고 전략을 수립했습니다. 전쟁을 치를만한 그의 권력을 알린 후에, 이제는 7일 동안 도성 수산에 있는 모든 백성들을 위하여 잔치를 베풀었습니다. 전쟁에 앞서 민심을 수습하려 함입니다. 이를 통해 왕에 대한 지지는 절정에 달하게 되었습니다.

7일째 되는 날에 아하수에로 왕은 이제 전쟁 준비 방안에 대하여도 어느 정도 이야기를 마쳤고, 온 천하에 자신의 힘을 과시하느라 기분이 좋아져서 왕후 와스디를 불렀습니다. 와스디는 "그 용모가 보기에 좋았는데"(에 1:11), 그래서 아하수에로는 자신이 절세미인인 왕후까지 거느린, 부족한 것이 없는 절대 권력의 왕임을 과시하고 싶었던 것입니다.

더욱이 전쟁을 준비하는 첫 걸음을 내딛는 마당이라 더욱 그런 마음이 강하게 들었습니다. 그런데 와스디는 그 부름에 응하지 않았습니다. 왕후는 전쟁에는 전혀 관심이 없었고, 또한 술에 취한 왕과 거친 장군들 사이에서 자신의 얼굴을 비추는 것을 꺼려했습니다. 그래서 그 자리에 불려갔다가는 왕후로서의 위엄과 체통이 손상을 입는다고 스스로 판단해서 왕의 부름을 거절했습니다. 아하수에로는 크게 노해서 왕후를 내치고, 온 나라에 조서를 내려 제국의 모든 부인들이 절대로 남편에게 거절할 수 없게 하고, 남편이 집안 전체를 주관하도록 명령했습니다.

불편한 심기를 애써 누르고 아하수에로는 주전 480년에 드디어 만반의 준비를 마치고 그리스를 침공했습니다. 전쟁 초기에는 영화 "300"으로도 잘 알려져 있는 전투인 "터모폴리"(Thermopylae) 협곡에서 스파르타의 300명 용사를 맞아 고전하지만 끝내 승리를 거두었습니다. 스파르타를 무너뜨린 페르시아군은 승승장구했습니다. 하지만 1,200척의 전함으로 공격했던 "살라미스 해전"(Battle of Salamis)에서 패하고, 다음 해인 주전 479년에 "플라티아 전투"(Battle of Plataea)에서 결정적으로 패배함으로써 그리스 정복의 꿈은 사라지고 말았습니다.

그리스 전쟁에서 패배한 페르시아의 국고는 바닥이 났습니다. 그리스에서 승리하여 다양한 전리품을 얻으려는 목적도 이루지 못했습니다. 왕후 와스디를 폐위한 후 전쟁을 치렀던 왕은, 이제 제국의 흩어진 민심을 수습하기 위해 왕비를 구했습니다. 그동안은 왕비가 없어도 후궁들을 통해서 얼마든지 외로움을 극복할 수 있었지만, 이제 전투에 패배한 제국의 기강을 새로이 하기 위해서는 왕후의 자리가 필요했던 것입니다.

그래서 일곱 명의 어전 내시에게 명령하여 나라 전체에서 가장 아리따운 처녀를 구하도록 명령했습니다. 각 지방에서 선발된 처녀에게는 왕의 마음을 사로잡아 왕후가 될 단 한 번의 기회만이 있었을 뿐입니다. 최대한 강렬하게 왕의 마음을 사로잡기 위해서 왕궁의 사치스럽고 화려한 예법에 따라 각 소녀는 열두 달 동안이나 몰약 기름을 쓰고(6개월), 향품을 사용하여 준비(6개월)해야 했습니다. 왕과의 하룻밤을 위해 필요한 모든 물품이 주어졌습니다. 왕을 만나러 저녁에 들어갔다가, 왕의 사랑을 받지 못하면 후궁에 돌아와 평생을 혼자서 살아야 했습니다.

그 처녀 중에 에스더(Esther)라는 이름을 가진 유대인 처녀가 있었습니다. 그 이름은 히브리말로는 "은매화"를 뜻하는 "하닷사"(Hadassah)이며, 에스더는 페르시아 이름으로 "별"이라는 뜻입니다.[4] 에스더는 부모를 잃은 후에, 나이 차가 많이 나는 사촌 오빠 모르드개의 손에서 양육되었습니다. 에스더도 왕후의 후보로 왕궁에 들어왔는데, 모르드개는 에스더가 궁에 들어갈 때에 그녀의 유대인 신분을 말하지 말라고 일러주었습니다(에 2:10). 다른 처녀들과 달리, 에스더는 왕궁에서 기본적으로 제공하는 것 이외에는 다른 것을 원하지 않았습니다. 그럼에도 불구하고 에스더는 왕후에 뽑혔습니다. 그것은 보이지 않는 곳에서 역사하시는 하나님의 섭리 덕분이었습니다.

---

[4] 자신의 목숨을 걸고 왕 앞에 서서 결국 유대 민족의 운명을 죽음에서 생명으로 바꾸어 놓은 에스더는 "지혜있는 자는 궁창의 빛과 같이 빛날 것이요 많은 사람을 옳은 데로 돌아오게 한 자는 별과 같이 영원토록 빛나리라"(단 12:3)는 말씀의 주인공이 되었다. 에스더의 지혜란 다름 아닌, 하나님을 경외하는 삶이라는 우선순위이며, 그녀는 결국 아하수에로의 잘못된 선택을 돌려 놓아 유대 민족 전체를 구원하였다.

2) 총리대신 하만의 음모

"처녀들을 다시 모을 때"(에 2:19)에 모르드개는 대궐 문에 앉아 있었습니다. 에스더가 왕후로 간택된 이후, 시간이 지났지만 왕의 여성편력은 계속 이어졌습니다. 아하수에로는 다시 처녀들을 모아서 자신의 욕망을 채우려 하였습니다. 그 때에 페르시아 제국의 관리였던 모르드개는 왕의 내시 빅단과 데레스 두 사람이 왕에게 원한을 품고 왕을 암살하려는 음모를 알아채게 되었습니다.

그들은 폐위된 왕후 와스디의 측근으로서 와스디가 왕후가 되는데 결정적인 역할을 하고 그녀를 후원했던 내시들이었을 것입니다. 모르드개가 이를 에스더에게 알려서 왕이 조사해 보니 과연 그 전모가 다 밝혀졌습니다. 그래서 두 사람을 나무에 매달아 사형에 처하고 그 일을 궁중일기에 기록했습니다.

그 후에 왕이 하만을 모든 대신 위의 총리대신으로 삼았습니다. 대궐 문에 있는 왕의 모든 신하들이 그에게 꿇어 절하게 명령을 내렸습니다. 그런데 모르드개는 하만에게 꿇지도 않고, 절도 하지 않았습니다. 다른 신하들이 어찌해서 그렇게 하지 않느냐고 묻자, 자신이 유대인이기 때문이라고 말했습니다. 유대인들이 자신의 왕 앞에 허리를 굽혀 절하는 것은 관례적인 것이므로 당연한 것입니다.

하지만 페르시아인들은 그들의 왕 앞에 굽혀 절을 할 때에 왕을 신적인 존재로 대하는 것이었기 때문에, 유대인인 모르드개는 왕을 대리하는 총리대신 하만에게 절을 할 수가 없었습니다. 영화 "300"의 주인공, 스파르타의 왕 리오니다스 1세(Leonidas I)도 아하수에로를 만났을 때, 똑같은 이유로 절을 하지 않았다고 역사가 헤로도토스(Herodotus, B.C. 440)는 기록했습니다.

이 일로 인해서 하만이 격노하였습니다. 그는 모르드개만 죽이는 것으로는 부족하다고 생각하고, 아예 온 유대인의 씨를 말리기로 작정했습니다. 아하수에로 왕, 제12년 첫째 달에 "부르"(פור), 즉 "제비"를 뽑아 언제 유대인들을 다 죽일지 날짜를 정하기로 했습니다. 제비를 뽑았더니, 아달(Adar)월, 즉 열두 번째인 마지막 달이 나왔습니다. 그야말로 하나님의 섭리입니다. 바로 다음 달이 될 수도 있었던 유대인 말살계획은 이제 가장 긴, 11개월이나 남은 때로 미뤄진 것입니다.

이제 하만은 그 계획을 품고 왕 앞에 나섰습니다. 페르시아 왕국은 피정복민의 문화를 인정하고 장려함으로써, 자신들이 문화적 다양성을 가지고 있는 것을 자랑으로 여겼습니다.

그런데 왕 앞에 나온 하만은 그 페르시아 제국의 정책을 가지고 왕에게 호소했습니다. 그는 "한 민족이 왕의 나라, 각 지방 백성 중에 흩어져 거하는데, 왕의 법률을 지키지 아니하오니 용납하는 것은 왕에게 무익하나이다"(에 3:8)라고 고발했습니다. 그리고 왕이 허락해 준다면 자신이 그들을 진멸하고 은 1만 달란트를 왕의 금고에 정치자금으로 바치겠다고 말했습니다. 은 1만 달란트는 300톤이 넘는 어마어마한 분량입니다. 당시 페르시아 제국의 1년 예산이 은 1만 6천 달란트 정도가 되니까 1년 국고의 60%가 넘는 큰 금액이었습니다.

아하수에로는 자신이 다스리는 백성들 중에 한 민족을 멸하자는데, 그 민족이 어떤 민족인지 알아보려는 어떠한 시도도 하지 않은 채, 정말 그렇게 진멸당할 짓을 했는지를 조사하지도 않고 하만의 말만 듣고 결단을 내렸습니다. 그에게 자신의 반지를 빼어주며, 즉 일종의 백지수표로서 모든 권한을 하만에게 위임했습니다. 아하수에로의 그러한 결정은 재물에 대한 욕심 때문입니다. 그리스 원정 패배로 인해 바닥난 국고를 감안해서, 은 1만 달란트는 자신이 취하고, 그 민족에게서 빼앗을 은을 하만에게 가지라고 호의를 베풀었던 것입니다.

주색에 빠지고, 전쟁을 일삼던 아하수에로는 이렇게 쉽게 명을 내려 버렸던 것입니다. 결국 그렇게 악한 왕, 아하수에로는 그로부터 10여 년 후인 주전 465년, 부하의 아내들과 간통을 범하다가 수비대장과 왕실 시종의 모의로 침상에서 살해당함으로 죽음을 맞이하는 신세에 처하게 되었습니다.

3) 리더의 마음에서 시작되는 영적 전쟁

하만이 왕에게 유대 민족을 진멸할 것을 허락받았다는 소식을 들은 모르드개는 옷을 찢고 굵은 베옷을 입고, 성중에 나가서 대성통곡하며 자신의 비통함을 드러냈습니다. 또한 왕의 명령과 조서가 각 지방에 이르자, 유대인들이 크게 애통하여 금식하며 울부짖었습니다. 왕궁에 있는 에스더는 도무지 무슨 일이 일어나고 있는지 알 길이 없었습니다.

그 때, 에스더의 시녀와 그녀를 보좌하는 내시가 모르드개의 모습을 고하였습니다. 에스더는 근심하며 모르드개가 입을 의복을 보내며, 내시 하닥에게 무슨 일 때문에 그렇게 소란인지를 알아보게 하였습니다. 모르드개는 아예 왕의 조서 초본을 에스더에게 보냈습니다. 그리고 에스더에게 "왕 앞에 나아가서 그 앞에서 유대민족을 위하여 간절히 구하라"(에 4:8)고 청했습니다.

에스더는 난색을 표했습니다. "남녀를 막론하고 (왕의) 부름을 받지 아니하고 안뜰에 들어가서 왕에게 나가면 오직 죽이는 법이요, 왕이 그 자에게 금 규를 내밀어야 살 것이라, 이제 내가 부름을 입어 왕에게 나가지 못한 지가 이미 삼십 일이라 하라"(에 4:11)고 모르드개에게 전달하였습니다. 큰 전쟁에서 패한 왕의 상처 받은 자존심은, 자신이 허락하지 않은 상태에서 자신의 앞에 나오는 이를 죽이는 파괴적인 모습으로 드러나게 되었던 것입니다. 게다가 주색을 좋아하는 아하수에로가 에스더를 불러 주지 않은 지가 30일이 되었으므로 에스더가 함부로 왕 앞에 나설 수도 없었습니다. 싫증을 잘 내는 왕이 이제 더 이상 에스더를 총애하지 않는 신호라고 생각할 수밖에 없는 어려운 상황인 것입니다. 폐위된 왕후 와스디처럼 자의적으로 판단해서 왕의 심기를 잘못 건드렸다가는, 폐위가 아니라 목숨마저도 잃을 수도 있습니다.

그러나 모르드개는 다시 말했습니다. 왕궁에 혼자 있다고, 유대인의 화를 면할 것으로 생각하지 말라는 것입니다. 에스더가 왕에게 그 누구보다도 가까이 갈 수 있는 왕후의 위치에서, 자신의 안전만을 생각하고 잠잠히 있으면, 유대민족은 하나님의 도우심 가운데 다른 방법으로 놓임과 구원을 얻을 것이지만, 에스더와 그녀의 집안은 멸망할 것이라고 말했습니다. 그리고 "네가 왕후 자리를 얻은 것은 이 때를 위함이 아닌지 누가 알겠느냐"(에 4:14)고 말하며, 왕에게 나가서 간청하기를 촉구했습니다.

에스더는 고민 끝에 결심을 했습니다. 자신의 안위가 아니라, 유대 민족을 향한 하나님의 구원의 손길에 목숨을 걸기로 한 것입니다. 그리고 도성 수산에 있는 모든 유대인들이 자신을 위하여 3일 동안 금식하며 중보기도를 해 달라고 요청을 하고, 자신도 자신의 시녀와 함께 3일간 금식을 한 후에 왕에게 나아가서 말을 전하기로 마음을 굳혔습니다. 그 각오의 마지막은 "죽으면 죽으리라"(에 4:16)는 것입니다. 에스더는 하나님의 뜻과 보호, 인도하심에 대한 확신으로 왕에게 나아가기를 다짐했습니다. 구원을 베푸시는 이도 하나님이요, 혹시 그렇지 않더라도 변함없이 하나님의 "선하시고, 온전하신 뜻"(롬 12:2)을 신뢰하겠다는 믿음의 표현인 것입니다.

앞서 언급한 대로 에스더라는 이름은 페르시아어로 "별"이라는 뜻입니다. 그녀는 주의 백성들 위에 죽음의 먹구름이 드리워졌을 때, 자신의 빛으로 수많은 사람들을 구원하는 역할을 수행하게 되었습니다. 하지만 그 구원은 쉽게 온 것이 아니라, 자신의 생명을 담보로 한 것이었습니다. 또한 이 땅에 빛으로 오신 예수 그리스도는 자신의 목숨을 이스라엘 백성들뿐만 아니라, 온 인류의 대속물로 주셔서, 모든 사람을 구원하시는 메시아의 사명을 이루셨습니다. 에스더는 이스라엘 백성들에게 그리스도의 전조와 같은 역할을 담당했던 것입니다.

3일 밤낮을 금식한 에스더는 슬픔의 상징물을 지닌 자는 그 누구도 왕궁에 들어갈 수 없었기 때문에 왕후의 예복을 갖추어 입었습니다. 에스더 5:2은 왕이 "왕후 에스더가 (왕궁 안) 뜰에 선 것을 보니 매우 사랑스러웠다"고 말합니다. 그래서 손에 잡았던 금 규를 에스더에게 내밀었고, 페르시아 왕궁의 의전이 규정한 대로, 존경과 경의의 표현으로서 에스더가 그 끝을 만졌습니다. 왕은 이것이 의례적인 방문이 아님을 잘 알았습니다. 에스더가 부름을 받지 않고 왕 앞에 나옴으로써 생명의 위험을 무릅썼기 때문입니다. 그리고 말합니다.

> 왕후 에스더여, 그대의 소원이 무엇이며, 요구가 무엇이냐?
> 나라의 절반이라도 그대에게 주겠노라(에 5:3).

아하수에로의 이 말은 궁정식 어법입니다. 나라의 절반이라도 주겠다는 말은 진지하게 생각한 말이 아니라, 그만큼 에스더가 왕의 호의를 받았다는 것만을 의미할 따름입니다. 마가복음 6장에서 헤롯도 자신의 생일에 자신이 동생 빌립에게서 취한 아내 헤로디아의 딸 살로메가 춤을 추어 자신을 기쁘게 하자 비슷한 말을 했습니다.

> 네가 내게 구하면 내 나라의 절반까지라도 주리라(막 6:23).

에스더는 궁정 예법을 따라 "오늘 내가 왕을 위하여 잔치를 베풀었사오니 왕이 좋게 여기시거든 하만과 함께 오소서"(에 5:4)라고 요청했습니다. 당시 연회는 협상을 하거나 심각한 문제들을 논의할 수 있는 사회적으로 용인된 장이었습니다. 에스더는 궁중의 예법을 따라 현명하게 처신한 것입니다.

4) 극적인 상황의 변화: 뒤바뀐 운명

잔치의 음식을 먹고 이제 술을 마실 때에 왕이 또 다시 물어 보았습니다. 고대 근동 문화에서는 식사 중에는 심각한 대화를 나누지 않았습니다. 일단 식사가 끝나고, 술잔이 돌아가는 좀 더 편안한 분위기에서 속에 있는 이야기들이 오고 갔습니다. 왕은 왕후 에스더의 소청이 무엇이냐고 물었습니다. 에스더는 성급하지 않습니다. 내일 자신이 잔치를 또 베풀텐데, 거기에 또 오라고 청했습니다. 두번째 연회에 참석하기로 왕이 결정한다면, 왕은 왕후가 요청하는 것은 무엇이든 존중해 주겠다고 미리 공개적으로 동의하는 것이나 다름없기 때문입니다. 이렇게 해서 에스더는 왕이 자신의 요청에 대해서 다른 신하들에게 조언을 구하지 못하게 막았습니다.

한편, 잔치에 함께 청함을 받았던 총리 하만은 이제 마음이 기뻐, 즐거이 성문을 나섰습니다(에 5:9). 그런데 성문에서 모르드개가 자신을 보고 일어나서 경의를 표하지도, 몸을 움직이지도 않는 것을 보고 또 다시 매우 노하게 되었습니다. 그것도 그럴 것이, 모르드개는 자기 유대 민족의 원수 하만이 지나가는데, 그에게 절을 할 수는 없는 노릇입니다. 게다가 왕을 대신하는 총리 하만에게 절을 하는 것은 우상숭배와도 같습니다.

간신히 분을 참고 집에 돌아온 하만은 그의 친구들과 아내 세레스에게 왕후의 잔치에 왕과 자신 외에는 아무도 청함을 받지 않았다고 자랑을 했습니다. 그리고 모르드개를 만나 마음이 상한 이야기도 했습니다. 아내와 친구들은 다음 날, 높이가 50규빗, 즉 약

23미터나 되는 나무에 모르드개를 매달기를 구하라고 조언했습니다(에 5:9-14). 페르시아인들은 사람을 죽인 후, 나무에 그 사람을 꿰뚫어 매달아 전시했습니다. 하만은 모르드개를 그렇게 죽여서 자신의 분노를 달래고, 또 자신에게 절하지 않은 사람들에 대한 위협으로 사용하려 했던 것입니다. 그래서 하만은 모르드개를 달기 위해 나무말뚝을 급히 만들어 세워 놓았습니다.

그 날 밤, 왠지 왕은 잠이 오지를 않았습니다. 이리 뒤척, 저리 뒤척하다가 그래도 잠이 오지 않아 일어나서 내시에게 명령해서 역대 일기를 가져다 읽혔습니다. 그런데 두 내시 빅다나와 데레스가 자신을 암살하려는 음모를 모르드개가 고발하였다는 대목을 듣고는 "무슨 존귀와 관작을 모르드개에게 베풀었느냐"(에 6:3)고 물었습니다. 페르시아 왕들은 그들을 돕거나 왕국을 위하여 공을 세운 사람들에게 상을 베푸는 일에 자부심을 느꼈습니다. 아하수에로는 그리스 원정 때 자신을 도운 두 사람의 선장에게 땅을 내렸고, 자기 동생을 구해준 사람을 킬리키아(Cilicia)의 총독으로 삼았습니다(Herodotus, B.C. 440).

자신의 목숨을 구한 모르드개에게 지난 5년 동안 아무 것도 베풀지 않았다는 사실은 왕의 자존심을 상하게 하는 일이었습니다. 그러므로 오늘의 극적인 반전을 위해서 5년 전, 자신의 목숨을 구한 모르드개에게 왕이 아무런 포상을 내리지 않은 것도 하나님의 섭리입니다. 왕은 처음에 하나님께서 잠을 거두어 가셔서 잠을 잘 수 없다가, 이제는 모르드개를 존귀하게 높여줄 생각으로 잠을 이루지 못합니다. 한편, 하만도 역시 모르드개를 죽일 생각을 하느라 잠을 이루지 못했습니다.

왕은 곧바로 "누가 뜰에 있느냐"(에 6:4)고 물었습니다. 때 마침, 아침 일찍 서둘러 모르드개를 고발하려는 하만이 다급하게 왕궁으로 들어오는 참이었습니다. 모르드개를 죽이기 위해 상소를 하기 위해서입니다. 하지만 왕의 부름을 받지 않고서는 왕 앞에 나설 수 없기 때문에 알현을 기다리고 있던 중이었습니다. 하만을 부른 왕은 "왕이 존귀하게 하기를 원하는 사람에게 어떻게 하여야 하겠느냐"(에 6:6)고 물었습니다. 왕이 모르드개의 이름을 밝히지 않고 물어본 것 또한 하나님의 섭리입니다. 하만은 자신 외에 누가 그런 사람이 있겠느냐고 속으로 쾌재를 부르며, 자신의 승승장구함을 기뻐하는 마음으로 대답했습니다. 하만은 그 사람에게 왕의 왕복을 입히고, 왕이 타는 말을 태워서 왕관을 씌우고, 사람들 앞에서 왕이 존귀하게 하기를 원하는 사람에게 이같이 할 것이라고 선포하는 것이 좋겠다고 말했습니다(에 6:7-9). 그는 가능한 한, 많은 사람들에게 자신이 왕으로부터 전폭적인 총애를 받고 있음을 알리고 싶어 했던 것입니다.

하지만 하만은 스스로 굴욕을 자초했습니다. 왕은 하만이 말한 모든 것이 다 마음에 들었습니다. 그래서 하만에게 유다사람 모르드개에게 자신이 말한 대로 빠짐없이 시행하라고 명령했습니다. 따라서 하만 자신이 기획한 그 화려한 쇼는 전적으로 모르드개를 위한 것이 되고 말았던 것입니다. 집으로 돌아온 하만은 그 모든 일에 격렬히 반응했습니다. 친구 중에 지혜로운 자와 아내는 이제 하만은 모르드개를 이기지 못하고, 분명히 그 앞에 엎드러지게 될 것이라고 대답하고, 그 말이 아직 그치지 않았을 때에, 왕의 내시들이 와서 에스더가 베푼 잔치로 그를 데려가게 되었습니다. 하만은 굴욕감으로 망연자실해 있었지만, 유대 민족을 말살하라는 조서는 여전히 효력을 발휘하고 있었고, 에스더의 계획도 아직은 거쳐야 할 절차가 필요했습니다.

지금까지 에스더는 자신이 유대인이라는 사실을 숨겨왔습니다. 하지만 이제 에스더는 이제 "내 요구대로 내 민족을 내게 주소서"(에 7:3)라고 말하며 자신의 유대 민족 신분을 밝혔습니다. 이 또한 위험을 감안한 말이었습니다. 왕이 어떤 반응을 보일지 모르기 때문입니다. 왕이 직접 내린 조서를 통해서 에스더와 그녀의 민족이 죽음을 당할 지경에 이르렀지만 에스더는 지혜롭게 말했습니다. 요즘 소위 말하는 "I-Message"입니다. 즉, 상대방을 직접 비난하는 것이 아니라, 내 마음이 이렇게 불편하다는 것을 완곡하게 나타냄으로써 상대방의 양심에 호소하는 것입니다.

에스더는 왕이 조서를 내려 우리 모두가 죽게 되었다고 말하지 않았습니다. "나와 내 민족이 팔려서 죽임과 도륙함과 진멸함을 당하게 되었나이다"(에 7:4)라고 수동태로 돌려서 표현했습니다. 그렇게 해서 불의한 거래를 통해 조서를 내린 왕의 심기를 불편하게 하지 않았습니다. 한 민족의 파멸을 그렇게 쉽게 허용했던 아하수에로는 그 모든 일에 대하여 망각하고 있었습니다. 누가 그 일을 행했고, 그가 지금 어디 있느냐고 물었고, 에스더는 이제 하만을 지목하며 말했습니다. "대적과 원수는 이 악한 하만이니이다"(에 7:6). 이 말을 들은 왕은 노하여 자리를 박차고 일어났습니다.

사태를 파악한 하만은 왕후 에스더에게 생명을 구걸했습니다. 만일 하만이 에스더가 유대인이라는 사실을 알았더라면 그의 방법은 바뀌었을 것입니다. 그러므로 모르드개가 에스더를 궁중으로 들여보낼 때, 그녀에게 자신의 민족을 밝히지 말라고 말한 것은 민족의 위협이 되는 하만을 제거하는 발판이 되었습니다(에 2:10). 에스더는 페르시아인들의 식사 관습대로 여전히 상 앞에 비스듬히 기대 앉아 있었습니다. 하만은 자비를 베풀어 주기를 바라면서 몸을 내던지듯 에스더가 앉은 걸상 위에 엎드렸습니다. 공포 속에서 하만은 궁중예법을 순간 잊어 버렸던 것입니다. 왕과 허락된 내시 외에 모든 남성은 왕의 여자들에게서 일곱 발자국 안으로 접근하는 것이 엄격히 금지되어 있었지만, 두려움 가운데에 하만은 그것을 까맣게 잊고 오직 자신의 목숨을 구하는 것에만 정신이 팔려 있었습니다.

그 때, 잔치 자리로 돌아온 아하수에로는 그 모습을 보고 더욱 격분했습니다. "저가 궁중 내 앞에서 왕후를 강간까지 하고자 하는가"(에 7:8)말하며 노를 발했습니다. 내시 하르보나는 왕의 기분을 맞추기 위해서 왕을 위하여 충성된 말로 고발한 모르드개를 달기 위해 하만이 세운 나무가 있다고 말했습니다. 왕이 하만을 죽일 또 다른 구실을 제공한 것입니다. 하만은 왕의 목숨을 구한 모르드개를 죽이려고 했던 것입니다. 더 이상 증거가 필요하지 않았습니다. 왕은 하만을 그 나무에 달게 하고 난 후에야 비로소 분노가 가라앉게 되었습니다.

이제는 판세가 완전히 뒤집혀졌습니다. 새로운 조서를 내려서 유대인들을 죽이려고 했던 열두 번째 달, 13일에 반대의 조치를 취했습니다. 유대 민족을 해하려고 했던 하만의 열 명의 아들을 비롯해서 수산 도성의 5백명을 죽였습니다. 14일에도 허락을 받아 유대민족의 대적들을 치는데, 각 도성까지 조서를 전달할 시간이 없기 때문에, 하만의 열 아들의 시체를 일벌백계의 차원에서 나무에 매달아서 사람들에게 경계를 삼았고, 수산궁의 유대민족의 남은 적들 3백명을 쳤습니다. 페르시아 제국 전체에서 7만 5천의 적들을 죽였습니다(에 9:15-16). 그리고 그 달 14, 15일을 유대인의 명절, 즉 하만이 유대민족을 말살하기 위해 제비를 뽑는 것이 오히려 역으로 그들을 지키게 되었음을 기념하여, "제비를 뽑다"라는 의미의 "부림절"(Purim)을 지정하여 축하하게 되었습니다. 유대인 모르드개는 이제 하만의 자리를 대신하여 총리대신이 되고, 모든 백성의 이익과 안위를 위해 헌신하게 되었습니다. 화가 변하여 복이 되는 전화위복의 사건이 일어난 것입니다.

5) 상황을 주관하시는 하나님

사실 모르드개와 하만의 갈등은 뿌리깊은 민족의 갈등입니다. 모르드개는 이스라엘의 초대 왕이자, 베냐민 지파인 사울의 아버지인 기스의 후손입니다(에 2:5). 하만은 사울이 하나님으로부터 진멸하라는 명령을 받았던 아말렉 족속의 왕이었던 아각의 후손이었습니다(에 2:5). 사울은 적을 완전히 멸하라는 하나님의 명령을 어기고 아각을 살려 두었다가 하나님께 버림을 받았습니다. 그러므로 하만과 모르드개의 갈등은 작게는 사울 왕 집안과 아각 왕 집안의 갈등이며, 크게는 출애굽 때 첫 전투의 당사자인 이스라엘과 아말렉 족속의 싸움의 연속인 것입니다.[5]

---

5 아말렉은 에서의 아들 엘리바스와 첩 딤나 사이에서 태어난 아들로서(창 36:12),

사울의 불순종이 유대 민족 전체를 죽음의 위기에 몰아넣게 된 것입니다. 하지만 에스더의 이야기는 "우리가 알거니와 하나님을 사랑하는 자, 곧 그의 뜻대로 부르심을 입은 자들에게는 모든 것이 합력하여 선을 이루느니라"(롬 8:28)는 말씀을 상기시키는 사건입니다. 모든 것이란 모든 눈물과 한숨을 포함하는 모든 것을 말합니다. 어려움 가운데 믿음으로 견디는 모든 것이 하나님의 때에 인내와 수고의 열매로 합력하여 선을 이루게 되는 것입니다.

우연처럼 보이는 기가 막힌 일들이 계속해서 벌어졌습니다. 하만이 제비뽑기에서 마지막 달 12월을 뽑은 것도, 왕이 갑자기 잠을 못 이룬 것도, 잠을 못 이루는 중에 모르드개가 자신을 해하려는 내시들을 알려 주었다는 사실을 확인한 것도, 그렇게 유대인에 대한 호감을 갖게 된 것도, 때마침 하만이 입실한 것도, 모두 우연처럼 보입니다. 하지만 이것은 모두, 모든 상황을 주관하시는 전능하신 하나님의 섭리입니다. 하나님의 뜻 안에서 우연이란 것은 없습니다. 하나님께서 하만의 악한 음모를 허락하신 것은 오히려 유대인들을 높여 주시는 전화위복의 은혜를 베풀어 주시기 위함이었습니다.

그의 후손인 아말렉 족속은 이스라엘의 출애굽 이후 가나안으로 입성하는 여정을 막은 첫번째 걸림돌이었고, 다윗 시대에 이르기까지 이스라엘을 두고, 두고 괴롭혔던 민족이다(출 17:8-16; 민 14:45; 신 25:17-19; 삿 3:13; 삼상 30:1-20). 이스라엘이 출애굽 이후 가나안으로 가는 여정에서 만나와 생수의 기적을 체험한 이후에(출 16-17장), 아말렉은 그들을 공격했다. 모세는 이를 하나님을 두려워하지 않는 행위로 간주했는데(신 25:17-18), 이는 하나님의 크신 능력을 보고서도 이스라엘을 공격했기 때문이다. 아론과 훌이 모세의 두 손을 높이 들고, 여호수아의 군대가 아말렉을 쳐서 이긴 배경에는 그러한 하나님에 대한 불손한 태도가 자리를 잡고 있었다. 그래서 하나님은 "내가 아말렉을 없이하여 천하에서 기억도 못 하게 하리라"(출 17:14)고 선포하셨던 것이다.

우리의 삶도 마찬가지입니다. 우연처럼 보이는 수많은 일들 가운데, 하나님의 확실한 손길과 역사하심을 우리는 경험합니다. 우리의 인생길이 어두컴컴하기만 하여도, 때로는 죽음의 그림자가 나 자신의 삶과 내 가족, 공동체 안에 드리워져 있다 하더라도, 끝까지 기도하면 "모든 것을 합력하여 선을 이루시는" 하나님의 뜻이 나의 삶 가운데 이루어지는 것입니다. 예수 그리스도의 이름을 붙들고 하나님 앞으로 나갈 때, 그러한 전화위복의 은혜, 하나님의 섭리가 나의 삶 가운데에서 이루어지는 것입니다.

4. 나의 힘과 방패되신 하나님

이스라엘의 사해 서쪽으로 4km 가량 떨어진 곳에 "맛사다"(Massada)라는 곳이 있습니다. 그곳은 무력으로 로마로부터의 독립을 염원했던 열심당원들이 로마의 제10군단과 맞서 싸우다 자결하여 죽은 곳으로, 유대인들의 3대 성지 중 하나입니다. 사방이 깎아지른 절벽이고, 434m 높이에 이르면 갑자기 단칼에 베인듯이 수평으로 평평해진 곳으로서 천혜의 요새입니다. 길이 620m, 너비 120m에 둘레의 길이가 1,300m나 되는 넓은 광장이 절벽 위에 우뚝 서 있는 것입니다.

서기 70년 예루살렘성이 무너진 이후, 수백 명이 이곳으로 모였들었습니다. 그리고 그들은 맛사다 위에 거주하며 주기적으로 아래로 내려와서 게릴라 전술을 통해 로마를 끊임없이 괴롭혔습니다. 로마는 더 이상 맛사다를 좌시할 수 없었습니다.

베스파시안(Vespasian) 황제는 72년, 플라비우스 실바(Flavius Silva) 장군과 제10군단을 맞사다로 보냈습니다. 병사 9,000명과 노예 6,000명의 병력이 여성들과 어린 아이들을 모두 합쳐도 1,000명도 채 되지 않는 맞사다의 유대인들을 포위했습니다. 충분한 양식과 물을 저장해 놓은 맞사다의 유대인들은 용감히 최후까지 버텼지만, 공성탑을 쌓은 로마군에게 이제 성은 함락당할 것을 눈앞에 두고 있었습니다.

73년 4월, 로마군은 맞사다에 드디어 발을 들여놓았습니다. 하지만 960명의 시체들만이 그들을 맞이하고 있었습니다. 지도자 엘르아살 벤 야이르(Eleazar Ben Ya'ir)가 전날 밤, 로마에게 패하여 포로로서 수치스럽게 살아가느니 차라리 자결을 하자고 말했기 때문입니다. 노예가 되기 보다는 자유라는 이름의 수의를 입자는 그의 말에 모두가 동의했습니다. 성을 불질러 로마군에게 도움이 될만한 것을 아무 것도 남기지 말고, 식량창고 하나를 남겨두어 자신들이 먹을 것이 떨어져 죽은 것이 아니라는 사실을 전하기로 했습니다. 남자들이 자신의 가족들을 모두 죽이고 다시 모였습니다. 그리고 제비를 뽑아 열 명 중 한 사람이 다른 아홉 사람을 죽이고, 또 남은 사람이 다시 제비를 뽑아 한 사람이 다른 아홉을 죽여, 마지막 남은 한 사람이 자결함으로써 그 일은 마무리 되었습니다. 나중에 숨어있던 두 여자와 아이 다섯명이 그 배경이 된 일을 소상히 전했습니다.

사람이 의지하는 요새는 이름만 요새일 뿐, 정작 어려움이 닥칠 때에는 아무런 도움이 되지 않을 때가 많습니다. 로마가 무너뜨린 맞사다가 그랬습니다. 하지만 천지만물을 창조하시고, 이 세상의 모든 것을 주관하시는 하나님이 우리의 요새일 때에는 이야기가 180도 달라집니다. 믿음 안에서 하나님은 "나의" 힘과 방패가 되어 주시는 것입니다. 그러므로 어떠한 상황에 있느냐 하는 것과 상관없이 승리는 하나님의 손에 달려 있습니다. 그것을 믿음으로 바라보는 지도자는 승리를 손에 얻게 되는 것입니다.

8장

조직이론과 목자의 마음

    조직이론은 리더와 구성원들간의 상생과 조화, 리더의 변혁적 비전을 통한 구성원들의 협력과 성장, 그리고 하나의 마음을 품었을 때 발휘되는 팀워크를 강조합니다. 하지만 사람과 사람이 만나 이룬 조직에서 인간의 유한성은 드러나게 마련입니다. 리더 한 사람에게 너무 초점을 맞추다 보면 리더는 리더대로 피로가 쌓이고, 구성원들 역시 맹목적인 충성으로 눈이 가려지거나, 또는 권력이 한 사람에게 집중된 상황에 대해서 원망과 불편한 마음을 쏟아낼 수밖에 없습니다. 리더 개인의 성품이나 역량이 자신을 드러내고 높이는 것이 아니라, 하나님 나라를 위한 섬김의 도구로 사용될 수 있도록 인도하는 성경적 원리가 청지기 의식이라면, 리더가 사랑의 헌신을 통해 구성원들과 힘을 합쳐 조직을 이끌어 가는 모습을 조명하는 것이 목자의 마음에 대한 강조입니다.

1. 목자의 마음이란?

목자란 히브리어로 "로에"(רועה)입니다. 이는 "양을 치다, 먹이다, 돌보다"라는 의미의 동사, "라아"(רעה)에서 유래된 단어로서, 목자의 주된 역할은 양들을 말씀으로 먹이고, 영적으로 돌보는 것입니다. 필립 켈러(Philip Keller, 1920-1997)는 선교사의 아들로 케냐에서 태어나 야생식물의 사진작가, 농업경제학자, 그리고 수십 여 권의 베스트셀러 작가로 활동했습니다. 그는 케냐에서 8년간 양을 치는 목장의 주인, 즉 목자로 살았고, 그 경험을 바탕으로 1970년에 시편 23편을 조명한 책을 발간했는데, 그 책 역시 베스트셀러가 되었습니다. 그는 다윗이 시편을 통해 자신을 양으로 인식하고 있음을 강조하며, 독생자의 피값을 치르고 인류의 생명을 구원하신, 목자되신 하나님을 바라볼 것을 권면했습니다(Keller, 1970). 특히 그는 양들의 습성을 통해 그리스도를 목자로 보내주신 하나님의 은혜를 세밀하게 조명했습니다.

양들은 겁이 많아서 불안하거나, 무리 안에 불화가 있거나, 파리나 기생충이 있어서 괴롭거나, 배부르게 꼴을 먹지 않은 상태에서는 절대로 눕지 않습니다. 그러므로 목자는 양들을 안전하게 돌보고, 무리 안에서 불필요한 갈등이 생기지 않도록 권위로 중심을 잡고, 온갖 해충으로부터 양들을 보호하고, 그들을 배불리 먹여야 양들이 건강을 유지할 수 있는 것입니다. 목자되신 예수 그리스도는 양된 우리들에게 평안을 주시고(요 14:27; 딤후 1:7), 섬김의 본을 보여주시며, 인간적인 욕심이 아니라 하나님 나라를 바라보게 하시고(마 20:26-28), 양을 지키기 위하여 목숨을 바치심을 통해 양들로 하여금 풍성한 생명을 누리게 하셨습니다(요 10:10-15).

양을 지키는 개도 훈련만 잘 받으면 효과적으로 양들을 보호할 수 있습니다. 하지만 영적 양떼들을 돌보는 일은 그렇게 단순한 일이 아닙니다. 그러므로 목자의 역할을 맡은 리더는 참 목자되신 예수 그리스도의 본을 따라 양들을 보살피고 돌보아야 합니다. 양에게는 귀소본능이 없기 때문에, 목자가 안전하게 울타리 안으로 인도하지 않으면 맹수에게 잡아먹히거나, 낭떠러지에서 굴러 떨어지는 위험을 당할 수 있습니다.

켈러(Keller, 1970)는 목자가 지팡이와 막대기로 양들을 돌보고 지키는 모습을 하나님의 말씀과 성령의 도우심으로 비유했습니다. 목자가 막대기와 같은 말씀으로 맹수를 쫓고, 말을 듣지 않는 양을 징계하는 것처럼, 리더는 말씀의 가르침으로 신앙 공동체의 울타리를 세우고, 그 권위로서 악한 세력을 대적하여 양들을 보호해야 합니다. 또한 목자는 양들을 부드럽게 모으고, 상처가 있거나 몸이 약한 양을 세밀히 검사하기 위해서, 그리고 위험하고 힘든 길을 갈 때에 안전히 인도하기 위해 지팡이를 사용합니다.

리더는 구성원들이 곤경에 처할 때에 성령의 도우심을 구하며 그들을 안전한 곳으로 인도해야 합니다. 맹수에게 습격을 당하는 양은 항싱 무리를 이탈해서 홀로 떨어져 있는 양이라는 사실을 기억한다면 막대기로 맹수를 대적하고, 지팡이로 양들을 인도하는 목자의 역할은 생명을 다루는 일이기 때문입니다.

또한 양은 독이 있는 풀과 오염된 물을 구별하지 못하므로, 목자가 먹을 수 있는 풀이 있는 초장과 맑은 물가로 인도해야 건강을 유지할 수 있습니다. 양털은 라놀린이라는 유분을 함유해서 쉽게 오염되므로 털 관리를 잘 해주지 않으면 유분 때문에 피부가 상하기도 하고, 심지어 항문이 막혀 죽는 경우도 있습니다(최성훈, 2016a). 그러므로 주기적으로 양털을 깎아 줌으로써 털에 묻어서 양을 짓누르는 진흙과 배설물, 가시와 풀들을 떼어주어야 양은 청결과 건강을 유지할 수 있습니다. 마찬가지로 영적 지도자는 공동체 구성원들을 무겁게 하는 세상의 짐, 육신의 정욕들을 내려 놓을 수 있도록 말씀으로 인도해야 합니다.

목자는 막대기, 지팡이, 그리고 간단한 식사 정도만 휴대합니다. 목자의 이러한 단순한 복장과 차림은 자신의 몸이 가벼워야 양들을 잘 돌볼 수 있음을 시사합니다. 양들을 사랑하는 목자는 자신을 위해서가 아니라 양들을 위한 일에 총력을 기울이기 때문입니다. 무더운 여름에 파리, 모기, 진드기 등의 해충들은 양떼들을 몹시 괴롭힙니다.

특히 팔레스타인 지방의 코파리 유충은 양의 콧구멍을 통해 양의 머리 속으로 들어가 악성염증을 일으키고, 이 때문에 양은 견딜 수 없는 고통을 벗어나기 위해 머리를 나무, 바위 등에 부딪치며 몸이 상하거나, 눈이 멀게 되는 경우가 부지기수입니다. 그러한 해충의 위협으로부터 양들을 보호하는 방법은 유황과 여러 가지 향료를 섞은 올리브유입니다. 이 기름을 바르면 해충들이 달라붙지 못하게 되는 것처럼, 성령의 기름 부으심은 세상의 유혹과 시험이 신앙공동체를 귀찮게 하지 못하도록 막습니다. 리더는 먼저 자신이 성령의 기름부음을 체험해야 하고, 그 효과적인 기름을 양들에게 발라주어야 합니다.

결국 영적 지도자의 올바른 모습은 잃어버린 양을 위해 최선을 다하며, 때로는 자신을 희생하는 목자의 모습입니다. 그러한 목자의 본을 예수님께서 보여주셨습니다. 목자의 역할은 양들을 돌보는 고난을 감수할 것을 전제합니다. 예수님은 양들의 영혼을 살리기 위해 죽기까지 하셨고(요 10:15), 그것이 참된 목자의 모습임을 보여주셨습니다. 영적 지도자의 모습도 역시 그러해야 합니다. 목자되신 예수님이 잃은 양 한 마리를 찾듯이(눅 15:3-7), 영적 지도자도 다른 영혼들이 다 교회 공동체의 안전한 울타리 안에 있을 때에라도, 잃어버린 한 영혼을 위해 최선을 다해 섬기고 도울 때, 구성원들의 신뢰를 얻는 것입니다.

예를 들면 목회자가 한 영혼을 얻기 위해 희생하고 섬길 때에, 교인들은 자신을 위해서도 목회자가 그렇게 돌보고 애쓰리라는 것을 신뢰하며 마음이 열리고, 그 열린 마음에 은혜가 임하는 것입니다. 이러한 원리는 어떤 형태의 조직에도 마찬가지로 적용됩니다. 리더가 자신의 이기적인 욕심을 채우는 데에 관심을 쏟는 것이 아니라, 목자가 양들을 돌보듯 조직 구성원들에게 정성을 다 쏟는다면 그 조직은 성공적인 조직이 될 것입니다.

2. 다윗이 품은 목자의 마음

1) 골리앗의 공포

신앙이 없는 사람들에게도 잘 알려져 있는 다윗과 골리앗의 대결 이야기는 신학적인 가르침으로 가득 차 있습니다. 이 가르침은 구약성경뿐만 아니라 신약성경 시대에도 적용되는, 올바른 신앙의 모습을 담고 있습니다. 그것은 눈앞에 골리앗과 같은 큰 문제만을 바라보느냐, 아니면 그 너머에 존재하시는 하나님을 바라보느냐 하는 것입니다. 사무엘상 17:1은 이스라엘과 블레셋 양측의 군대 주둔지를 소개합니다. 블레셋은 유다의 소고에 집결하여 소고와 아세가 사이의 에베스담밈에 진을 쳤습니다. 이스라엘도 엘라 평지에 진을 쳤습니다. 양측이 각각 긴 언덕을 하나씩 차지하고 있었던 것입니다(삼상 17:3). 해안에서 베들레헴으로 이어지는 길이 양측의 사이에 있는 상수리(엘라) 나무 골짜기를 통과하기 때문에 양측은 서로 전략적 요충지를 차지하려고 싸우려는 것입니다. 양측은 모두 그 길을 한 쪽씩 봉쇄하고 있었습니다. 이제 누가 그 길을 차지할 것인지 결정하는 일만 남았습니다.

블레셋의 장수 골리앗은 한 사람씩 싸워 결판을 내자고 말했습니다. 그리스 계통의 해양민족인 블레셋에게 이러한 일은 자연스럽게 보이는 것이었습니다. 아라비아와 그리스의 전쟁이 이러한 방법으로 치러진 일이 많았기 때문입니다.

블레셋은 크레테 섬 출신의 그리스 계통으로, 기골이 장대하고, 철기문화를 받아들여 막강한 군사력을 지니고 있었던 것으로 유명했습니다. 때는 청동기 시대에서 철기 시대로 넘어가는 과도기였지만 이미 블레셋의 청동으로 된 창끝은 철, 즉 쇠로 바뀌어져 있었습니다. 민간인 병력으로 구성된 이스라엘 군대와는 비교도 되지 않는 막강한 화력을 보유하고 있었던 것입니다.

먼저 블레셋은 골리앗을 통해 이스라엘을 모욕했습니다. 모욕적인 말은 상대방의 마음을 찔러 그 마음을 상하게 하고, 두려움과 낙심을 줍니다. 그래서 고대의 전투 부대는 전쟁터에 예언자와 마술사, 그리고 시인을 데리고 다니며, 그들의 입술로 적에게 마술을 걸고, 저주의 말을 하였습니다. 이는 나중에 북왕국 이스라엘을 멸망시킨 앗수르의 왕 산헤립의 신하 랍사게가, 남왕국 유다마저도 빼앗기 위해 전쟁을 벌일 때 썼던 수법이기도 합니다. 적의 막강한 전력과 거인장수, 그리고 그로부터 나오는 모욕적인 말을 듣는 이스라엘은 하나님을 잊어버리고 두려움에 떨고 말았습니다. 게다가 이스라엘은 이제 막 왕국이 설립된 신생국가입니다. 이스라엘의 군대는 민병대였고, 각자가 자신의 먹을 것과 무기를 가져와야만 했습니다. 그들은 처음에는 적의 함성에 놀라서 떨기만 하였지만(삼상 17:11), 나중에는 골리앗을 보고 무서워서 달아나는 지경에까지 이르렀습니다(삼상 17:24).

골리앗은 신학자의 의견에 따라 다르기는 하지만, 그 키가 작게는 약 203cm에서 크게는 325cm까지 되는 것으로 추정되는 장수입니다. 예를 들면 존 맥아더(John MacArthur, 2005, 329)는 이스라엘의 1규빗은 약 18인치, 즉 45cm라고 설명하며 골리앗의 키를 약 3m로 추정했는데, 어쨌든 그 키가 보통사람보다는 훨씬 컸음은 쉽게 짐작할 수 있습니다. 골리앗이 머리에는 놋 투구, 몸에는 60kg이나 되는 비늘갑옷, 다리에는 놋으로 된 각반, 즉 놋경갑, 그리고 어깨에는 놋으로 만든 창을 메고 있었던 것을 감안할 때(삼상 17:5-7), 골리앗의 외모는 모든 사람들에게 위압감과 두려움을 주기에 충분했을 것입니다.

타락의 결과로 우리는 철저하게 눈에 보이는 것에 의존합니다. 또한 내가 무엇을 가지고 있고, 무엇을 가지고 있지 않은지를 바라보며, 나 자신에게 몰두합니다. 항상 자신에게 초점을 맞추며 상황이 양호하면 교만하고, 상황이 좋지 못하면 열등감과 절망에 빠져 버립니다. 자아가 집요하게 그 머리를 들고 자신이 주목받고, 자신이 영광을 누릴 기회를 엿봅니다. 자신이 갖춘 것, 즉 가지고 있는 학벌, 재산, 외모와 신장을 통해 자신감을 얻습니다. 혹시 남보다 부족하다 싶으면, 스스로를 방어하기 위해 자신을 포장하고, 보호하려 합니다. 있으면 있는 대로, 없으면 없는 대로, 갖추면 갖춘 대로, 갖추지 못했으면 갖추지 못한 대로, 사람의 중심은 항상 자기 자신을 향합니다. 이것이 우리에게 길들여진 인간 중심의 편견입니다.

이스라엘 군대도 마찬가지였습니다. 그들은 눈에 보이는 거대한 적장을 보고 낙심했습니다. 출애굽을 경험하고, 만나를 경험했으며, 광야의 사사 시대를 통해 하나님의 도우심과 인도하심을 체험했음에도 불구하고, 그들은 그들에게 길들여진 인간적인 편견 앞에 무기력했고, 따라서 골리앗과 같은 인생의 큰 문제요, 신앙의 장벽을 만난 그들은 낙심하고 좌절했습니다.

2) 두려움이 없는 노련한 목자

두려움에 사로잡힌 이스라엘 군대의 진영에 한 소년이 찾아왔습니다. 그는 유다 베들레헴 지방의 이새라는 사람의 여덟째, 막내아들이었습니다. 싸움이 벌어지는 전쟁터는 다윗의 고향인 베들레헴으로부터 약 24km 정도만 떨어진, 아주 가까운 곳에 있었기 때문에 다윗은 그저 형들의 안부를 묻고 먹을 것을 전달해 주기 위해 전쟁터에 왔습니다. 싸울 준비를 전혀 하지 않았던 것입니다. 하지만 "여호와여 내가 주를 미워하는 자들을 미워하지 아니하오며 주를 치러 일어나는 자들을 미워하지 아니하나이까"(시 139:21)라고 고백했던 다윗의 거룩한 분노가 그를 움직이게 만들었습니다. 그가 싸움터로 나아가기로 결심했을 때에, 수많은 사람들이 다윗을 말렸습니다. 심지어 자신의 친형이자 큰 형인 엘리압은 다윗이 전쟁을 구경하러 왔다며 책망하기까지 했습니다.

왜 그러한 일들이 벌어졌을까요?

두려움에 사로잡힌 이스라엘군은 하나님이 아니라 자신들의 보잘것 없는 모습과 상대 장수 골리앗의 가공할만한 체구만을 바라보았습니다. 형 엘리압이 다윗을 책망하는 모습은 요셉이 형들의 곡식단이 자신의 곡식단에 절을 하는 꿈과 해와 달과 열한 별이 자신에게 절하는 꿈을 말했을 때의 형들의 반응과 비슷합니다(창 37:5-11). 엘리압이나 요셉의 형들이나 모두 자신들과 형제 다윗, 그리고 요셉을 비교했던 것입니다.

특히 엘리압에게는 장자인 자신이 아닌, 막내 다윗에게 사무엘이 기름을 부었던 사건(삼상 16:1-13)이 생생하게 기억났을지도 모릅니다. 자신과 다윗을 비교한 엘리압, 그리고 눈에 보이는 이스라엘과 블레셋 군대의 전력을 비교하며 낙심한 이스라엘 군대 모두는 그 시선이 하나님이 아닌, 인간을 향하고 있었습니다.

반대로 다윗은 과거의 승리의 경험을 되살리며, 육체를 입은 인간의 나약한 눈에 길들여진 시각을 버리고 전능하신 하나님께 초점을 맞추었습니다. 그리고 사울 왕 앞으로 나아가 자신이 골리앗과 싸우겠다고 말했습니다. 사울 역시 하나님이 아니라 다윗의 외모만을 보고, "너는 소년이요 그는 어려서부터 용사"(삼상 17:33)라며 그를 만류했습니다. 다윗은 목동으로서 자신이 사자나 곰과 싸운 일들을 이야기하며, 그 일들이 자신의 능력이 아니라 하나님의 도우심과 살려주심에 있었다고 담대히 대답했습니다(삼상 17:34-37).

실제로 목자는 자기가 맡은 가축을 돌봅니다. 맹수가 나타나 가축을 잡아먹으면 목자는 죽은 짐승의 일부라도 맹수에게서 빼앗아 와야 했습니다. 목장 주인에게 짐승이 없어지게 된 이유를 설명해야 하기 때문입니다. 그래야 그는 도둑의 누명을 벗을 수 있습니다. 다윗은 주인이 아니라, 아버지의 양들을 치는 목동이었지만, 자신의 책임을 성실히 다하기 위해, 그리고 양을 사랑함으로 보호하는 목자의 마음으로 맹수로부터 양을 지켜왔습니다.

다윗으로 하여금 거인 골리앗을 대항하게 했던 기반은 바로 이 목자의 경험이었습니다. 시편의 수많은 시와 찬송들을 썼던 다윗은 목동으로서 밤하늘을 보며 곰곰이 하나님께서 지으신 이 세상을 통해 하나님을 묵상하였습니다. 이것이 소년 목동 다윗의 유익이었습니다. 그의 사무실의 천정은 광활한 하늘이었습니다. 홀로 밤을 지새우며 소년 다윗은 끝없이 펼쳐진 하늘을 바라보며 하나님의 창조섭리를 찬양하는 데 시간을 보냈습니다. 그리고 "주의 손가락으로 만드신 주의 하늘과 주의 베풀어 두신 달과 별들을 내가 보오니 사람이 무엇이기에 주께서 그를 생각하시며 인자가 무엇이기에 주께서 그를 돌보시나이까"(시 8:3-4)하고 감탄하며 고백했습니다.

우리가 위에 계신 하나님을 바라볼 때, 모든 것이 변합니다. 밤하늘을 보며 다윗은 하나님의 질서를 보았습니다. 이해할 수 없는 그 분을 만났습니다. 광활한 하나님, 영원한 하나님, 그리고 자신이 맹수를 쫓아내는 목자의 역할을 수행할 때마다 이기게 하시는, 전쟁에 능하신 전능의 하나님을 만났습니다. 그는 어둠 속에서 찬란한 빛을 바라보았던 것입니다. 전능하신 하나님, 우리의 모든 생각과 이해를 뛰어넘는 광활하신 그 분을 바라볼 때, 골리앗이라는 거대한 인간의 모습은 다윗에게는 너무나 작게 보였습니다.

그 눈이 하나님을 향하고 있던 다윗은, 군인이 갖추어야 할 장비들을 다 버리고 목자의 무기, 즉 막대기와 돌팔매를 가지고 나아갔습니다. 반면에 골리앗은 각종 공격무기와 방어장비로 완전히 무장하고 떡 버티고 서 있었습니다. 그에게는 방패를 들고 다니며 그를 보호하는 부하까지도 있었습니다. 사람의 눈으로 볼 때 이것은 도저히 상대가 되지 않는 싸움입니다. 그런데 여기에 또 신학적인 가르침을 주는 상황이 소개됩니다. 골리앗이 자신의 신 다곤의 이름으로 다윗을 저주했던 것입니다(삼상 17:43).

결국 이 싸움은 인간들 사이의 싸움이 아니라 신들의 대결인 것입니다. 이는 후일, 엘리야가 갈멜산에서 450명의 바알 선지자와 400명의 아세라 선지자와 벌인 영적 대결을 생각나게 합니다. 다윗은 군인이 갖추어야 할 장비인 놋 투구, 비늘갑옷, 놋 각반, 놋 경갑, 창과 방패, 이 가운데 어느 하나도 가지고 있지 않았습니다. 그렇지만 그는 강력한 군대의 하나님의 이름으로 나아갔습니다.

이는 성경에 나타난 믿음의 전투들을 연상케 하는 대목입니다. 기드온의 군대가 미디안과 싸울 때에 3만 2천 명 중에 두려워 떠는 자 2만 2천 명을 집으로 돌려보내고, 다시 1만 명 가운데 손으로 움켜 물을 먹는 자 300명을 통해서, 그것도 나팔과 항아리를 들고 대승을 거둘 때에도 이스라엘은 하나님 한 분만을 의지하고 전쟁에 임했었습니다. 르우벤 지파, 갓 지파, 므낫세 반 지파가 4만 4천 7백 6십 명으로 하갈 사람과 싸워서 포로로 잡은 숫자만 10만 명이었던 전쟁(대상 5:18-22), 남유다의 왕 아사가 30만의 군대를 가지고 100만 명의 군대와 병거 3백승을 이끌고 쳐들어왔던 구스사람 세라의 군대를 다 쳐서 승리한 전쟁도(대하 14:9-15) 이와 같았습니다.

이렇게 구약 시대의 수많은 믿음의 선진들이 하나님을 의지하고 싸웠기 때문에 승리한 사실을 다윗은 이렇게 정리했습니다.

> 우리 조상들이 주께 의뢰하고 의뢰하였으므로 그들을 건지셨나이다 그들이 주께 부르짖어 구원을 얻고 주께 의뢰하여 수치를 당하지 아니하였나이다(시 22:4-5).

3) 하나님의 이름: 목자가 거둔 승리의 비결

골리앗은 다윗을 보고 코웃음을 치며, "내게로 오라 내가 네 살을 공중의 새들과 들짐승들에게 주리라"(삼상 17:44)고 말했습니다. 다윗도 지지 않고 담대하게 응수했습니다. 그것은 그의 믿음의 고백이었습니다.

> 너는 칼과 창과 단창으로 내게 나아오거니와 나는 만군의 여호와의 이름 곧 네가 모욕하는 이스라엘 군대의 하나님의 이름으로 네게 나아가노라 오늘 여호와께서 너를 내 손에 넘

기시리니 내가 너를 쳐서 내 목을 베고 블레셋 군대의 시체를 오늘 공중의 새와 땅의 들짐승에게 주어 온 땅으로 이스라엘에 하나님이 계신 줄 알게 하겠고 또 여호와의 구원하심이 칼과 창에 있지 아니함을 이 무리에게 알게 하리라 전쟁은 여호와께 속한 것인즉 그가 너희를 우리 손에 넘기시리라 (삼상 17:45-48).

골리앗이 일어나 드디어 다윗을 향해 몸을 움직이기 시작했습니다. 다윗도 당차게 급히 골리앗을 향해 마주 달려가며 주머니에 손을 넣었습니다. 돌멩이 하나가 만져지자, 곧바로 그것을 물매로 골리앗을 향해 던졌습니다. 다윗의 돌은 골리앗의 이마에 정확하게 명중했습니다.

다윗은 좋은 목자가 되기 위해 매일 물매 던지기를 연습했고, 이를 통해 양들을 맹수로부터 지킬 수 있었습니다. 하지만 비록 물맷돌이 골리앗의 머리에 명중했을지라도 이 돌이 그냥 튕겨 나갈 수도 있었을 것입니다. 그렇다면 다윗은 꼼짝없이 죽음을 맞이할 수밖에 없게 되는 것입니다. 하지만 하나님의 능력이, 다윗이 오랜 세월 동안 갈고 닦은 물매 던지는 실력 위에 함께 할 때에 이 작은 돌멩이는 거대한 장수 골리앗의 두꺼운 이마를 뚫고, 파고 들어갔습니다. 골리앗의 이마에 돌멩이를 맞춘 것은 다윗이지만, 그 작은 돌이 골리앗의 이마를 뚫고 들어가게 함으로 골리앗을 눕힌 것은 결국 하나님의 도우심이요, 능력이었던 것입니다.

골리앗은 자신의 무기를 하나도 사용해 보지 못하고 무릎을 꿇었습니다. 또한 이 승리는 칼이 없이 이루어졌습니다. 전쟁은 하나님께 속한 것이기 때문입니다. 싸움에 이기고 지는 비결은 군대가 얼마나 많으냐, 무기가 얼마나 좋으냐, 얼마나 훌륭한 장수가 있고, 준비를 얼마나 많이 했느냐에 달려 있는 것이 아니라 전적으로 하나님의 손에 달려 있습니다. 하나님의 일을 하려고 할 때에 우리는 무엇을 의지합니까?

나는 인간적으로 똑똑하니, 나는 공부를 많이 했으니, 나는 지식이 있으니, 나는 학위가 있으니, 나는 통솔능력이 있으니, 나는 교제를 잘하니, 나는 인물이 좋으니, 이러한 것들을 계산하며 하나님의 일을 하려 하는 사람들은 결국 실패의 쓴 잔을 마실 수밖에 없습니다.

반면 광야에서 목자의 사명을 감당하며 하나님과 교제했고, 그 교제의 힘으로 골리앗을 이긴 다윗은 "많은 군대로 구원 얻은 왕이 없으며 용사가 힘이 세어도 스스로 구원하지 못하는도다 구원하는 데에 군마는 헛되며 군대가 많다 하여도 능히 구하지 못하는도다"(시 33:16-17)라고 기쁨으로 고백했습니다. 사도 바울도 우리에게 세상의 미련한 사람들을 택하사 지혜 있는 자들을 부끄럽게 하시고 약한 이들을 택하사 강한 사람들을 부끄럽게 하심을 통해 아무 육체도 하나님 앞에서 자랑하지 못하게 하시는 하나님을 가르쳐 주었습니다(고전 1:27).

사람은 하나님의 형상으로 창조된, 그래서 무한한 잠재력을 가진 존재로 창조되었습니다. 생육하고 번성하여 땅에 충만하며, 땅을 정복하고, 모든 생물을 다스릴 수 있는 능력을 부여 받았습니다(창 1:28). 하나님의 형상을 따라 창조된 우리는 주님 안에 거할 때 무슨 일이든 할 수 있습니다. 하지만 우리는 타락의 결과로, 죄악으로 인해 눈이 어두워져 있고, 죄로 물든 관점으로 모든 것을 바라봅니다. 죄로 눈이 멀어서, 능히 할 수 있는 일들도 못한다고 물러납니다.

그러나 우리가 하나님의 말씀을 통해 발견한 하나님의 비전은 한 영혼을 품는 구원의 비전입니다. 사람이 바라보는 외모나 편견과 아무 상관이 없이, 하나님은 한 영혼을 귀하게 여기는 목자의 마음을 품은 다윗에게 주목하시고, 그를 목자로서 더욱 훈련시키신 후에 그를 통해 온 세상이 깜짝 놀랄 일들을 이루셨습니다.

지금 나는 어디에 있습니까?

자신의 눈으로 골리앗처럼 보이는 세상을 바라보며, 두려움에 떨며 무기력하게 웅크리고 있지는 않습니까?

그렇게 주저앉아 더 좋은 장비를 갖추고 환경이 더 좋아지기만을 기다리고 있지는 않습니까?

다윗같이 골리앗을 향해 담대히 나서는 사람을 향해, 그의 형 엘리압처럼 손가락질을 하고 있지는 않습니까?

혹시 내가 그 한 영혼을 품은 비전의 주인공일지도 모릅니다. 그래서 나 자신을 소홀히 다룰 수 없습니다. 하나님께서 미래에 나를 어떠한 모습으로 사용하실지 모르기 때문입니다. 헛된 것에 시간을 낭비할 수 없습니다. 좌절하고 넘어질 수 없습니다. 환경이 잘 되기를 기다리면 늦습니다. 모든 장비를 다 갖추려면 시간이 너무 오래 걸립니다. 하지만 쉬운 길이 있으니, 그것은 환경이 돌아서기 전에 내가 참 목자이신 예수님께로 돌아서는 것입니다.

하나님의 인류를 향한 구원의 비전은 독생자 예수 그리스도를 통해 이루어졌습니다. 예수님은 양으로 생명을 얻게 하고 더 풍성히 얻게 하시려고 이 땅에 오셨습니다(요 10:10). 예수님은 양들을 위해 목숨을 버리는 선한 목자로서 맹수가 올 때에 달아나는 삯군 목자와 대비됩니다(요 10:11-13). 다윗은 광야에서 하나님을 만나, 하나님의 마음을 품고 양들을 돌보는 목자로 훈련을 받았습니다. 그 훈련의 경험은 그가 골리앗이라는 거인을 물리치고 이스라엘 전체의 왕으로 세워지는 기반이 되었던 것입니다. 오늘날의 영적 지도자도 예수님처럼, 다윗처럼 맡겨진 양들을 위해 생명을 바칠 때에, 오히려 생명을 얻는 체험을 하게 될 것입니다(요 10:17).

4) 은혜: 목자의 마음의 근원

다윗이 목자의 마음을 품게 된 동기는 그가 만난 하나님이었고, 하나님께서 그에게 베풀어 주신 은혜였습니다. 다윗은 목자로 양들을 돌보며 매 시간 그와 함께 하셔서 맹수로부터 양들을 보호하도록 인도하신 하나님을 체험했습니다. 다윗이 광야에서 만난 하나님은 그가 왕이 된 이후에도 다윗이 어디로 가든지 이기게 하시는 여호와 하나님이셨습니다(대상 18:13). 다윗은 골리앗을 쓰러뜨리고 승리를 거두었습니다. 하지만 그는 자신을 이기게 하신, 하나님 안에 있는 것이 승리의 비결임을 잊지 않았습니다.

베드로가 예수님을 바라볼 때에 물 위를 걸을 수 있었다가, 예수님이 아니라 불어오는 바람을 보고 두려워하니까 물에 빠져 들어가는 모습도 이 같은 사실을 잘 보여줍니다(마 14:22-32). 참 포도나무요, 생명의 근원이신 예수님 안에 있을 때에는 열매를 맺고, 그 말씀 안에 거할 때에 원하는 모든 일을 이룰 수 있는 것입니다(요 15:1-8). 그러므로 하나님의 은혜를 체험한 사람만이 목자의 직분을 감당할 수 있습니다. 반대로 은혜를 모르는 사람은 마음이 강팍하고 메말라 있습니다. 그 안에 생명을 잉태하는, 열매를 맺을만한 믿음이 없는 것입니다.

북왕국 이스라엘과 남왕국 유다가 멸망한 이유도 바로 그러한 은혜에 기반한 목자 의식이 없었기 때문입니다. 선지자들은 그 멸망의 이유를 "헤세드"(חסד), 즉 "인애"가 없기 때문이라고 결론을 내렸습니다. 지도자들이 백성들을 인애로 보살피지 않고, 오히려 착취와 억압의 대상으로 삼았기 때문에 그 악이 하나님 앞에서 멸망의 원인이 되었던 것입니다. 은혜의 체험은 사람의 마음을 부드럽게 합니다. 우리의 사랑은 해와 같은 사랑이 아니라 달과 같은 사랑입니다. 해는 스스로 빛을 내지만 달은 햇빛을 반사해서 빛을 냅니다.

그러므로 사랑의 본질이신 하나님의 사랑을 통해서만 우리는 사랑의 빛을 발할 수가 있습니다. 자비를 베풀 수 있고, 섬길 수 있습니다. 그러므로 하나님으로부터 사랑받기를 거부하거나 하나님과 올바른 관계를 유지하지 않으면 우리에게서 사랑이 나타나지 못하는 것입니다.

다윗이 하나님께서 베풀어 주신 은혜를 품고 목자의 마음으로 자비를 베푼 대표적인 예는 요나단의 아들 므비보셋을 거둔 것입니다. 우리나라 조선 왕조는 권력을 다투다가 형제들을 죽이기도 하고, 반대파를 숙청하여 친가, 외가, 처가의 8촌의 씨를 멸하기까지 했습니다. 이는 만의 하나, 나중에 생길 수 있는 원수 갚음의 가능성을 미연에 방지하려는 의도입니다. 이것이 사람의 논리요, 세상의 논리입니다. 적을 치되, 재기 가능성이 전혀 없도록 완전히 멸해서 다시는 자신에게 위협이 되지 못하도록 하는 것입니다.

하지만 이스라엘의 2대 왕으로 등극한 다윗은 자신을 죽이려던 원수 사울 왕 가문의 남은 자를 찾았습니다. 그는 사울의 손자요, 요나단의 아들인 므비보셋을 데려와 사울의 모든 재산을 돌려주고, 자신의 상에서 함께 식사하도록 하는 은총을 베풀었습니다(삼하 9:7). 다윗이 자신의 친구였던 요나단의 자손만을 찾지 않았다는 사실이 중요합니다. 그는 사울 집안의 모든 사람을 찾아 자비를 베풀려 했습니다. 이는 다윗이 선지자 나단을 통해 다윗 왕국에 대한 약속을 받고, 그 사실을 믿은 데에서 비롯되는 신앙고백의 행위입니다. 다윗은 "여호와가 너를 위하여 집을 짓고"(삼하 7:11)라는 말씀을 기억했습니다. 자신이 승승장구하는 것이 하나님의 은총 때문임을 바라보고, "사울의 집에 아직도 남은 사람이 없느냐 내가 그 사람에게 하나님의 은총을 베풀고자 하노라"(삼하 9:3)고 말할 수 있었습니다. 다윗은 하나님의 은총을 마음에 품은 목자요, 하나님의 사람이었기 때문에 자신의 왕국을 지키는 인간적인 방법에 연연하지 않고, 자신을 향한 하나님의 약속을 믿고 자비를 베풀 수 있었던 것입니다.

미우라 아야꼬는 "기도해 보시지 않을래요"라는 책에서 감동적인 실화를 소개했습니다. 20세기 초기에 일본에는 "나가오 마끼"라는, 갓 목사 안수를 받은 젊은 목사님이 있었습니다. 그는 "내가 그리스도의 이름을 부르는 곳에는 복음을 전파하지 않기로 힘쓰노니 이는 남의 터 위에 건축하려 하지 아니하려 함이라"(롬 15:20)는 말씀을 붙들고 사방 100km 내에 교회가 없는 곳에 개척을 하겠다고 결심했습니다. 그래서 천막을 치고 교회를 개척한 곳이 미신으로 가득한 "가나자와"라는 곳이었습니다. 마가오 목사는 아내와 아기, 세 명이서 창립예배를 드렸습니다.

　그렇게 한 달이 지나고, 두 달이 지나고, 6개월이 지났는데도 아무도 찾아오지 않았습니다. 하지만 이를 꽉 물고 하나님께서 자신을 그곳에 보내셨으니 하나님께서 이루실 일이 있다고 믿으며 5년을 버텼습니다. 그러다가 5년째에 첫 번째 교인이 한 명 왔습니다. 어떤 청년이 찾아왔던 것입니다. 매 주 아내와 조금 자란 아이, 이렇게 셋이서만 예배를 드리다가 새 가족과 함께 예배를 드리니 신이 나고, 감격에 겨운 반가운 마음으로 함께 식사를 하는데, 이 청년이 "욱" 하더니 핏덩이를 토해 냈습니다. 지금부터 약 100여 년 전인 1900년대 초에는 폐병이 가장 무서운 병중에 하나였습니다. 의학기술이 아직 발달하지 않아서 좋은 약이 없었기 때문입니다. 병이 옮을 수도 있고, 각혈을 하는 이 사람을 어떻게 해야 하나 하고 고민을 하다가, 피를 다 닦아 주고, 다시 밥을 잘 차려 주었습니다.

　알고 보니 그 청년은 유명한 정치인의 첩의 자식이었습니다. 마치 홍길동처럼, 아버지를 아버지라고 부를 수 없이, 제대로 사랑받지 못하고 지냈는데, 예수님을 믿고 신학교까지 입학하게 되었습니다. 하지만 신학교에서는 각혈을 하는 이 청년을 보고 강제로 휴학하도록 했습니다. 폐결핵의 공포에 떨던 때이기 때문에 섬기던 교회에서도 쫓겨났습니다. 모든 곳에서 거부당한 청년은 이제 하나님이 살아계신 것이 맞느냐는 회의가 들었습니다. 그러다가 전도를 아무리 해도 교인이 모이지 않았는데도 열심히 목회를 하는

"나가오 마끼"라는 목사가 있다는 소문을 듣고, 마지막으로 한 번 그 곳에 가보고, 만약 나가오 목사도 예수님의 사랑으로 자신을 받아주지 않으면 자살을 할 생각으로 그 곳에 갔던 것입니다. 이 청년이 여기에서 목사님의 사랑 앞에 마음이 무너지고 깨어져서 다시 힘을 얻었습니다. 나가오 목사님 부부의 보살핌과 섬김으로 폐결핵이 완치되었고, 신학교에 복학해서 목사가 되었습니다. 그의 이름은 고베와 동경 지역에서 사역을 하며, 일본 빈민의 아버지로 유명한 "가가와 도요히꼬"입니다.

빈민들이 굶을 때에 제일 많이 걸리는 병이 변비입니다. 식사를 오랫동안 하지 못하면 장 속에 있는 변이 굳어져서 차돌처럼 딱딱하게 되는데, 이렇게 심한 변비에는 약도 독한 약이 필요하지만, 약으로도 해결하기가 힘이 듭니다. 그래서 오늘날에도 이렇게 중증 변비 환자는 의사가 고무장갑을 끼고 기구를 통해 굳어있는 변을 파 주어야 합니다. 가가와 도요히꼬 목사도 변비가 심한 사람들의 변을 직접 손으로 파 주었고, 너무나 심한 사람의 경우에는 직접 입으로 침을 대어 녹여서 파 주었습니다.

그렇게 사랑을 실천한 목사로 명성을 얻게 되었는데, 나중에 사람들이 어떻게 이런 사역을 할 수 있었냐고 물었더니 자신은 나가오 마끼 목사에게 배운 대로 한 것일 뿐이라며 그에 비하면 자신이 하는 일은 아무 것도 아니라고 대답했습니다. 하나님의 종을 통해 체험한 은혜가 그의 사역을 통해 은혜의 열매를 맺은 것입니다. 그는 중국으로 건너가서 일본에서와 똑같이 빈민 사역을 했습니다. 그러다가 장개석 총통의 부인인 송미령 여사가, 이러한 소문을 듣고 가가와 도요히꼬 목사를 초청해 성경공부를 했습니다.

그러다가 1945년, 일본이 패망하여 타국에 살던 일본인들이 철수할 때, 현지인들로부터 앙갚음을 당하는 일이 빈번하게 벌어졌습니다. 당시 중국에 있던 일본인들의 수만 해도 200만 명이나 되었습니다. 특히 러시아 사할린에서는 일본인들이 돌아가지 못하게 하고 폭격을 해서 대부분이 목숨을 잃었습니다. 하지만 중국에서는 그러한 일들이 거의 없었습니다. 중국은 난징대학살로 인해 일본군대에 의한 공식적인 집계로는 30만, 비공식적인 집계로는 60만 명이 학살당한 경험이 있습니다. 하지만 일본인들이 철수할 때 중국에서는 거의 약탈이나 보복이 일어나지 않았습니다.

송미령 여사가 가가와 도요히꼬 목사를 보호하기 위해 남편인 장개석 총통에게 특별히 부탁을 해서, 장 총통이 철수하는 일본인들에게 위해를 가하거나 물자를 약탈하는 자는 극형에 처한다고 포고령을 내렸기 때문입니다. 영적 지도자는 목자의 마음을 가지고 잃은 양 한 마리를 찾듯이, 한 영혼을 품는 사람입니다. 가가와 도요히꼬 목사는 난징에 거주하던 수천 명의 빈민들뿐만 아니라 200만 명의 일본인들까지 살렸습니다. 하지만 결국 그 귀한 사역은 가가와 도요히꼬 목사라는 한 영혼을 품은 하나님의 사람, 하나님의 은혜를 체험하고 목자의 마음을 지닌 나가오 목사로부터 시작되었던 것입니다.

3. 느헤미야의 목자의식과 신앙건축

1) 목자의 마음을 품은 느헤미야

목자의 마음을 품었다는 것은 목자되신 하나님의 마음을 품은 것을 의미합니다. 오늘날의 영적 지도자는 선한 목자되신 예수 그리스도의 마음을 품고 맡겨진 사람들을 양들로 바라보며 목양합니다. 또한 성경에 등장하는 하나님의 마음을 품은 수많은 사람들이 이스라엘 백성들을 목양해야 할 대상으로 삼았습니다. 예레미야도 선지자 열방의 통치자들을 목자들로 지칭함으로써 지도자의 목자로서의 사명을 강조했습니다(렘 25:34).

느헤미야는 페르시아 아닥사스다 왕의 재위 20년, 기슬르월에[1] 수산 궁에서 관리로 왕을 섬기고 있었습니다. 페르시아 왕은 여름에는 하메단 궁에 거주했고, 겨울에는 수산 궁 별장에 거주했는데, 이 때가 11-12월에 해당하는 기슬르월이었으므로 아닥사스다 왕과 신하들은 수산 궁에 있었습니다. 느헤미야는 형제 하나니를 통해 예루살렘의 소식을 듣게 되었습니다.

예루살렘은 140년 전, 느부갓네살 2세에 의해 파괴된 이래 여

---

[1] 고대인들은 태양보다 달의 순환을 관찰하는 것이 더 쉬웠기 때문에 태음력을 사용하였다. 각 달은 해가 지고, 초생달이 최초로 보이는 날에 시작하였고, 윤달을 삽입하여 농업의 절기를 맞추었다. 고대 근동의 국가들은 태음력인 바빌로니아력을 사용하였는데, 성경에 등장하는 바벨로니아력에 맞춘 유대력은 다음과 같다. 니산월, 이야르월, 시완월, 담무스월, 아브월, 엘룰월, 디스리월, 말케스월, 기슬르월, 데벳월, 스밧월, 그리고 아달월로 구성되는 유대력은 각각 1-12월을 나타낸다. 그러므로 기슬르월은 오늘날의 태양력으로는 11-12월에 해당하며, 유대력의 정월인 니산월은 오늘날의 달력으로는 3-4월에 해당한다.

전히 폐허인 상태로 있었는데, 성벽과 성문이 무너진 도시는 외부의 적에게 공격받기 쉽기 때문에 백성들도 큰 환난과 능욕을 받는 어려운 사정에 처해 있었습니다(느 1:3).

느헤미야는 예루살렘의 어려운 사정을 듣고 수일 동안 슬퍼하며 하나님 앞에 금식하고 기도했습니다. 그냥 주저앉아 신세 한탄을 하고 하나님을 원망한 것이 아니라, 그는 이스라엘 민족을 대표해서 이스라엘 자손의 죄를 회개했습니다(느 1:4-7). 그는 하나님께서 모세를 통해 주신 율례와 규례를 지키지 않았음을 고백하며, 이스라엘 백성이 범죄하면 여러 나라 가운데 흩어짐을 당하고, 다시 하나님의 계명을 지켜 행하면 하늘 끝까지 쫓겨갔을지라도 택하신 곳으로 다시 돌아오게 하시겠다는 심판과 약속의 말씀을 붙들고 기도했습니다(느 1:8-9).

하나님은 모세 때에 이미 하나님의 계명을 지켜 행하면 번성하고 창대하게 되며, 그렇지 않으면 여러 민족 중에 흩을 것이라고 말씀하셨습니다(레 26:3-46; 신 30:1-21).

하지만 이스라엘 백성들이 그렇게 하지 않았기 때문에 북왕국 이스라엘은 앗수르에 의해 멸망하여 흩어지게 되고, 남왕국 유다는 바벨론에 의해 무너져서 흩어짐을 당한 것입니다. 느헤미야는 민족의 죄를 회개하는 한편, 하나님의 약속의 말씀에 매달렸습니다. "오늘날 종으로 형통하여 이 사람 앞에서 은혜를 입게 하옵소서"(느 1:11)라고 기도하며 아닥사스다 왕을 통해 하나님께서 이스라엘을 회복해 주시기를 간구했습니다.

느헤미야가 이같이 기도할 때에 그는 술 관원으로 승진해 있었습니다. 고대 근동의 왕실에서 술 관원은 매우 중요한, 최고위의 직분이었습니다. 요셉이 누명을 쓰고 애굽의 감옥에서 만난 최고위 관리들이 술 관원과 떡맡은 관원이었던 것처럼, 고대 근동에서는 왕을 독살하는 경우가 많았기 때문에 왕이 가장 신뢰하는 사람을 술 관원과 떡 관원을 삼아 곁에 두었습니다. 술 관원은 왕의 후궁에 출입할 수 있는 특권을 얻을 정도로 왕을 직접 접촉할 수 있었으며, 따라서 막강한 영향력을 행사했습니다.

따라서 앗수르와 페르시아의 문헌들과 부조들에는 궁정의 술 관원들에 관한 묘사가 많이 나타나며, 술 관원은 왕의 옥새를 보관하는 등, 고위 재정 관리 역할도 담당했습니다. 느헤미야는 예루살렘의 소식을 듣고 하루라도 빨리 동포들 곁으로 가고 싶었지만 페르시아 왕궁의 고위직에 있는 자신이 움직이는 것이 쉽지가 않았습니다. 왕을 떠난다는 것이 자칫하면 불충성으로 비춰질 수 있었기 때문입니다. 심기를 잘못 건드렸다가는 왕을 반대한다는 오해를 받을 수도 있었고, 목숨마저 위험하게 될 수도 있었습니다.

게다가 예루살렘 성벽 짓는 일은 왕이 과거에 금지시킨 적이 있었습니다. 바사, 아람, 바벨론에서 온 외국인인 비슬람, 미드르닷, 다브엘과 그의 동료들이 페르시아 관리 르훔과 서기관 심새를 움직여 아닥사스다 왕에게 상소를 보내어 유다를 모함했습니다(스 4:7). 유대인들은 유일신 여호와 하나님만 섬기면서 옛부터 반역을 일삼았고, 성이 완성되면 조공과 관세와 통행세를 바치지 않을 것이라고 참소한 것입니다. 아닥사스다 왕이 역사의 기록을 살펴보게 하니, 과연 유대인들은 바벨론 통치 때부터 저항과 반란이 지독했다고 기록되어 있었습니다. 집권초기라 아직 모든 것이 불안정할 때라, 아닥사스다왕은 조금이라도 반역의 불씨를 남겨둘 수 없었기 때문에 당장 성벽공사를 중단시켰습니다.

왕이 다시 조서를 내리기 전까지는 아무도 성을 쌓을 수가 없게 했습니다. 페르시아에서는 한 번 왕이 매듭지은 일을 다시 거론하는 것은 즉결처형 당할 수도 있는 중죄였습니다. 그래서 느헤미야는 기도하며 넉 달을 기다렸습니다.

기슬르월에서 니산월까지 4개월을 기도한 느헤미야는 이제는 에스더처럼 "죽으면 죽으리라"는 각오로 왕 앞에 나섰습니다. 신적 존재인 왕 앞에서 얼굴을 어둡게 하는 것은 왕이 통치를 잘못해서 근심이 생겼다는 불충과 신성모독의 의미가 있으므로 지난 4개월 동안에도 왕 앞에서 수심을 나타내지 않으며 표정관리를 한 느헤미야는 이번에는 수심을 드러냈습니다(느 2:1-2). 왕 앞에서 어두운 표정을 보였다가는 죽음을 면치 못하는 위험을 무릅쓰고, 왕이 한 번 명령한 것을 거슬리는 예루살렘 성의 재건을 위해, 유다로 돌아가 예루살렘 성전을 다시 쌓기를 왕에게 간청했습니다. 뿐만 아니라 성전 건축에 사용할 재목들을 구했고, 군대장관과 마병들뿐만 아니라, 이 모든 일을 왕이 허락했음을 증명하는 왕의 조서까지 요청했습니다.

어떻게 느헤미야가 이렇게 담대할 수 있었습니까?

다윗이 골리앗을 향해 나아갈 수 있었던 것처럼, 자신의 안위와 영광이 아니라, 하나님의 뜻과 영광을 먼저 구했기 때문입니다. 느헤미야는 4개월 동안 치밀하게 계획하고 준비한 사항을 왕에게 청했습니다. 느헤미야가 품은 하나님 중심의 마음이 그로 하여금 체계적인 계획을 세우고 구체적인 준비를 하도록 하는 원동력이 되었습니다. 또한 그는 성벽 재건을 방해하는 무리들을 바라보며, 다윗이 골리앗을 향해 가졌던 거룩한 분노의 마음을 품고 하나님께 호소했습니다(느 4:4-5).

하나님께서 특별한 비전을 주시기를 구하며 기다리기만 하는 것으로는 아무런 일도 일어나지 않습니다. 하지만 말씀을 통해 하나님의 뜻을 분별하고 하나님께 기도하며 소통할 때에 자신이 품은 비전은 하나님을 영화롭게 하는 비전이 되어 큰 일을 이루는 것입니다. 그리하여 "먼저 그의 나라와 그의 의를 구할때 이 모든 것을 더하시는"(마 6:33) 은혜가 임하게 되었습니다. 결국 에스더의 의붓아들인 아닥사스다는 느헤미야를 유대 땅으로 보내며, 그가 요구한 모든 것을 허락해 주었던 것입니다.

2) 무너뜨려야 할 장벽

우리는 하나님의 나라와 의를 위해서 무너뜨려야 할 성벽과 세워야 할 성벽을 구별해야 합니다. 먼저 무너뜨려야 할 성벽이 있습니다. 인류의 선조들은 높은 성벽을 쌓았습니다. 그것은 성벽이라기 보다는 오히려 탑에 가까왔습니다. 사람들은 그것을 바벨탑이라고 불렀습니다. 모든 사람들이 힘을 합쳐서 탑을 쌓았습니다. 바벨탑을 쌓은 동기는 세상에 자신의 이름을 내고 지면에 흩어짐을 면하기 위함(창 11:4), 즉 나 자신이 높임을 받고 영광을 얻기 위해서입니다. 하지만 하나님께서 이것을 가증히 여기시고 언어를 혼잡하게 하셨습니다.

여기에서 우리는 교훈을 얻습니다. 오늘날 영적 지도자의 사역도 마찬가지입니다. 사역을 통해, 열심을 통해 나의 재능이 드러나고, 나의 영광이 주장되는 것이라면, 그것은 여호와 하나님 앞에 가증한 것이 되어 흩어짐을 면할 수 없습니다. 예를 들어 목회자가 선포하는 말씀이 하나님의 영광을 위한 것이 아니라, 교인들을 쥐어짜서, 헌금과 헌신을 강요하며 자신의 배를 불리기 위한 것이라면 교인들이 떠나가는 것이 당연합니다.

오늘날 한국교회가 왜 이리 지탄을 받습니까?

왜 교회에 다니는 사람들조차도 교회를 바라보며 머리를 흔드는 것입니까?

세상 사람들은 교인들을 유심히 지켜보며, 세상의 논리와는 무언가 다른 모습을 기대합니다. 그러다가 다르기는커녕 오히려 자신들보다 더 심하다고 판단하니까 교회를 비난하게 되는 것입니다. 교인들은 또 어떻습니까?

목회자가 자신이 전하는 말씀대로 살고 있는지를 유심히 살펴봅니다. 그러다가 말씀을 붙들고 노력하는 변함없는 모습을 확인하면 그(그녀)를 인정하고, 안심하며 따라갑니다. 목회자로 받아들이고, 마음을 열고, 그(그녀)가 선포하는 말씀을 하나님의 말씀으로 받아들이고 존경합니다.

하지만 오늘날 수많은 목회자들이 하나님의 마음을 담은 목자가 되어, 느헤미야처럼 공동체의 죄를 나의 죄로 받아들여 대신하여 회개하는 데에 실패했습니다. 그래서 수많은 교인들 역시 하나님의 온전한 말씀을 듣고, 받아들여, 이를 붙들고 사는 데에 실패했기 때문에 교회가 무너지고, 기독교가 욕을 듣는 것입니다. 쉽게 말하면, 내 영광을 위해 바벨탑을 쌓다가 스스로 멸망하고 있는 것입니다.

때로는 여리고성처럼 높이 쌓여진 환경의 장벽이 우리의 앞을 막아섭니다. 여리고성은 우리의 힘으로는 도저히 넘어뜨릴 수 없을 것과 같은 세상의 힘입니다. 약속의 땅, 축복의 땅이요, 희망의 땅인 가나안을 향한 우리의 전진을 막아서는 태산같은 장벽입니다. 마치 영화가 끝날 때에 마지막으로 자막을 통해 이름이 소개되는 수많은 이들의 헌신과 노고가 없이 제대로 된 영화가 작품으로 만들어지기 어렵듯이, 주야로 열심을 다하는 영적 지도자들, 이름도 없이 빛도 없이 수고를 아끼지 않는 일꾼들이 없이는 교회 공동체는 세워지지 않습니다. 그러므로 바울이 고린도 교회 교인들에게 권면한 것처럼 믿는 이들의 마음을 세원하게 한 일꾼들의 노고를 알아주며 칭찬해야 합니다(고전 16:17-18). 한편, 하나님 나라의 일꾼들의 믿음의 열정을 가로막는 여러 가지 장벽들, 열심을 다하려는 마음을 끌어 내리는 어려움의 장벽들은 믿음의 선포를 통해 무너뜨리고 넘어가야 합니다.

하지만 때때로 우리의 죄가 작은 성도 넘지 못하게 하는 경우가 있습니다. 믿음으로 여리고라는 거대한 성을 무너뜨린 이스라엘은 아간의 죄로 인해 아이성과 같은 작은 성 앞에 무릎을 꿇었습니다. 사단은 나를 드러내라고 끊임없이 속삭입니다. 사람들이 나를 알아주지 않는다고 분을 내게 합니다.

우리 앞을 가로막고 있는 견고한 성을 공격하지 말라는 것이 아니라, 죄의 짐을 지게하고, 두 마음을 품게 합니다. 주님 앞에서 환경의 성, 고난의 성, 교만의 성, 내 자아의 성을 깨부수어야 거룩한 성, 말씀의 성, 기도의 성, 은혜의 성을 쌓을 수 있는데, 두 마음을 품고, 이러지도, 저러지도 못하는 신세가 되게 하려는 것입니다.

그러한 꼬임에 넘어가면 요한계시록에서 책망받은 라오디게아 교회처럼 "차지도 아니하고 뜨겁지도 아니하여 미지근하면 토하여"(계 3:14-15) 내쳐 버려지는 신세가 되는 것입니다. 결국은 그 죄로 인해 멸망하는 것입니다.

우리가 쌓는 자아의 성은 우리의 트라우마를 드러냅니다. 우리의 약점을 드러냅니다. 학벌에 대한 컴플렉스가 있으면, 학위를 추구합니다. 어떻게 해서든 나를 감싸고, 포장하여 자신의 학식을 드러내려 합니다. 새벽부터 저녁 늦게까지 눈코 뜰 새 없이 바쁜 담임목회자가 자신의 담임 사역 중에 박사학위를 몇 개씩 얻는 것은 불가능한 일입니다. 하지만 갖은 편법을 사용해서 비인가 신학교의 국내, 외 학위를 받고 그것을 자랑스럽게 드러내며 자신을 높입니다. 논문대필을 하고, 뇌물을 주어 학위를 받으려 합니다.

재물이 없어 무시당한다고 생각하면 어떻게든 돈을 벌어 자신을 높이려고 하거나 없는 것을 있는 것처럼 과시합니다. 외모에 컴플렉스가 있는 사람은 외모를 가꾸는 것에 모든 것을 투자하고 계속해서 성형하는 데에 모든 노력을 다합니다.

그런데 어떻습니까?

아무리 자신의 약점과 컴플렉스를 커버하는 일에 정성을 다해도, 여전히 부족한 것 같고, 여전히 모자란 것 같지 않습니까?

왜 그렇습니까?

나 자신만을 바라보기 때문입니다. 하나님의 형상으로 존귀하게 된 피조물로서, 창조하신 하나님의 모습을 통해 나를 비추어 보는 것이 아니라 내가 갖추고 싶고, 반드시 갖추어서 사람들에게 칭송을 받고 높아질, 내가 만든 내 모습만을 바라보며 그 안에 갇혀 있기 때문입니다. 유한하고 부족한 나의 모습을 바라본다면 그러한 갈증은 끝이 없이 계속됩니다.

하지만 내 눈이 천지만물을 창조하신, 전능하신 하나님을 바라보고 그분께 순종하면 그 안에 참 평안이 있게 됩니다. 왜 하나님의 뜻에 순종하면 평안을 누리게 될까요?

이미 모든 것을 하나님의 뜻에 맡겼기 때문입니다. 결과에 대해서는 더 이상 내가 염려할 필요가 없고, 더 이상 내가 책임질 필요가 없기 때문에 그 마음에는 자동적으로 평안이 임하는 것입니다. 반대로 하나님께 순종하지 않고 내 뜻대로 살려 하니까 자신의 인생이 그토록 피곤한 것입니다. 내가 모든 것을 다 이루고, 통제하고, 책임지려고 하니까 인생이 고달픈 것입니다.

우리는 이 세상을 살며 자신의 책임을 다해야 합니다. 그것이 하나님께서 주신 은사와 달란트를 활용하는 삶입니다. 하지만 주님의 뜻 가운데 있을 때에도 사람의 힘으로 어찌할 수 없는 벽을 만나면 그 때에는 잠잠히 하나님만 바라며 기도해야 할 때입니다. 그러면 마침내 하나님께서 친히 역사하시는 모습을 목도하게 되는 것입니다. 당신께서 움직이시며 전지전능하신 능력을 보여주시는 것을 바라보며 감사하기만 하면 되는 것입니다.

그러므로 사람의 말과 시선보다 하나님의 말씀에 귀를 기울여야 하며, 그 어떤 전문가의 말보다 하나님의 말씀에 순종해야 하는 것입니다. 바울의 권면은 목자의 마음을 품은 사람이 누리는 평안을 잘 드러냅니다.

아무 것도 염려하지 말고 다만 모든 일에 기도와 간구로, 너희의 구할 것을 감사함으로 하나님께 아뢰라 그리하면 모든 지각에 뛰어난 하나님의 평강이 그리스도 예수 안에서 너희 마음과 생각을 지키시리라(빌 4:6-7).

3) 무너진 성벽 세우기

느헤미야가 쌓아 올린 것은 단순히 예루살렘의 성벽이 아니라 무너진 유대 민족의 신앙이었습니다. 그는 예루살렘의 회복은 하나님 앞에서 이스라엘 백성들의 신앙에서 무너진 부분을 수축해야 하는 것임을 간파했습니다. 이스라엘이 다시 쌓아야 할 성벽은 겉으로 드러난 성벽이 아니라, 믿음을 견고히 하는 말씀의 성벽이요, 하나님과 소통함으로써 하나님 마음을 깨달아 알게 하는 기도의 성벽이었습니다. 또한 어려운 환경을 뛰어 넘고, 이스라엘을 인정해 주지 않는 사람들과 주변의 민족들을 바라보아도 낙심하지 않는 믿음의 성벽입니다.

가장 중요한 것은 이 모든 것의 바탕이 되는 예배의 성벽입니다. 느헤미야는 자신들의 능력을 바라보는 것이 아니라, 그들을 창조하시고, 모든 은혜를 내려주신 하나님을 온전히 바라보고 그분께만 영광을 온전히 돌리게 하는 예배의 성벽이 회복되어야 함을 깨달았습니다.

우상을 만드는 데라라는 사람의 둘째 아들 아브라함은 믿음의 조상이 되는 은혜를 입었습니다. 그리고 하나님은 그 후손들, 즉 애굽에서 종살이하던 보잘것없는 민족을 젖과 꿀이 흐르는 가나안 땅으로 인도하셨습니다. 모세를 통해 십계명을 주시고, 사사들을 세우셔서 말씀을 전해 주셨습니다. 그럼에도 불구하고 자신의 성을 쌓고, 자기 소견에 좋을대로 행하는 사람들을 보시고, 마침내 이스라엘에 왕을 허락해 주셨습니다.

그런데 왕위는 네 대가 채 가지 못하여, 나뉘어졌습니다. 이스라엘의 4대 왕 르호보암 때에 이스라엘은 북왕국 이스라엘과 남왕국 유다로 갈라졌습니다. 여호와 하나님이 아니라 자신의 자리를 견고히 하고, 자신을 높이려던 죄성을 가진 네 명의 왕들을 거치는 동안, 이스라엘은 갈라지게 되었습니다. 그리고 하나님께서 그토록 끊임없이 보내신 선지자들을 무시한 결과로, 결국 두 나라 모두 멸망을 당하고 말았습니다.

이스라엘은 어디에서 무너졌습니까?

예배의 자리에서 무너졌습니다. 하나님은 수많은 선지자들을 보내셔서 예배의 회복을 통해 하나님과의 관계의 회복을 원하셨습니다. 하지만 북왕국 이스라엘은 그분의 음성에 귀를 기울이지 않았고, 남왕국 유다도 하나님의 뜻을 저버렸습니다. 호세아 선지자의 말대로 북 이스라엘의 백성들은 하나님께서 복주실 것이라는 말만 하며, 하나님께서 주시는 은총을 정당화하고, 자신들의 죄를 회개하지 않았습니다. 하나님이 찢으셨지만 다시 싸매어 주실 것이라고, 다시 자신들을 살리실 것이라고 말하며 여호와를 알자고 입술만 사용했을 뿐, 마음의 변화는 없었습니다(호 6:1-6). 그들에게 진정한 회개의 기미는 보이지 않았고, 마음의 중심을 하나님께로 돌릴 의도가 전혀 없었습니다.

그래서 이스라엘은 멸망했습니다. 예레미야는 성전 설교를 통해서 여기가 하나님의 성전이니까 평안할 것이라고 생각하는 유다 백성들을 향해 경고했습니다(렘 7장). 마음의 돌이킴, 그로 인한 삶의 돌이킴이 없는 예배의 행위는 아무런 소용이 없는 것임을 선포했습니다. 결국 말씀을 흘려보내고, 결단없이, 마음의 중심의 변화없이 드리는 예배, 무너진 예배로 인해 이스라엘과 유다는 멸망하게 되었던 것입니다.

그래서 느헤미야는 제사(예배)에 쓰일 제물인 양을 드나들게 하는 양문(Sheep Gate)부터 수리하게 하였습니다(느 3:1). 예배의 회복이 예루살렘 성의 회복보다 우선이 되어야 한다는 뜻입니다.

이는 이스라엘 백성들에게만 해당하는 교훈이 아닙니다. 우리가 힘을 쓰고 애쓰며 추구하는 모든 것의 기본은 하나님과의 관계, 곧 예배의 회복에서 시작되어야 합니다. 예배는 나의 자아를 주님 앞에 내려놓고, 하나님의 영광을 향해 시선을 돌리는 것입니다. 느헤미야는 예루살렘 성벽을 중수하는 데 헌신했던 75명의 수고를 일일이 나열하며 그들을 칭찬했습니다(느 3장). 하지만 정작 가장 많은 수고를 했던 자신의 이름은 제외했습니다. 하나님의 영광을 바라보고, 이를 위해 수고하는 동역자들을 높이는 것, 이러한 겸손이 예배자의 자세입니다.[2]

예배의 시작은 하나님이 어떤 분이신지를 깨닫는 것입니다. 현대인들은 포스트모더니즘의 영향, 다원주의의 영향으로 내게 좋은 것이 선한 것이고, 내가 생각하는 것이 옳다는 신념을 가지고 있습니다. 그렇게 함으로써 하나님 마저도 내가 원하는 모습으로, 내

---

[2] 느헤미야 3장 16절에 등장하는 느헤미야는 페르시아의 아닥사스다 왕 앞에서 죽음을 각오하고 고향으로 가게 해 달라고 부탁했던 자신이 아니라, 자신과 이름이 같은 아스북의 아들 느헤미야로서 동명이인(同名異人)이다.

생각의 한계에 가두어 놓는 오류를 범합니다. 하지만 내 생각의 범위 내에 갇힌 유한한 하나님은, 더 이상 하나님이 될 수 없습니다. 우리는 이러한 논리적 오류를 범하며, 전능하신 하나님을 나의 이해의 틀 안에 가두어 놓으려는 루시퍼적 교만에 빠지고 있는 것입니다.

우리가 하나님에 대하여 다 알 수는 없지만 신앙의 선조들이 사도신경의 신앙고백을 통하여 알려주시는 그 하나님을 살펴본다면, 하나님은 천지만물을 창조하시고 우리의 생사화복을 주장하시는 분입니다. 한 마디로 전능하신 하나님입니다. 모든 삶의 시작이요, 나중이 되시는 분입니다. 그러므로 그분께 마땅히 드려야 할 찬양과 감사와 존귀와 영광을 올려 드리는 것이 예배입니다.

느헤미야는 예배의 자리는 하나님 앞에 구별된 사람들의 자리임을 알고 있었습니다. 예배의 공동체는 하나님의 거룩하심을 따라 구별된 백성들이 이루는, 거룩한 공동체임을 잘 이해하고 있었던 것입니다. 그 공동체는 하나님의 백성들을 세상의 모든 악으로부터 보호함을 또한 느헤미야는 잘 알고 있었습니다. 뿐만 아니라 예배의 삶이 하나님 안에서 쉼을 주고, 새로운 도약의 발판이 되는 중요한 자리임을 잘 알고, 이를 위해 불순한 의도를 가진 사마리아인, 특히 호론 사람 산발랏을 성전 건축에서 제외시켰습니다. 산발랏의 종인 암몬사람 도비야, 아라비아사람 게셈(느 2:19)의 음해와 방해도 이겨냈습니다.

우리가 온전한 예배를 드리고, 그 안에서 기쁨과 소망을 회복하기 위해서는 예배를 드리는 우리 안에 있는 죄악을 살펴야 합니다. 회개하며 주님 앞에 다시 엎드려야 합니다. 가정에 아간이 있으면 가정이 무너집니다. 교회에 야간이 있으면 야간을 통해 틈이 생기고 사단이 틈타는 것입니다. 우리의 예배 안에 야간이 있으면 우리의 예배는 헛된 것이 되고, 우리의 공동체는 무너지게 되는 것입니다.

마치 입을 꽉 다물고 있는 조개를 열어보면 그 속에는 흙만 가득하고, 살이 하나도 없는 것과 비슷한 이치입니다. 허무하기도 하지만 또 그 이유가 궁금하기도 합니다.

왜 그럴까요?

범인은 조그만 쇠고둥입니다. 쇠고둥은 소라같은 작은 생물로서, 패류에 속하는 연체동물입니다. 그 쇠고둥이 조개에게 다가가 작은 송곳같은 뾰족한 것으로 구멍을 냅니다. 그리고는 조금씩, 조금씩 조갯살을 빨아먹는 것입니다. 쇠고둥도 조개보다 훨씬 작은 소라크기이고, 조개껍데기에 난 구멍도 작지만 결국은 쇠고둥이 조개를 다 잡아먹고, 빈껍데기만 남고, 흙으로 채워지는 것입니다. 우리의 삶에 틈이 있으면, 그 틈을 비집고 사단이 들어옵니다. 할 수만 있으면 우리를 실족케 하려는 사단은 우리의 약점을 잘 알고 있습니다. 그래서 그 약점을 통하여 우리를 공격합니다. 약점을 파고든 죄로 인하여 우리는 예배의 자리, 말씀의 자리를 서서히 떠나게 되는 것입니다.

4) 성벽을 유지하는 기반

중국 동부지방에 있는 "모소"라는 대나무는 씨앗을 심으면 처음 4년 동안은 뿌리만 키웁니다. 말이 4년이지, 씨앗을 심고 1년이 지나고, 2년이 지나고, 3년, 4년이 지났는데 싹도 보이지 않고 아무런 변화가 나타나지 않으면 얼마나 실망스럽습니까?

물을 주고 비료를 주고, 정성을 들여도 그대로라면 정말 맥이 빠지는 일입니다. 다섯번째 해가 되어서야 겨우 싹을 틔웁니다. 그런데 싹을 틔운 이후의 변화가 놀랍습니다. 드디어 싹을 틔웠구나 하고 감탄하는 순간은 잠시, 6주 만에 15m나 자랍니다. 가만히 뒤돌아보면 지난 4년 동안 가만히 있던 것이 아니라, 땅속 깊이 든든한 뿌리를 내렸던 것입니다. 그 4년간 내린 든든한 뿌리 덕분에 때가 되어 대나무는 15m까지 쭉쭉 자랄 수 있게 된 것입니다. 우리가 선을 행하되 낙심하지 말지니 포기하지 아니하면 때가 이르매 거두게 되는 것입니다(갈 6:9).

하나님의 마음을 품었어도, 죄로 물든 이 세상에는 인생의 풍파가 항상 가득합니다. 찰싹거리는 눈앞의 파도를 바라보면 어지럽고 혼란합니다. 들썩들썩하다가 비틀거리고 넘어지고 쓰러질 수밖에 없습니다. 하지만 우리의 푯대되시는 예수 그리스도를 바라보면, 우리는 흔들리지 않고 믿음의 항해를 계속할 수 있는 것입니다. 주 안에서 목자의 마음을 품은 이들의 수고가 결코 헛되지 않습니다(고전 15:58). 사람은 몰라줘도 주님은 다 알고 계십니다. 뿐만 아니라 내가 쌓으려다 실수하고, 실패하며 낙심하여 넘어져 있을 때에도, 내 옆에 함께 계셨던 그분께서 기꺼이 손을 잡아 주십니다.

느헤미야의 탁월한 영적 리더십 아래에 하나님의 백성들은 52일이라는 짧은 시간에 100년 넘게 끌어 오던 성벽재건 공사를 마쳤습니다. 그러나 느헤미야의 일은 이제부터가 시작이었습니다.

성벽을 재건하는 것보다 더 어려운 일은 성을 지키는 일이었습니다. 마치 사랑하며 결혼을 간절히 원하는 연인들의 삶이 결혼하기 전보다 결혼한 후에 서로 간의 책임을 다하며 맞추어 사는 것이 더 어려운 것과 같습니다. 아이를 낳은 여성들은 종종 말하는 것처럼 임신하여 뱃속에 아기를 데리고 있을 때 보다 낳은 후가 더 키우기 어려우며, 원하는 직장에 취직한 후가 취직하기 전보다 훨씬 어렵습니다.

마찬가지로 성공하기 전보다 성공한 후가 더 중요한 이유는 그 때부터는 성공을 관리해야 하기 때문입니다. 느헤미야는 성벽공사가 완공되자 즉시로 새롭게 건축된 예루살렘 성문과 성전을 관리할 사람들을 세우되, 문지기와 노래하는 자들과 레위 사람들을 가장 먼저 세웠습니다(느 7:1). 문지기는 말 그대로 성전이나 성읍의 각 문을 맡아 지키는 사람들입니다. 이들은 사람들을 살펴 적들의 은밀한 침입을 차단하고, 자격이 있는 사람들만 들여보내는 임무를 맡고 있습니다. 이들의 중요성은 아무리 강조해도 지나치지 않습니다.

만리장성은 중국, 진나라 시황제 때에 흉노족 등 북방민족을 막기 위해 세워진 거대한 성벽입니다. 높이가 약 9m, 두께가 5m, 지도상으로는 2,700km이지만, 중복된 부분과 구부러진 부분을 모두 포함하면 실제 길이는 6,351km에 달합니다. 당시에는 어떤 무기로도 이 성을 무너뜨릴 수 없었습니다. 그 장대한 규모 덕분에 달에서도 보이는 유일한 지구상의 인공건축물로 유명합니다. 이 만리장성이 세 번이나 이민족의 침입을 허용했는데, 성이 무너지거나 적이 정면으로 공격해 왔기 때문에 그런 것이 아니라, 세 번이나 문지기가 매수당해서 밤에 몰래 성문을 열어 주었기 때문입니다.

그 다음에는 노래하는 사람들과 레위 사람들을 정비했습니다. 하나님을 예배하는 일을 준비하고 인도하는 사람들을 먼저 세웠습니다. 그 이후에 예루살렘을 다스릴 행정 책임자들이 세워졌습니다. 성벽을 세운 느헤미야는 이제 말씀 앞에 자신들의 다짐을 드리게 했습니다. 이스라엘의 모든 백성이 수문에 모여 새벽부터 정오까지 학사 에스라의 모세의 율법책, 즉 모세오경을 읽는 것을 들었습니다. 백성들이 하나님의 말씀을 들을 때에 아멘, 아멘하며 응답하고 몸을 굽혀 땅에 대고 하나님을 경배하였고, 에스라가 하나님의 율법책을 낭독하고 그 뜻을 해석했을 때에 백성들이 말씀을 듣고 다 울었습니다(느 8:1-9).

이처럼 하나님의 말씀은 들려져야 합니다. 즉 선포되어야 합니다. 그리고 그러한 선포는 듣는 이들이 깨달을 수 있도록 올바르게 해석되어야 합니다. 그래야 마음이 움직이고 삶의 변화가 임합니다. 백성들은 신명기 말씀을 통해 그들의 어려움이 그들과 그들의 선조들의 불순종과 죄악 때문임을 깨닫고 눈물을 흘리며 회개했습니다. 말씀이 나를 울게 한다는 것은 하나님의 영이 나의 마음을 찔렀다는 말입니다. 내 영혼 전체에 하나님께서 임재하셨다는 말입니다. 성령의 감화감동과 깨달음이 임했다는 말입니다. 이 때 지도자들이 오히려 당황해서 그들을 달랬습니다. 여호와를 기뻐하는 것이 힘이라고 위로했습니다(느 8:10). 말씀으로 변화된 사람만이 하나님을 제대로 알 수 있습니다. 하나님을 아는 자만이 하나님의 기쁨으로 가득 찰 수 있습니다.

신교도들이 모였을 때에 네덜란드는 영국과 함께 스페인 함대를 격파하고 번영을 이루었습니다. 대영제국이 그토록 번영을 이루었을 때에 영국에는 부흥이 일어나 복음전파가 강력하게 나타났습니다. 청교도들이 세운 나라 미국은 이제 초강대국으로서 세계에서 가장 많은 선교사를 파송하는 나라가 되었습니다. 우리나라도 한강의 기적을 이루며 세계 2위의 선교사 파송국이 되었습니다. 경제력과 국가의 경쟁력은 사명이 있을 때에 따라옵니다. 현재 말씀에 충실하고 말씀을 실천할 때에 밝은 미래가 따라옵니다. 그러므로 철저하게 말씀을 깨닫고 말씀 중심의 삶을 사는 것이 중요합니다.

　이처럼 시대의 흐름을 선도하도록 하는 지도력은 언제나 하나님의 말씀을 통해 임했습니다. 말씀에는 상상을 초월하는 영적인 힘이 있습니다. 세상이 힘들수록 말씀의 파도가 영혼으로 밀려들게 해야 합니다. 그리스도인들에게 있어서 개혁의 시작, 부흥의 시작은 항상 하나님의 말씀이었습니다. 말씀에 대한 깨달음만이 우리의 삶에 변화를 가져올 힘을 가집니다. 결국 다윗의 고백처럼, 하나님의 말씀으로 예루살렘 성벽을 지킬 때에 그 성은 든든히 지켜지는 것입니다.

> 여호와께서 집을 세우지 아니하시면 세우는 자의 수고가 헛되며, 여호와께서 성을 지키지 아니하시면 파수꾼의 깨어있음이 헛되도다(시 127:1).

4. 목자의 마음을 품은 사람이 이룬 일

지금으로부터 약 100년 전인 1910년에 알바니아의 가톨릭 가정에서 한 여자아이가 태어났습니다. 10대 소녀가 된 이 아이는 성경 말씀을 묵상할 때마다 가슴 속에 복음을 향한 불타는 소망이 생겼습니다. 그 소망을 이루기 위해 수녀가 되었고, 인도 선교사로 임명받아 인도 캘커타로 떠나게 되었습니다. 인도에 도착한 지 얼마 되지 않아 거리에서 병든 여인을 마주하게 되었습니다. 그녀는 오래된 병으로 엎어져 있었는데, 주위에 돌봐주는 사람은 아무도 없었고, 몸의 한 쪽은 썩어서 쥐들이 갉아 먹고 있는 지경이었습니다. 이런 참담한 모습을 바라보며 이 수녀는 어떻게 해야 하는지 고민했습니다. 마음 속에서는 여러 가지 생각이 떠올랐지만 아무 힘도 없는 나약한 여자인 자신이 할 수 있는 일이 무엇이냐고 한탄하며 그냥 지나가기로 결심하고 발걸음을 옮겼습니다.

그런데 자꾸 마음 깊은 곳에서 자신이 도와야 한다는 음성이 들리기 시작했습니다. 이 수녀는 "하나님, 저는 못해요"하고 대답하며 걸음을 재촉했습니다. 다시 음성이 들렸습니다.

"내가 도와줘도 못하겠느냐?"

깜짝 놀란 수녀는 잠시 걸음을 멈추고 대답했습니다.

"하나님이 함께 하시면 가능하겠지요"

이윽고 그 수녀는 다시 발을 돌려서 길거리에 쓰러져 있는 여인을 업고 숙소로 데려가서 그 여인을 돌보아 주었습니다. 그렇게 돌보는 환자가 한 사람, 두 사람 늘어나기 시작했습니다.

이제 자신의 힘으로 그 사람들을 모두 돌볼 수 없게 된 수녀는 마침내 그 도시의 공무원을 찾아가 자신의 숙소 옆에 있는 힌두교 사원 두 개를 빌려 달라고 요구했습니다. 그리고 다행히 허락을 얻게 되자, 그 곳들을 병원으로 만들어 사용했습니다. 이 소식을 듣고 인도 각지에서 봉사자들이 몰려들기 시작했습니다. 그들에 의해 돌봄을 받는 환자들의 수도 급격히 늘어났습니다. 3년 후에 "때 묻지 않은 어린이들의 집"이라는 어린이 보호시설을 열 수 있게 되었습니다. 이제 고아와 버려진 아이들도 돌볼 수 있게 되었습니다. 아이들은 여기에서 교육도 받고 해외로 입양되기도 했습니다. 죽을 수밖에 없는 아이들이 새로운 삶을 살게 된 것입니다.

그로부터 13년 후에 수녀는 한센씨병, 우리가 예전에 문둥병이라고 불렀던 병의 환자들의 공동체 "평화의 마을"을 세워서 소외된 환자들을 돌보기 시작했습니다. 이미 오래 전에 인도로 귀화한, 인도 사람으로서 그러한 일을 수행해왔던 그녀는 1997년, 자신이 평생 섬겼던 캘커타에서 하나님의 손에 그 생명을 맡기고 세상을 떠났습니다. 인도에서는 그녀의 장례를 대대적인 국장으로 치르며, 수많은 사람들이 그녀의 죽음을 애도했습니다.

이 수녀의 이름은 바로 마더 테레사(Mother Terasa)이며, 지난 1979년 노벨평화상을 받은 분입니다. 테레사 수녀가 돌아가시기 수 년 전에 영국의 BBC 방송이 그분을 찾았습니다. 거동이 불편한 테레사 수녀에게 취재진이 물었습니다.

"수녀님, 힘드시지 않습니까?"

테레사 수녀가 이런 대답했습니다.

"힘들지요, 힘이 듭니다. 하지만 즐겁습니다. 주님이 함께 하시기 때문입니다."

테레사 수녀가 평생 헌신하며 그러한 일을 할 수 있었던 비결은 그녀가 하나님의 마음을 품었기 때문입니다. 말씀과 기도를 통해 하나님을 만난 사람은 하나님의 마음을 품고, 하나님의 눈으로 사람들을 바라봅니다. 이것이 목자의 마음입니다. 목자되신 하나님의 눈으로 이 세상에서 방황하며 고통당하는 영혼들을 바라보며, 그들을 양으로 품고 돌볼 수 있게 된 것입니다. 신앙을 가지고 사는 것은 힘이 드는 일입니다. 하지만 우리는 믿음 안에서 순간, 순간 천국을 맛봅니다. 비록 우리의 육신은 땅을 밟고 있지만 우리의 영혼은 천국을 경험할 때가 많이 있습니다. 그래서 즐겁습니다. 왜냐하면 그 일을 하는 사람이 하나님의 마음을 가지고 하나님과 함께 하기 때문입니다.

밥 피어스(Robert Pierce, 1914-1978) 목사는 1947년, 중국에서 개최된 청소년 대상의 집회에 참석했다가 전쟁과 기근의 후유증에 시달리는 고아를 돌보는 여선교사 테나 휠케보어(Tena Hoelkeboer)를 만나서 큰 도전을 받았습니다. 피어스 목사는 그녀에게 자신이 가지고 있던 모든 돈을 주고, 매달 5달러를 후원하기로 약속했습니다. 이후 한국전쟁의 폐허 속에 남편을 잃은 여성들과 고아들을 돌보는 한경직 목사를 만난 그는 1950년에 한국선명회라는 이름으로 월드비전(World Vision)을 설립했습니다.

이후 월드비전은 한국에 고아원과 모자원을 설립했고, 아시아, 아프리카와 남미의 어린이들을 돕는 사업을 추진하며 전 세계의 고통받는 아동을 돕는 사업을 추진해오고 있습니다. 또한 그는 1955년, 한국전쟁 이후 고아들이 겪고 있는 어려운 처지를 소개하는 다큐멘터리 영화를 미국 오레곤(Oregon)주의 유진(Eugene)이란 작은 마을에서 상영했습니다.

이를 본 해리 홀트(Harry Holt)와 버싸 홀트(Bertha Holt)라는 이름의 한 쌍의 부부는 목자의 마음, 즉 하나님께서 주신 거룩한 부담을 가지고 기도하다가 자신들이 소유한 농장의 반을 팔아 기금을 마련하여 한국에 있던 8명의 고아들을 양자로 데려왔습니다. 이 부부가 데려온 8명의 전쟁고아들은 곳곳에서 이들을 키우겠다고 찾아온 사람들이 입양했고, 이를 토대로 부부는 자신들의 모든 재산을 팔아 평생을 어려운 형편에 있는 아동의 입양사업에 전념하였습니다.

이것이 세계 최대 아동 입양기관인 홀트 아동복지회가 시작된 배경입니다. 1955년부터 지금까지 10만여 명의 아이들이 홀트 아동복지회를 통해 해외로 입양되어 새로운 삶을 찾게 되었습니다(최성훈, 2016a).

하나님의 형상으로 창조되었지만 인간의 무서운 죄성으로 인해 고난을 당하고, 피폐된 환경 가운데 신음하는 수많은 사람들을 살리는 귀한 사역은 하나님의 마음을 품고 그들을 돌보는 목자의 마음을 가진 소수로부터 시작했습니다. 하지만 그렇게 하나님의 마음을 담은 목자의 마음이 새로운 목자의 마음을 낳고, 그 마음이 또 다시 목자의 마음을 낳을 때에 한 사람으로는 할 수 없는 크고 놀라운 일이 이루어지게 되었습니다. 이것이 하나님 나라의 능력이요, "수고하고 무거운 짐진 자들아 다 내게로 오라 내가 너희를 쉬게 하리라"(마 11:28)고 말씀하신 예수 그리스도의 복음의 능력입니다.

9장

통합이론과 제자의 삶

　기존의 리더십 이론들의 주장들을 통합하는 한편, 그동안 관심을 받지 못했던 여성, 문화, 정직 등에 초점을 맞춘 이론들은 다원화된 현대 사회의 리더십을 설명하는 데에 효과적입니다. 하지만 리더십을 발휘해서 달성하려는 목적이 누구에 의해, 그리고 무엇을 위해 주어졌는지를 살펴보는 것이 매우 중요합니다. 이것이 리더십 이론의 어제와 오늘, 그리고 미래를 관통하는 질문입니다. 영적인 리더십은 기존의 리더십 이론과 오늘날의 리더십을 통합하는 한편, 이 세상의 리더십과 그리스도를 따르는 제자도를 통합합니다. 또한 리더십이 하나님 나라를 위해, 하나님의 마음을 품은 지도자에게 주어졌다는 사실을 전제합니다.

1. 제자와 무리

예수님의 곁에는 수많은 무리가 있었습니다. 무리는 예수님의 사역에서 나타나는 영적 체험에만 관심이 있던, 언제 떠날지 모르는, 떠났다가 잠깐 또 오는 사람들이었습니다. 따라서 무리에 속한 사람은 "항상 배우나 진리에 이르지 못하는 사람"(딤후 3:7)입니다. 그런 사람은 삶의 변화가 없이 진리의 공식만 배우는 사람으로, 그들은 습관적으로 같은 죄를 반복하여 회개할 뿐입니다. 그러나 제자들은 예수님의 존재 자체에 관심을 가지는 자들입니다. 예수님의 존재를 알고 그 분의 인격을 닮으려고 노력하는 사람들입니다.

제자들은 예수께서 부르실 때에 그물을 던지고 예수님을 좇았습니다. 엘리사도 소 열두 겨릿, 즉 열두 마리의 소를 버리고 엘리야를 좇았습니다(왕상 19:19-21). 13번째 제자가 될 뻔했던 부자 청년도 "너는 나를 따르라"는 말을 들었습니다. 그러나 재물이 많은 고로 근심하다가 예수님을 따라 가지 못했습니다. 예수님이 누구에게나 예수님을 따르라고 말씀하신 것이 아니었습니다. 따라서 부자 청년은 제자가 될 만한 그릇을 가진 사람이었습니다. 하지만 그는 제자가 아니라 무리가 되어 주저앉고 말았습니다. 무리는 떡과 포도주와 병 낫는 것에만, 즉 현재 얻을 것에만 관심을 갖으며, 예수님 자신이 영원한 떡과 포도주이신 것을 알지 못합니다. 그러므로 리더십의 근원은 그리스도를 통해 하나님만 바라보는 참된 신앙입니다.

제자된 그리스도인은 환난과 박해 중에도 기쁨과 성령이 충만합니다(행 13:52). "제자"로 번역된 헬라어 "마데테스"(μαθητής)

는 "배우다, 이해하다, (배운 바를) 증거하다, 습관이 되다"는 뜻의 "만다노"(μανθάνω)에서 파생된 단어입니다. 제자들이 누리는 기쁨은, 구원을 위해 기름부음을 받은 메시아를 약속하신 하나님의 말씀을 생명으로 깨달아 진리로 살아가는 자만이 가질 수 있는 기쁨이며, 진리의 말씀을 통해 임하시는 성령의 위로를 누리는 자의 충만함입니다. 이는 "이제는 내가 사는 것이 아니요 오직 내 안에 있는 그리스도께서 사시는 것이라 이제 내가 육체 가운데 사는 것은 나를 사랑하사 나를 위하여 자기 자신을 버리신 하나님의 아들을 믿는 믿음에서 사는 것이라"(갈 2:20)는 고백을 하는 제자의 모습을 나타냅니다.

아브라함, 요셉, 여호수아, 사무엘, 다윗, 솔로몬, 다니엘, 엘리야, 엘리사, 바울, 베드로 등, 성경에 등장하는 나라, 민족, 그리고 교회의 지도자들은 모두 그러한 하나님을 경험했습니다. 이처럼 성경은 구약에서는 하나님을 만나고, 신약에서는 예수님과 만나서 인생이 변한 사람들의 이야기들을 수없이 기록하고 있습니다. 이것은 오늘날도 마찬가지로 발생하는 일들입니다. 지금도 우리는 예수님을 만나면 운명이 바뀌고 인생이 삶이 변화됩니다. 우리의 생애에서 가장 복된 사건이 있다면 그것은 바로 우리가 예수님을 만난 그것일 것입니다. 그리고 우리가 이웃을 위해 해 줄 수 있는 가장 복된 일이 있다면 그것은 내가 만난 예수님을 소개해서 만나게 해 주는 일입니다.

그런데 왜 예수님을 전하지 못할까요?

그것은 예수님을 주님으로 인정하고 그분을 매일 만나 인격적인 관계를 맺으며, 그분의 뜻을 따라 사는 제자가 아니라, 단지 예수의 이름을 이용해서 자신의 욕심을 채우고 복만 받으려는 무리에 여전히 속해있기 때문입니다. 참다운 복음의 사람, 예수님의 제자는 자연스러운 삶 속에서 하나님을 증거하며, 예수 그리스도를 전파합니다. 예수님을 따르는 제자이기 때문에 그것은 자연스러운 일입니다. 복음은 입으로 증거하는 것이 아니라, 내 변화된 삶, 즉 예전에는 자신의 욕심만을 따르는 이기적인 삶에서 이제는 그리스도를 따르는 변화된 삶을 통해 증거하는 것이어야 합니다. 가장 가혹한 박해자 사울이 변화되어 예수를 증거했을 때 온 유대와 갈릴리와 사마리아 교회가 건강한 교회를 이루며, 평안하여 든든히 서 갔습니다(행 9:31). 그것이 제자의 삶의 능력입니다. 우리가 믿고 따라 사는 그 이름, 예수 그리스도의 능력과 권세가 제자의 삶을 통해 이 땅에 선포될 때에 하나님 나라는 확장되는 것입니다.

2. 나그네의 소망: 베드로의 제자도

1) 나그네의 처지

예수님을 가장 따랐던 제자, 하지만 예수님을 세 번이나 부인했던 제자, 그리고 예수님으로부터 용서를 받아 이제는 자신의 모든 삶을 예수 그리스도의 복음을 전하는 일에 바치며 고난을 감당했던 제자 베드로는 나그네의 삶을 통해 하나님 나라의 소망을 강조했습니다. 6장에서 살펴본 것처럼, 나그네에게 있어서 현재 머무는 곳은 잠시 거쳐가는 곳일 뿐이기 때문에 고달프고, 평안하지 않습니다. 그러나 나그네의 목적지가 찬란한 하나님의 나라라면 나그네는 기꺼이 그 험난하고 고달픈 여정을 감수할 수 있습니다. 그래서 베드로는 박해로 인해 뿔뿔이 흩어진 교인들을 "본도, 갈라디아, 아시아와 비두니아에 흩어진 나그네"라고 부르며, 흩어진 그들에게 편지를 썼습니다(벧전 1:1).

그들은 추방당해 세계 곳곳에 뿔뿔이 흩어져 있었습니다. "흩어진"이라는 뜻을 나타내는 헬라어 단어는 "디아스포라"(διασπορά)입니다. 야고보 사도는 이 말을 흩어져 있는 유대인 성도들을 지칭하는데 사용했습니다(약 1:1). 이스라엘은 선택된 하나님의 백성입니다. 출애굽기 24장에 의하면, 이스라엘 백성들은 계약의 희생제물을 드릴 때, 피 뿌림을 받았습니다.

하지만 그들은 계약을 지키는 데에 실패했고, 이 때문에 새로운 하나님의 백성을 깨끗케 하는 희생은 십자가 위에서 일어났습니다. 그 예수 그리스도의 피 뿌림의 대속을 믿는 초대교회 그리스도인들, 복음 때문에 박해를 받아 각지로 흩어진 나그네된 초대교인들에게 베드로는 은혜와 평강을 비는 위로의 편지를 썼던 것입니다.

베드로는 이 말을, 유대인뿐만 아니라, 그들의 고국 땅에서 쫓겨나 핍박받고 소외된 모든 그리스도인들을 지칭하는 포괄적 의미로 사용했습니다. 유대 지역의 유대인들 사이에서 교회가 제일 먼저 시작된 탓에 로마 제국은 처음에는 교회를 유대교의 한 분파로만 생각했습니다. 로마 제국의 각종 이방 종교들 사이에서 유대교만 유일하게 황제에게 제물을 바치지 않아도 되는 합법적 종교였습니다. 유대교가 황제를 위해서 기도하는 대신에 유대인들은 그들의 정체성을 지킬 수 있도록 권리를 보장받았습니다. 그래서 그리스도인들이 유대교의 한 분파로 보여지는 한, 그들은 유대교의 면제와 보호 속에 있을 수 있었습니다.

그런데 유대교의 회당이 그리스도인들을 쫓아내기 시작하고, 기독교가 유대인들과 다른 정체성을 가진 것이 드러나면서 기독교는 로마인들이 박해하는 대상이 되었습니다. 이것이 소아시아, 오늘날의 터키 지방에 흩어져 살고 있었던 그리스도인들이 베드로의 편지를 받았을 때 처해 있던 상황이었습니다.

2) 나그네의 산 소망

사람들은 문화적 차이를 종종 느낍니다. 우리는 다른 나라의 음악에 공감하지 않을 수도 있고, 색다른 음식이 입에 맞지 않을 수도 있으며, 생소한 문화적 관점이 이해되지 않을 수 있습니다. 하지만 모든 사람, 모든 장소, 모든 시대가 갖는 공통점이 하나 있습니다. 그것은 고난의 언어입니다. 삶 속에서 겪는 고난이 아프고 힘이 든다는 것입니다. 그리스도인이든, 유대인이든, 무슬림이든, 힌두교도이든, 무신론자이든, 우상숭배자건, 눈물은 다 똑같습니다. 문화는 부침을 거듭하고, 국가들은 성쇠를 거듭하며, 민족들은 나타났다 사라지지만, 고난은 모든 문화를 초월합니다. 고난은 모든 국가에 침입하고, 그것이 가진 고통의 메시지를 개인들에게로 옮깁니다. 이렇게 인류에 만연한 고통의 문제에는 강력한 처방전이 필요합니다.

베드로의 첫 편지인 베드로전서는 어떻게 고난을 이길 수 있는

지를 말해주는 일종의 처방전입니다. 이를 악물고 어떤 비장한 결단을 내리는 것이 아니라, 흔들리지 않는 평안한 마음, 심지어는 기쁘기까지 한 마음을 어떻게 가질 수 있는지를 설명하고 있는 것입니다. 베드로는 박해의 불길에 상처입고 쫓겨난 성도들에게 이 편지를 썼습니다. 그들은 세상의 눈으로 볼 때에는 온갖 절망의 이유를 다 가진 사람들입니다. 베드로는 그들에게 진부한 긍정적 사고를 주입하려는 것이 아니며, 무의미한 피상적인 위로의 말을 건네려는 것이 아니었습니다. 베드로는 그들의 고난에 동참하고, 조심스럽게 그들의 주의를 천국으로 돌려 현실 너머를 바라보면서 천국의 소명 가운데 새 소망을 갖게 하려고 편지를 썼습니다. 베드로의 편지를 통한 권면은 오늘을 사는 그리스도인들에게도 똑같이 적용될 수 있습니다.

핍박을 당할 때, 우리의 본능은 도망가거나 저항하라고 말합니다. 하지만 베드로는 그들이 박해를 당하고 희생당하고, 절망 중에 광야를 떠돌면서도 기뻐할 수 있는 이유가 있는 것은, 그들이 구원의 백성으로 택하심을 받았기 때문이라고 설명했습니다(벧전 1:2). 더 구체적으로, 베드로는 우리가 어떻게 고난에 대처하는 것 이상을 할 수 있는지, 즉 고난 중에 기뻐할 수 있는 여섯 가지 이유를 제시했습니다. 그 이유들은 "은혜와 평강"이라는 뼈대에 살을 붙인 말들입니다(벧전 1:2). 베드로는 하나님의 택하심을 받은 자들로서 삼위일체 하나님 앞에서 우리에게 주어진 무조건적 지위를 밝힌 후에, 성부, 성자, 성령과의 영원한 관계 속에서 주어진 그 무엇과도 비길 수 없는 우리의 소유를 설명했습니다(벧전 1:3-9).

첫째, 우리에게는 "산 소망"(벧전 1:3)이 있기 때문에 기뻐할 수 있습니다. 예수님을 믿는 사람들은 예수께서 죽음에서 부활하셨기 때문에 거듭남에 대한 산 소망을 갖습니다. 우리의 길고 험난한 인생 여정의 최종 목적지가 천국에서의 영원한 삶임을 깨달을 때에 그 길을 가며 만나는 구덩이와 실패는 견딜 만한 것이 되는 것입니다. 하지만 구원받지 못한 사람들에게 소망이란 소원을 비는 것에 불과합니다. "로또에 당첨되었으면", "좋은 학교에 진학한다면", "좋은 직장을 얻게 되었으면", "다음 달 월급 받을 때까지 버틸 수 있었으면" 이러한 생각들인 것입니다. 하지만 이런 종류의 희망은 산 소망과는 분명한 차이가 있습니다.

그리스도인의 소망이란, 그리스도의 실재와 그분의 부활에 근거하는 것입니다. 예수께서 무덤에서 살아나셨으므로 우리도 그분처럼 영화롭게 된 육체로 부활해 "새 하늘과 새 땅"에서 영원히 살 것입니다(살전 4:16-18; 계 21:5). 우리의 소망은 우리의 정체성에 근거합니다. 그러므로 우리가 입으로만 그리스도인이라고 고백하며, 하나님을 인정하지 않고, 예수님을 통한 크고 놀라운 구원의 은혜를 가벼이 본다면, 우리는 산 소망을 가질 수 없습니다.

둘째, 우리는 "썩지 않고, 더럽지 않고, 쇠하지 않는 영원한 유업"(벧전 1:4)을 가지고 있기에 고난 중에 기뻐할 수 있습니다. 이 땅에서의 길고 험한 여정을 마치고 나면, 살아계신 하나님은 아무런 절차없이 우리들을 환영하며 맞아주실 것입니다. 우리가 받을 유업이 확실하기 때문에 우리는 고난 중에도 기뻐할 수 있는 것입니다.

이 유업을 믿는 거듭난 그리스도인, 진정한 그리스도인이라면 고난 중에도 기뻐합니다. 하나님께서 사망을 멸하실 것이며, 주 여호와께서 모든 얼굴에서 눈물을 씻기시며, 자기 백성의 수치를 온 천하에서 제하실 것이기 때문입니다(사 25:6). "모든 눈물을 그 눈에서 닦아 주시니, 다시는 사망이 없고, 애통하는 것이나 곡하는 것이나, 아픈 것이 다시 있지 아니하는" 유업을 바라볼 때 우리는 고난 중에도 소망을 가지고 기뻐할 수 있는 것입니다(계 21:4).

셋째, "하나님의 능력으로 보호하심"(벧전 1:5)을 받기 때문입니다. 핍박이 아무리 심해도 우리는 그 속에서 길을 잃지 않을 것입니다. 위로와 힘을 주시는 하나님의 손길이 우리를 떠나지 않으실 것이기 때문입니다. 견디기 힘든 고난을 참아내는 것은 결코 쉬운 일이 아닙니다. 하지만 하나님께서는 진정한 믿음을 가진 사람에게 시련을 극복할 수 있는 능력을 주십니다.

2014년 4월에 개봉된 상영된 이장호 감독의 "시선"이란 영화는 그러한 모습을 잘 그렸습니다. 주인공 조요한 선교사는 현실과 타협해서 하루, 하루 먹고 사는 문제에 모든 것을 거는 사람입니다. 그는 죽음의 위협 앞에서 이미 예수님을 한 번 부인했던 사람이었습니다. 하지만 그는 이슬람 세력에게 잡혔다가, 함께 잡힌 다른 사람들을 안전하게 돌려보내고, 자신은 신앙을 고집하며 순교하는 것으로 삶을 마무리했습니다.

그런데 사실은 순교도 은사입니다. 죽음으로 우리의 신앙을 증명하는 것도 내 힘과 의지로 되는 것이 아닙니다. 그 죽음의 현장 가운데 주님께서 함께 계셔야 감당할 수 있는 것입니다. 그래서 스데반은 성령이 충만하여 "하늘 문이 열리고 하나님의 영광과 예수께서 하나님 우편에 서신 것"을 보며, "주 예수여, 내 영혼을 받으시옵소서"라고 고백하며 생명을 내려놓을 수 있었던 것입니다(행 7:55).

우리는 하나님께서 전지전능하심을 믿습니다. 하나님께서 모든 것을 아시고, 모든 것을 하실 수 있음을 믿는다는 것입니다. 죽음은 우리의 육신을 파괴하겠지만, 하나님은 우리의 영혼을 지켜주시고, 마지막 때에 영원히 죽지 않는 몸으로 우리를 살리시겠다고 약속하셨습니다. 아무도 왜 우리가, 이렇게 힘든 시기를 보내야 하는지, 말해주지 못합니다. 아무도 만족할만한 설명을 해 줄 수가 없습니다. 하지만 우리는 우리의 하나님이 어떤 분이신지 알기에, 고난의 불가사의를 받아들입니다. 그리고 그 하나님께서 그분의 능력으로 지금부터 영원까지 우리를 보호하실 것을 확신하는 것입니다.

넷째, 우리는 여러 가지 시험을 당할 때, 그것들이 우리의 믿음을 성장시키고, 우리를 연단하여 강건하게 할 것임을 믿기에 기뻐할 수 있습니다(벧전 1:6-7). 베드로는 그의 편지를 받는 교인들이 "여러 가지 시험으로 말미암아 잠깐 근심"(벧전 1:6)하게 되었음을 알고 있었습니다. 베드로는 그들이 당하고 있는 고난의 실제를 경시하거나, 묵살하려는 것이 아니라, 시험을 받으면서도, 오히려 크게 기뻐할 수 있는 이유를 제시했습니다. 고통과 고난 자체는 결코 선하지 않습니다. 그것은 타락한 세상의 결과물입니다.

2014년 4월 16일에 발생한 세월호 사건도 하나님께서 허락하신 것이 아니며, 자신의 이익을 위해 배를 불법개조하고, 편법으로 운영한 사람들이 지은 죄의 결과이었을 뿐입니다. 그러나 우리는 하나님께서 이 세상을 저주에서 회복시키시면, 그것들이 사라질 것임을 확신합니다.

베드로는 시련에 대하여 진리를 제시했습니다. 시련은 괴롭고,

고통스러우며, 힘겹습니다. 그것은 결코 선하지도, 기쁘지도, 쉽지도 않습니다. 또한 시련은 각양각색의 모습으로 우리에게 다가옵니다. 하지만 시련은 우리를 겸손하게 하고, 우리의 주의를 하나님께로 돌리는 데 필요합니다. 금이 불 속에서 단련되고 정제되어 순금이 되듯이, 시련은 우리의 믿음의 진실성을 입증하는 것입니다. 성경에서 가장 고난을 많이 받은 인물은 아마도 욥일 것입니다.

> 내가 가는 길을 그가 아시나니 그가 나를 단련하신 후에는
> 내가 순금같이 되어 나오리라(욥 23:10).

이 욥의 고백이 우리의 입술을 지키고 있다면, 우리는 정말 순금같이 되어 나오는 날을 맞이하게 될 것입니다. "환난은 인내를 인내는 연단을, 연단은 소망을 이루는"(롬 5:3-4) 은혜를 누리게 될 것입니다.

때때로 강단에서 선포되는 메시지는 예수님을 구주로 받아들이면, 이 세상에 살면서 개인적인 평안과 번영을 누릴 것이라는 약속과 함께 팔리고 있습니다. 그 약속을 위해 물질을 바치고, 시간과 정성을 드리라고 말합니다. 하지만 베드로는 연단 가운데에서 드러나는 믿음을 강조하며, 그러한 약속들은 거짓이라고 말하고 있습니다. 우리가 현재 누리는 평안은 우리를 시험하는 도구일 수도 있습니다. 너무 가난해서 죄를 범한 사람이 몇 사람이라면, 너무 많은 부를 소유해서 죄를 지은 사람은 그보다 훨씬 많습니다. 물질을 통해서, 누리는 권력을 통해서 내가 높아지고, 하나님을 떠나게 하는 우리의 교만, 죄성 때문입니다.

그러므로 부하고 높아질 때에 하나님을 더욱 기억해야 합니다. 힘들고 어려울 때에 그 어려움과 고난을 통해 하나님께 더욱 가까이 가고, 하나님과 나의 관계가 회복될 뿐만 아니라, 더욱 친밀해지기를 소망해야 합니다. 칠흑같은 어둠 속에 놓여진 것은 믿음의 성장을 위해 대단히 좋은 기회가 됩니다. 왜냐하면 그 때에 우리가 보는 것은 육신의 눈이 아니라, 오직 믿음의 눈으로만 볼 수 있고, 깨달을 수 있는 것이기 때문입니다. 마지막에 남아 있는 것은 오직 시련에 의해 증명된 믿음입니다. 그것이 가지는 가치는 현재에 평가될 수 없습니다. 우리는 오직 "예수 그리스도께서 나타나실 때에" 그 가치를 알 수 있을 것입니다(벧전 1:7).

다섯째, 베드로는 우리가 눈에 보이지 않는 그리스도의 능력을 믿기에 고난 중에도 기뻐할 수 있다고 말합니다(벧전 1:8). 우리는 고난 중에 가장 명확하게 그리스도를 바라볼 수 있습니다. 고난은 우리의 시야를 가리는 짙은 안개를 걷어냅니다. 작은 어려움은 우리를 혼란케 하지만, 정말 큰 고난이 다가올 때에 우리는 가장 중요한 것에 집중할 수 있습니다. 예를 들어 작은 병에 걸리면 일반은총으로 우리에게 허락하신 의사의 의술에 의지하여 병원에서 해결할 수 있지만, 의사도 손 사래를 치며, 고치지 못한다는 불치병에 걸렸을 때에 우리는 오직 하나님 한 분께만 엎드려 기도하며 매달리게 되는 것입니다.

우리에게 가장 힘난한 날은 때때로 우리에게 가장 좋은 날입니다. 우리는 대낮에는 별을 볼 수가 없습니다. 하지만 캄캄한 밤중에는 하늘에서 반짝이는 별들을 우리는 볼 수 있는 것과 같은 이치입니다. 예수님을 믿고 따르는 그리스도인이 고난 가운데에서도 기뻐할 수 있는 마지막 이유는 영혼의 구원이 보장되었기 때문입니다. 믿음의 결과로 보장된 "구원" 때문에 우리는 기뻐할 수 있습니다(벧전 1:9). 우리는 고난이 정말 좋아서 기뻐하는 것이 아닙니다. 현실과 떨어져서 기뻐하는 것이 아니라, 우리가 산 소망, 영원한 유업, 하나님의 보호, 성장하는 믿음, 보이지 않는 구세주, 보장된 구원을 가지고 있기 때문에 기뻐하는 것입니다.

3) 소망의 상고와 궁극적인 승리

베드로는 "이 구원에 대하여는"(벧전 1:9)이라는 말로 구약 시대의 선지자들에 대하여 소개했습니다. 그 예언자들, 즉, 선지자들이 당대에 예언했던 은혜가 베드로의 시대에 찾아왔습니다. 오늘날의 그리스도인들에게는 구약 시대의 선지자들이 갖지 못했던 이점이 있습니다. 우리는 과거를 살펴봄으로써 성경에 기록된 그리스도의 삶과 기적을 볼 수 있습니다. 우리는 그분의 구속과 죽음, 부활을 보고, 그분의 말씀과 약속들을 읽고, 어떻게 핍박을 받으면서도 교회가 성장하고 전 세계로 퍼져 갔는지를 볼 수 있습니다. 베드로는 선지자들이 성령께 순종하여 기록한 성경은 미래에 대한 예언이요, 무엇보다도 하늘로부터 보내신 성령을 힘입어 복음을 전하는 사도들을 통해 소아시아의 그리스도인들에게 알려진 것임을 밝혔습니다(벧전 1:12).

예수님을 세 번 부인하고 죄책감과 좌절감에 몸부림치던 베드로에게 부활하신 예수님은 과거의 실패가 미래의 사명을 없애지 않음을 몸소 보여주셨습니다. 예수님을 세 번 부인한 베드로는 자기 자신을 받아들일 수 없었습니다. 하지만 예수님은 조심스럽게 베드로를 회복시켜 주셨습니다. 예수님의 부활 직후에 빈 무덤에 있던 천사가 여인들에게 "가서 *그*의 제자들과 베드로에게 말하라"(막 16:7)며, 베드로를 굳이 지칭해 말했습니다. 이때부터 이미 베드로의 회복 계획이 이루어지고 있었습니다. 가장 어려운 때에, 가장 낮은 곳에서 힘들어 한 베드로에게 회복과 용서의 은혜가 임한 것입니다.

낮은 마음, 상처입은 마음은 하나님께로 돌아가고, 그분의 뜻을 준행하기 위한 훌륭한 발판이 됩니다. 베드로보다 예수 그리스도를 통한 하나님의 무조건적 용서를 체험한 사람은 없을 것입니다. 베드로는 겉으로는 강한 척하지만 그 뒤에 숨어있는 내면의 연약함, 안간힘을 다 해도 넘어질 수밖에 없는 부족한 인간의 본성을 절실히 깨달았습니다. 그렇기 때문에 베드로는 금방이라도 넘어질 것처럼 비틀거리는 교인들을 바라보며, 그들이 어려움을 떨치고 일어설 수 있는 힘을 실어줄 수가 있었습니다. 우리도 마찬가지입니다. 우리가 곤고한 일을 경험하고, 실패를 경험하는 데에는 다 이유가 있습니다. 그 경험을 통해 비슷한 처지에 있는 다른 사람을 돌보기를 하나님께서 원하시기 때문입니다. 이를 통해 하나님의 뜻을 명확히 알고 그분의 마음을 품고, 그분께서 기뻐하시는 일을 감당하기를 원하시기 때문입니다.

이 회복의 절정은 요한복음에서 찾아볼 수가 있습니다. 갈릴리 호숫가에서 불을 피워 놓고 제자들과 함께 아침을 드신 부활하신 예수님은 조용히 시몬에게로 돌아서서 말씀하셨습니다. "요한의 아들 시몬아, 네가 이 사람들보다 나를 더 사랑하느냐?"(요

21:15) 이 때 베드로는 "주님, 그러하나이다, 내가 주님을 사랑하는 줄 주님께서 아시나이다"(요 21:15)라고 대답했습니다. 예수님과 베드로가 사용한 "사랑한다"라는 단어는 "필레오"(φιλέω)와 "아가파오"(ἀγαπάω)입니다. 즉 모든 것을 바치는 신적인 사랑인 "아가페"(ἀγάπη)와 형제애를 가리키는 인간의 사랑인 "필리아"(φιλία) 사이에 아무런 차이가 없음을 드러낸 것입니다.

예수님께 다시 용납된 베드로는 자신을 끝까지 용서해 주신 예수님을 사랑할 뿐만 아니라, 그 사랑에 매어 그리스도의 사랑으로 다른 이들을 품고, 용납하고 사랑하는 제자도를 수행할 수 있게 되었습니다. 예수님의 깊은 사랑 안에 거하게 된 이제 베드로는 더 이상 자신의 중심을 드러낼 수 없었습니다. 그는 또 다시 다른 제자들에게 자신의 우위를 주장할 마음이 전혀 없었습니다. 이것이 바로 주님께서 그 상심한 지도자에게서 찾으시던 겸손한 자세이었습니다. 그래서 예수님은 베드로에게 똑같은 질문을 두 번 더 하신 후에, "내 양을 먹이라"(요 21:15)고 말씀해 주셨습니다. 그 순간부터 베드로는 겸손히 섬기는 지도자로서, 그리스도의 양 떼를 먹이는 목자로 우뚝 서게 되었습니다.

이후 베드로는 지도자로서 교회의 중심 역할을 수행하기 시작했습니다. 사도행전은 세 차례에 걸친 바울의 전도여행을 담고 있습니다. 하지만 사도행전의 서두는 거의 대부분이 베드로의 사역에 관한 것이며, 베드로의 지도자로서의 역할들을 소개하고 있습니다. 사도행전 1:15은 "베드로가 그 형제들 가운데 일어나서" 가룟 유다를 대체할 열두 번째 제자를 찾는 일에 앞장섰다는 사실을 기록합니다. 베드로는 오순절날 믿지 않는 유대인들이 성령의 기적적인 징표들이 무슨 의미인지 물었을 때에 주저하지 않고 나섰습니다.

사도행전 2:14은 "베드로가 열 한 사도와 함께 서서 소리를 높여 이르되"라고 베드로의 주도성을 소개했습니다. 사도행전 3장에서 베드로는 요한과 함께 성전에서 다리 저는 사람을 고쳤습니다. 4장에서 산헤드린 공회에 맞서서 예수님에 대한 설교를 중단하라는 요구를 거절했습니다. 5장에서는 아나니아와 삽비라 부부의 속임수를 다루어 심판하는 냉혹한 임무를 용감하게 수행했습니다. 8장에서 사마리아인들에 대한 복음전파를 담당하고, 마술사 시몬의 사기 행각을 해결했습니다. 9장에서 룻다, 사론, 욥바에서 병든 자를 고치고, 죽은 자를 살려냈습니다. 세상 만민에게 복음을 전하시겠다는 하나님의 계획을 받아 들여 이방인 백부장 고넬료의 가정에 복음을 전했습니다. 따라서 사도 바울은 베드로를 교회의 기둥으로 인정했습니다(갈 1:18; 2:7-9).

어쩌면 수탉이 울던 그 성 금요일 새벽에 베드로의 인생의 의미는 사라지게 되었을지도 모릅니다. 그의 제자로서의 인생은 끝나버렸을 수도 있습니다. 하지만 가장 흉악한 배신자로서, 가장 낮은 자리에 엎드릴 수밖에 없었던 베드로에게 하나님은 다른 계획을 가지고 찾아 주신 것입니다. 지금 폭풍우 가운데에 있는 사람, 도대체 그 폭풍이 언제 그칠 것인지 궁금한 사람, 하나님으로부터 벌을 받고 있다는 생각이 드는 사람, 하나님께서 나를 정말 버리신 것 같다는 생각이 든다면, 그 생각을 잠시 멈추시기 바랍니다. 그리스도인이 되었을지라도 인생의 폭풍우가 갑자기 멈추지는 않을 것입니다. 사실, 그것은 더욱 강력한 태풍이 되기도 합니다. 하지만 태풍의 한 가운데 있는 작은 돛단배일지라도, 그리스도인의 곁에는 키를 조정하면서 그(그녀)를 안정시키고 계시는 주님, 바람과 파도를 주관하시는 예수님이 계십니다.

다시 한 번 나그네의 의미를 살펴보자면, 나그네는 지나가는 사람으로서 현재 걷고 있는 곳은 목적지를 향해 지나가는 과정에 불과하며, 현재 잠시 머무는 곳 역시 영원한 안식이 가능한 본향의 집이 아닙니다. 길을 가는 사람은 언제나 최종 목적지에 마음을 두고, 목적지를 생각하며 발걸음을 재촉합니다. 현재 머무르는 잠시 쉬는 공간에, 그 위치에서 누리는 것에 연연하지 않습니다. 예수님을 따르는 제자의 인생길은 저 천국을 향한, 영원한 본향을 향한 나그네의 길입니다. 그러므로 잠시 지나가는 이 땅의 것에 모든 것을 걸지 않고, 소망을 두지도 않습니다.

하나님의 나라에 소망을 두고 믿음의 여정을 걸어가는 제자는, 다윗처럼 "고난 당하기 전에는 내가 그릇 행하였더니 이제는 주의 말씀을 지키나이다"(시 119:67)라고 고백할 수 있습니다. 예수님께서 "나로 말미암아 실족치 아니하는 자는 복이 있도다"(마 11:6)라고 말씀하신 것처럼, 제자는 고난 가운데 더 큰 은혜를 예비하시는 하나님을 놓치지 않습니다. 베드로처럼 고난을 당해 넘어지고 쓰러졌을지라도, 십자가를 붙들고 다시 일어서서 시험을 통과하고 다시 쓰임 받는 사람이 되는 것입니다.[1]

---

[1] 외경인 베드로행전은 베드로의 순교사건을 묘사하고 있다. 일전에 혈기가 왕성하던 베드로가 요한복음 13:36에서 예수께 "주여, 어디로 가시나이까"라는 말을 했을 때, 예수님은 "내가 가는 곳에 네가 지금은 따라올 수 없으나 후에는 따라오리라"고 대답하셨다. 베드로가 자신이 예수님을 따라가며, 예수님을 위해 목숨을 버리겠다고

3. 간사함이 없는 제자 나다나엘

1) 빌립의 초청

세례 요한의 제자였던 두 사람이 요한의 "보라 하나님의 어린 양이로다"(요 1:36)라는 말을 듣고 예수님을 따랐습니다. 예수님은 그들이 따라오는 것을 보시고 "무엇을 구하느냐", 즉 "너희의 목적이 무엇이냐?"라고 질문하셨고, 그들은 "랍비여, 어디 계시오니이까?"라고 대답했습니다(요 1:38). 그 말은 "선생님이여, 당신의 영적 생명과 능력의 비밀은 어디에 있습니까? 그 비밀은 무엇입니까?"라는 뜻입니다. 예수님은 다시 "와서 보라"(요 1:39)고 대답하셨고, 그 때에 두 사람이 예수님과 함께 하룻밤을 보내며 깨달음을 얻고 예수님을 따르는 첫 번째 제자가 되었습니다.

한 사람은 베드로의 형제인 안드레요, 다른 한 사람은 그날 함께

혈기로 대답했을 때에 예수님은 베드로가 닭이 울기 전에 세 번 예수님을 부인할 것이라고 말씀하셨다(요 13:38). 베드로행전에서는 이제 예수님의 십자가 사건과 부활 이후, 로마에서 복음을 전하다가 로마의 집정관 아그립바의 미움을 사서 생명의 위협을 느끼고 로마를 떠나던 베드로의 모습을 그리고 있다. 로마 성문을 나시던 베드로는 극적으로 예수님을 다시 만났다. 그리고 그는 자신이 요한복음 13:36에서 했던 똑같은 말을 예수님께 하였다. "주여, 어디로 가시나이까". 이는 라틴어로 "쿼바디스 도미네"(Quo Vadis Domine)이다. 예수님은 "네가 성도들을 버리고 로마를 떠나려 하니 내가 다시 십자가에 못박히러 간다"고 대답하셨고, 그 말씀을 들은 베드로는 눈물을 흘리며 로마로 돌아가 복음을 전하다가 십자가에 거꾸로 못박혀 순교하는 장면으로 베드로행전은 마무리된다. 베드로가 혈기를 내려놓고, 자신을 중심으로 했던 생각을 내려놓자, 예수님의 뜻이 그의 삶을 통해 이루어졌다. 예수 그리스도의 제자는 자기를 부인하고 자기 십자가를 지고 예수님을 따르는 사람이다(마 16:24). 그의 마음이 자신의 뜻이 아니라, 예수 그리스도를 통한 하나님의 뜻에 중심을 두고 있기 때문이다.

거한 시간인 열 시를 정확히 기억하여 기록한 것을 통해 요한복음을 기록한 요한이라는 사실을 알 수 있습니다(요 1:39). 유대인의 시간으로 열 시는 로마시간을 사용하는 오늘날의 시간으로는 여섯 시간을 더하면 되니까 오후 4시입니다. 안드레는 이제 자신의 형제 시몬을 만나 그에게 "우리가 메시야를 만났다"(요 1:41)고 말하고 그를 예수님께 데려왔습니다. 시몬을 만난 예수님은 그에게 "반석"을 뜻하는 아람어 이름인 "게바"(Kepha)라는 새로운 이름을 주셨습니다. 그 이름은 헬라어로 하면 "페트로스"(Πέτρος), 즉 베드로입니다.

다음 날 예수님은 갈릴리로 나가시는 길에 빌립을 만나서 "나를 따르라"(요 1:43)고 말씀하셨습니다. 빌립은 베드로, 안드레와 같은 마을 벳세다 사람입니다(요 1:44). 빌립은 예수님의 말씀을 듣자마자, 나다나엘을 찾아와 "모세가 율법에 기록하였고, 여러 선지자가 기록한 그 이를 우리가 만났으니 요셉의 아들 나사렛 예수니라"(요 1:45)고 말했습니다.[2] 이렇게 빌립이 주저하지 않고 예수님을 "메시아"로 알아볼 수 있었던 이유는 그가 구약성경의 예언을 항상 마음에 품고 있었기 때문입니다. 그러자 나다나엘은 대답했습니다.

> 나사렛에서 무슨 선한 것이 날 수 있느냐?(요 1:46)

당시에 나사렛은 아무 쓸모없는 동네로 통했습니다. 그곳은 로

---

[2] 나다나엘은 나사렛에 인접한 갈릴리 가나라는 작은 마을 출신으로(요 21:2), 사복음서에 기록된 제자들의 명단에 항상 빌립과 바돌로매가 나란히 언급되는 것으로 보아 바돌로매라고 추정된다(마 10:3; 막 3:18; 눅 6:14). 바돌로매란 "돌로매의 아들"이라는 뜻이다.

마군 수비대가 주둔하고 있는 "세포리스"(Sepphoris)라는 곳에서 가까운, 6.5km 정도만 떨어진 곳으로서, 무료함 가운데 방종하는 병사들로 들끓는 나사렛은 온갖 흉악과 부도덕의 온상이었습니다(최성훈, 2016b). 그래서 예루살렘과 유대 사람들은 갈릴리 사람들을 멸시했습니다. "나사렛 예수"를 요즘식으로 말하면 "라스베가스에서 온 예수" 정도가 될 것입니다. 더구나 나중에 나사렛 사람들은 예수님을 낭떠러지에서 밀려 했었고(눅 4:29), 또 다시 배척했던 마을입니다(마 13:57).[3]

빌립은 예수님을 "나사렛 예수"로, 즉 나사렛에서 태어난 예수로 소개했지만 예수님은 나사렛에서 태어나지 않으셨습니다. 예수님은 베들레헴에서 태어나셨고, 나사렛 지방에 사셨을 뿐입니다.[4] 또한 빌립이 고백한 메시아로서의 예수님은 요셉의 아들이 아니라, 하나님의 아들이었습니다. 하지만 사람의 소개가 잘못되었고 친구를 주님께 데려오는 사역도 불완전하지만 그 때문에 인류를 구원하시는 하나님의 계획이 방해받지는 않습니다. 우리의 증거는 불완전하며, 우리가 선포하는 진리는 지나치게 과장되거나 오해해서 치우칠 수도 있습니다.

하지만 하나님은 예수님을 그리스도, 주님으로 선포하는 모든

---

[3] 나사렛 사람들은 물론 바리새인들은 갈릴리에서는 선지자가 나지 못한다며 예수님을 옹호했던 니고데모를 비난했다(요 7:52). 그러나 그들은 이를 통해 자신들의 무지를 드러냈는데, 요나 선지자가 갈릴리 출신이었기 때문이다. 가드헤벨(수 19:13), 나사렛, 베들레헴을 포함한 갈릴리 지역은 스불론 지파에게 분배된 땅이었다(수 19:10-16). 요나는 가드헤벨 출신(왕하 14:25)이므로 갈릴리 출신이다.
[4] 일찌기 미가 선지자는 메시아가 베들레헴에서 나신다는 사실을 선포했었고(미 5:2), 예수님은 실제로 베들레헴 구유에서 나셨다(마 2:1-12; 눅 2:1-7).

이들의 불완전한 지식과 인격에도 불구하고 복음을 전하셔서 영혼 구원의 대업을 이루시는 것입니다. 빌립은 자신이 예수님께 들은 말을 그대로 함으로써 자신의 불완전한 이해와 사역을 온전케 합니다.

와서 보라(요 1:46).

2) 참 이스라엘 사람, 나다나엘

예수님께서 나다나엘이 당신에게 오는 것을 보시고 "보라, 이는 참 이스라엘 사람이라, 그 속에 간사한 것이 없도다"(요 1:47)라고 말씀하셨습니다. 참 이스라엘 사람이란 하나님의 율법을 묵상하고 율법에 전심으로 순종하는 사람이라는 의미입니다. 뉴욕의 한인타운에서 있었던 일화인데, 한국의 시골에서 뉴욕 아들 집에 놀러온 노부부가 한인 수퍼마켓에서 "순 참기름"이라는 참기름을 사서 맛을 보았습니다.

그런데 노부부가 수퍼마켓에서 산 참기름의 맛을 보니 시골에서 직접 짜서 만들어 먹던 그 진짜의 맛이 아니었습니다. 그래서 이 노부부는 자신들이 한국에서 직접 참기름을 짜서 이곳 뉴욕에 와서 장사를 하면 꽤 돈을 벌겠다는 포부를 가지고 한국에 돌아가 진짜 참기름을 짰습니다. 미국에 가져와 "진짜 순 참기름"이라는 이름을 붙여놓고 한인교회를 중심으로 한인타운의 교포들에게 팔았습니다. 그런데 엄청나게 팔릴 줄 알았던 그 참기름은 팔리지 않았습니다. 진짜 순 참기름을 사서 먹어 본 사람들이 이 할아버지, 할머니가 만든 참기름이 가짜라는 것입니다. 사람들의 입맛이 이미 가짜의 맛에 적응되었기 때문입니다. 가짜가 진짜를 이긴 것입니다.

예수님 당시에도 마찬가지입니다. 율법을 강조하는 수많은 사람들, 바리새인과 서기관들이 있었습니다. 하지만 그들의 마음속에는 율법의 정신, 하나님의 사랑의 정신은 온데, 간데없고, 율법을 통해 자신을 높이고, 다른 사람들을 판단하고 정죄하는 모습만 남아 있었습니다. 그런 가짜 이스라엘 사람들이 진짜 이스라엘 사람의 이미지를 모두 훼손해 버렸습니다. 그러므로 당시 이스라엘 사람들은 바리새인과 서기관들, 즉 가짜 이스라엘 사람을 진짜 이스라엘 사람으로 오해하고 있었습니다. 하지만 하나님의 아들이요, 메시아 구원자인 예수님은 나다나엘의 마음 중심을 꿰뚫어 보시고 계셨기 때문에 나다나엘을 "참 이스라엘 사람"이라고 말씀하셨던 것입니다.

나다나엘이 그 말을 듣고, "어떻게 나를 아시나이까"하고 물었더니 예수님은 "빌립이 너를 부르기 전에 네가 무화과나무 아래에 있을 때에 보았노라"라고 대답하셨습니다(요 1:48). 그 말을 들은 나다나엘은 바로 예수님을 메시아로 인정했습니다. "랍비여, 당신은 하나님의 아들이시요, 당신은 이스라엘의 임금이로소이다"(요 1:49). "무화과나무"라는 표현은 랍비들의 문헌에서 "율법을 묵상한다"라는 뜻으로 사용되었습니다. 고대 근동의 가옥은 대개 작은 방 한 칸을 갖추고 있을 뿐이었는데, 집안에서 요리를 했기 때문에 여름에도 불씨가 꺼지지 않도록 불을 피워두어야 했습니다. 그러니 집안은 항상 연기가 자욱하고 숨이 막힐 것처럼 더웠습니다. 그래서 그늘을 얻기 위해 집 주위에 나무를 심었는데, 서늘한 그늘과 함께 과실까지 얻을 수 있는 무화과나무가 가장 인기가 좋았습니다.

무화과나무는 4-5미터 가량 자라고, 낮게 드리운 가지는 8-10미터까지 뻗기 때문에 그 그늘은 성경을 읽고 기도하는 데에 최적의 장소였습니다. 그러므로 탈무드에 의하면 유대인 성인 남성은 큰 나무 밑에서 하루에 적어도 한 번씩은 성경을 읽고 묵상하라는 지침을 지켜야 했습니다. 그러므로 무화과나무 아래에 있었다는 것은 "율법과 선지서", 즉 모세오경과 예언서의 말씀을 읽고 묵상하고 있었다는 뜻입니다. 무화과나무 아래에서 무엇을 했는지는 예수님과 나다나엘만 아는 비밀입니다. 성경에 기록되어 있지 않기 때문에 우리는 추측만을 할 수 있을 뿐입니다.

그러나 말씀을 묵상하고 기도하던 습관을 가졌던 나다나엘이 그곳에서 혼자서 말씀에 비추어 자신의 모습을 살펴보았을 것이라고 추측하는 데에는 무리가 없습니다. 자신의 죄악이라는 실존 앞에 그는 욥처럼 "티끌과 재 가운데에서 회개하나이다"(욥 42:6)고 고백했을 지도 모릅니다. 그리고 나다나엘은 무화과나무 아래에서 간절히 기도했을 것입니다. 야곱이 브니엘에서 밤새도록 씨름하면서 이전에 약속해 주신 것을 이루어 달라고 하나님께 구했던 것처럼 나다나엘은 무화과나무 아래에서 이방인들에게 빛이 되시고, 자기 백성 이스라엘에게 영광이 되실, 약속하신 메시아를 어서 빨리 보내달라고 기도했을지도 모릅니다.

예수님을 주님으로 따르는 제자로서 영적 지도자에게는 신성한 묵상과 기도의 장소가 필요합니다. 나다나엘에게는 무화과나무 아래가 바로 그러한 장소, 하나님을 만나는 장소였습니다. 나다나엘이 무화과나무 아래에 있을 때에 그를 보았다는 예수님의 말씀은 나다나엘의 마음 속 깊은 곳에 있는 모든 마음의 소원, 기도의 제목들을 다 알고 계신다는 뜻입니다. 그 때에 나다나엘은 예수님 앞에 엎드리며 나다나엘의 모든 것을 꿰뚫어 보시는 예수님의 메시아 되심을 인정할 수밖에 없었습니다. 야곱이 아버지와 형을 속이고 광야, 벧엘에서 꿈을 꾼 내용으로 말씀하신 것을 감안하면(요 1:51), 나다나엘은 그 때에 그러한 내용이 기록된 창세기 28장 본문을 읽고 있었던 것으로 보입니다.

나다나엘이 어떤 생각으로 그 본문을 읽고 있었을까요?

율법의 정신에 초점을 맞추었던 참 이스라엘 사람 나다나엘은 그 본문을 읽으며 아버지와 형을 속인 야곱을 한심하게 생각했을 것입니다. 그래서 예수님께서는 야곱의 교활한 모습과 나다나엘의 진지한 모습을 대조시키고 계시는 것입니다.

나다나엘은 자신의 감정에 솔직한 사람이었습니다. 하지만 그것이 어리석음을 의미하지는 않습니다. 오히려 간사함이 없다는 것은 진리를 받아들이는 태도를 말하는 것입니다. 그는 지식을 자랑하는 바리새인들과는 달리 진리 앞에 어린아이처럼 순진하고 투명한 사람이었습니다. "간사함이 없다"는 것은 "진리의 힘 앞에 정직하게 굴복할 줄 안다"는 뜻입니다. 이떤 사람들은 예수님을 믿기도 전에 기독교의 모든 내용들을 이해하려고 애를 씁니다. 다시 말하면, 초등학교에 입학가기도 전에 대학교 수준의 지식을 요구하는 것입니다. 그런 사람들은 "믿음으로 구원을 받는다"(롬 1:17)는 단순한 기초를 이해하기도 전에 커다란 신비를 깨달으려고 합니다. 예수님은 그러한 마음을 향해 "너희는 표적과 기사를 보지 못하면 도무지 믿지 아니하리라"(요 4:48)고 책망하셨습니다. 반면에 지혜로운 사람, 진리에 대하여 어린아이와 같은 마음으로 열려 있는 나다나엘과 같은 사람은 예수님이 하나님의 아들이시요, 이스라엘의 왕이라는 사실부터 흔쾌히 믿습니다. 그리고 갈수록 더 위대하고 신비한 것들을 하나, 하나 깨닫게 되는 것입니다.

그리스도인이 하나님의 말씀을 따라 의로와지기를 바라고, 진리를 깨닫기를 간절히 열망해 왔다면, 그러한 갈망을 하는 사람들 각자를 이미 예수님은 아십니다. 누가 어떠한 은밀한 장소에서 주님을 구해왔든지, 예수 그리스도께서 그 사람을 보시고 계셨던 것입니다. 때로는 하나님의 말씀을 깨닫지 못하고, 인생의 문제로 넘어져 눈물을 흘릴 때에도 그 눈물을 예수님은 보셨습니다. 심령의 만족과 위로를 얻지 못하고 탄식할 때에, 예수님은 그 탄식을 다 듣고 계셨습니다.

누구나 진실한 마음으로 그분을 찾을 때에, 예수님은 그 마음을 다 아십니다. 주님을 향한 그 모든 마음이, 바로 주님의 사랑으로 말미암은 성령의 감동이기 때문입니다. 진리는 아직 어두움 속에 있지만 간절히 그 진리의 빛을 찾는 모든 이에게 넘치는 위로가 됩니다. 영적 지도자인 목회자가 설교하기 전, 그 설교를 듣는 사람이 무화과나무 아래에 있을 때, 즉 침대에 누워 하염없는 눈물을 흘릴 때, 실패로 좌절하며 낙망할 때에, 인생의 가장 힘든 순간을 맞을 때, 예수님은 그 사람을 보셨고, 그 탄식 소리를 들으셨고, 그 (그녀)의 곁에 함께 계셨던 것입니다.

주님은 우물가에 앉아서 사마리아 여인과도 그렇게 말씀을 나누셨습니다. 예수께서 "너에게 남편 다섯이 있었고, 지금 있는 자도 네 남편이 아니라"(요 4:18)고 말씀하셨을 때에 이 여인은 예수님이 평범한 사람이 아님을 깨닫게 되었습니다. 그리고는 자신이 그토록 숨고 피하려고 했던 동네 한 가운데로 달려가서 자신이 깨달은 것을 전했습니다.

> 내가 행한 모든 일을 내게 말한 사람을 와서 보라. 이는 그리스도가 아니냐?(요 4:29)

때로는 목회자의 설교를 들은 몇 사람은 종종 이런 말을 합니다.

"목사님, 오늘 설교 말씀은 꼭 저에게 필요한 말씀이었습니다. 누군가 제 사정에 대해서 목사님께 말씀드린 것 같습니다."

그렇지 않습니다.

아무도 목사에게 자세한 사정에 대해서 말해 주지 않았지만 예수님께서 그 사람을 위해서 목사의 설교 준비와 선포하는 입술을 인도하시고, 그 말씀을 필요로 하는 교인이 그 말씀을 대할 때에 깊은 깨달음을 주셔서 위로하신 것입니다.

복음은 사람이 모르는 은밀한 것, 하나님이 아니면 아무도 알 수 없는 것을 드러냅니다. 복음을 담은 하나님의 말씀은 마음의 생각과 뜻을 감찰합니다(히 4:12). 예수 그리스도는 복음 안에서 당신의 백성들이 짓는 죄의 모든 것, 그들이 원하는 모든 것, 그들이 삶 속에서 부딪치는 모든 어려움들을 다 아십니다. 그 복음의 가르침이 죄를 폭로해서 회개케 하고, 영적인 질병을 치유하고, 그리스도인의 소원을 하나님의 뜻과 일치시켜서 이루고, 어려움들을 극복할 수 있는 힘을 주는 것입니다.

3) 참 이스라엘 사람에게 임하는 은혜

예수님은 "내가 너를 무화과나무 아래에서 보았다 하므로 믿느냐, 이보다 더 큰 일을 보리라"(요 1:50)고 다시 말씀하셨습니다. "진실로 진실로 너희에게 이르노니 하늘이 열리고 하나님의 사자들이 인자 위에 오르락 내리락 하는 것을 보리라"(요 1:51)는 예수님의 말씀은 그분께서 세상에 오신 궁극적인 목적을 보여주시는 말씀입니다. 예수님은 죄가 하늘과 땅 사이에 벌려놓은 거대한 간극을 메꾸기 위해 이 땅에 오셨습니다.

여기에는 창세기 28:12, 야곱이 형 에서를 속이고 가족을 떠나 외갓집으로 떠나는 도중에 돌 베개를 베고 잠을 자다가 꾼 꿈 이야기가 배경으로 등장합니다. 야곱의 꿈속에서 땅에서 하늘로 사다리가 뻗어있고, 그 위로 천사들이 오르락, 내리락하고 있었습니다. 예수님은 자신이 바로 그 사다리가 됨을 알려주십니다. 하늘이 열리고 하나님의 사자들, 즉 천사들이 사다리되신 예수님, 즉 인자 위에 오르락 내리락 하는 것을 나다나엘이 보게 될 것이라고 말씀하시는 것입니다. 예수님을 주님으로 믿는 것부터 시작하여 이 세상을 살면서 순간, 순간 주시는 깨달음과, 그 깨달음을 붙들고 기도하며 인내했을 때 경험케 하시는 응답들을 통해 결국 하늘과 땅을 주관하시며 만물을 심판하시는 심판주를 대하게 되는 것입니다.

천사들이 오르락 내리락하는 곳은 성전입니다.
오늘날 성전은 어디에 있습니까?

단순히 교회 간판을 세워놓았다고 다 성전이 아닙니다. 건물의 유무와는 상관없이 예수님을 주님으로 부르짖는 공동체가 곧 성전입니다. 그곳에 하늘 문이 열리고, 하나님의 천사들이 오르락, 내리락하며 교통합니다. 하나님께서 그곳에 성령으로 임재하십니다. 친히 당신의 백성들의 기도를 들어주시며, 다스리고 인도해 주십니다. 나다나엘이 예수님을 주님으로 고백했을 때, 그렇게 하늘 문이 열리고, 더 깊은 진리의 깨달음으로 나아갈 수 있게 되었습니다. 그가 참된 성전을 볼 수 있게 된 것입니다.

우리가 하나님을 알기 전에 이미 하나님은 우리를 알고 계셨습니다. 우리가 하나님을 사랑하기 전에 이미 그분은 우리를 사랑하셨습니다. 그리고 인류의 죄와 타락을 안타까워하시며 독생자를 이 땅에 보내주셨습니다. 그러므로 이스라엘의 왕, 메시아 예수 그리스도는 우리의 모든 일거수, 일투족을 다 알고 계십니다. 우리의 모든 비밀을 다 아십니다. 내가 어디에서 넘어졌는지, 무엇에 약한지, 어디에서 죄를 짓고, 무엇 때문에 실족하는지도 다 알고 계십니다. 나를 가장 잘 아시는 분이 오늘도 나를 예배의 장소로 부르시고 계십니다. 왜 내가 그렇게 주저하는지, 왜 그렇게 괴로워하는지를 다 알고 계시는 그분께서 나를 부르시는 것입니다. 우리도 나다나엘처럼 "랍비여, 당신은 하나님의 아들이시요, 당신은 이스라엘의 임금이로소이다"(요 1:49)고 고백하면 됩니다.

그러면 그러한 고백을 통해 하늘이 열리고 하나님의 천사들이 오르락 내리락 하며 야곱을 도운 것처럼, 나다나엘을 제자로 삼아 동일한 은혜를 주셨듯이, 나의 삶 가운데 하늘의 문이 열리고 하나님의 사자들의 도움이 임하게 될 것입니다.

4. 누구의 제자인가?

누구의 권위를 따르는가 하는 것이 누구의 제자인지를 쉽게 밝혀 줍니다. 미국으로 이민 온지 얼마 되지 않는 터키의 사회심리학자 무자퍼 셰리프(Muzafer Sherif, 1936)는 미국의 민주주의가 합의를 중시하기 때문에 미국인들이 일반적으로 동조하는 경향이 강하다고 믿었습니다. 다시 말하면 미국사람들이 민주주의의 권위를 따르는, 민주주의 체제의 제자라는 것입니다.

그래서 그는 1935년에 남자 대학생들을 대상으로 집단의 기준에 대한 개인의 동조성을 밝히는 실험을 고안해냈습니다. 실험에 참가한 대학생을 어두운 방으로 인도하는데, 그 방에는 고정된 불빛이 하나 있습니다. 그 불빛은 고정되어 있지만 불규칙하게 움직이는 것처럼 보이는 착시 현상이 일어나서 움직이는 것처럼 보였습니다. 피실험자에게 그 불빛이 얼마만큼 움직였냐고 개인적으로 물었을 때에는 수 센티미터에서 수십 센티미터까지 다양한 응답이 있었습니다.

하지만 그들을 여러 사람 단위의 팀으로 묶어서 다시 판단하게 하자 평균적인 값이 수렴되어 정해졌습니다. 그 팀의 대학생에게 다시 한 번 불빛의 움직임을 보라고 요구하자, 이번에는 원래 개인적으로 판단했던 것과는 상당히 벗어난 팀의 평균값에 가까운 수치를 제시했습니다. 피실험자가 자신이 이전에 정했던 개인적 지각의 결과를 고수하기보다 팀의 의견을 따랐던 것입니다.

또 다른 사회심리학자인 솔로몬 애시(Solomon Asch, 1956)는 셰리프의 동조 효과에 이의를 제기했습니다. 애시는 셰리프의 실험 상황에 의미있는 기준이 없었던 것이 문제라고 지적하며, 미국인은 셰리프의 연구 결과에서 보여준 것보다 훨씬 독립적이라고 믿었습니다. 그는 명백하게 틀린 것을 옳다고 지적하는 집단에 대해서는 사람들이 반발할 것이라고 생각하며, 1955년, 다음과 같은 실험상황을 구성했습니다.

실험 참가자는 주어진 세 개의 선 중에서 명백하게 길이가 다른 선을 고르게 됩니다. 대부분의 사람들은 쉽게 길이가 다른 선을 골라냅니다. 하지만 이번에는 다른 7명의 참가자들과 길이가 다른 선을 고르는데, 선의 길이는 기존의 실험과 같지만 다른 참가자 7명 모두가 길이가 다르지 않은 선을 고릅니다. 물론 7명의 참가자들은 연구팀의 일원으로 피실험자 한 사람을 시험하는 사람들입니다. 17-25세의 이 실험에 참가한 123명 가운데 놀랍게도 25%만이 옳은 답을 고수했고, 나머지 75%의 참가자들은 명백한 오답을 다른 7명의 참가자들을 따라 골랐습니다. 애시는 사람들이 집단에 소속되고자 하는 강한 욕구라는 규범적 필요 때문에 오답을 선택했다고 결론을 내렸습니다.

애시의 제자인 스탠리 밀그램(Stanley Milgram, 1963)은 나치가 히틀러의 권위에 너무나 쉽게 복종하여 유태인 대학살을 자행한 것에 대하여 관심을 갖고, 1961년에 연구를 진행했습니다. 그는 20-50대를 대상으로, 기억과 학습에 관한 연구참여자 500명을 모집하여 두 사람이 한 조가 되어, 한 사람은 교사, 다른 한 사람은 학습자 역할을 담당하도록 했습니다. 연구참가자에 대한 보상은 시간당 $4이었습니다. 학습자 역할의 참가자가 정답을 맞추면 교사 역할의 참가자는 잘했다는 말로 보상하고, 답이 틀리면 교사는 충격 장치의 스위치를 눌러서 벌을 주어야 합니다.

　이 충격 장치에는 30개의 스위치가 붙어 있는데, 첫 단계는 15볼트의 전기 충격이 주어지고, 한 단계씩 높아질 때마다 15볼트씩 충격이 올라갑니다. 학습자가 정답을 맞추지 못하면 교사 역할의 참가자는 이전보다 한 단계 높은 전기 충격을 주는 스위치를 눌러야 합니다. 충격 장치의 계기판에는 전압과 그에 상응하는 충격 수준이 표시되어 있는데, 예를 들면 150볼트의 충격을 주는 10단계는 "강한 충격", 300볼트의 20단계는 "매우 강한 충격", 375볼트의 충격을 가하는 25단계는 "위험: 극심한 충격", 그리고 450볼트의 충격 수준인 마지막 단계는 그저 "XXX"라고만 표시되어 있었습니다. 참가자는 제비를 뽑아 교사 역할을 수행할지, 아니면 학습자 역할을 수행할지 결정합니다. 하지만 이 제비뽑기는 사전에 조작된 것으로 실험참가자는 언제나 교사 역할을 맡습니다. 교사 역할을 맡게 된 참가자는 실험이 시작되기 전에 3단계의 45볼트의 충격을 직접 경험하도록 인도를 받아 충격 수준에 대해서 알게 됩니다.

　실험이 시작되고 학습자 역할을 맡은 사람은 처음에는 문제를 잘 맞추다가 곧 실수를 하기 시작합니다. 교사는 충격 스위치를 누르고, 학습자 역할을 가장한 사람은 점점 고통을 호소합니다. 계속되는 오답으로 충격은 올라가고, 학습자는 급기야 심장 고통이 견딜 수 없다며 울부짖습니다. 실험 참가자는 실험을 그만두고 싶어 하지만 연구자는 실험 전에 서명한 계약서의 내용을 일깨우며, 실험을 강행하라고 종용합니다. 그리고 어떤 일이 발생하든, 자신이 책임을 지겠다고 말합니다. 20단계, 300볼트의 충격을 준 이후에 학습자는 더 이상 대답을 하지 않습니다. 학습자가 대답을 하지 않는다고 말을 해도 연구자는 5초 이상 대답이 없으면 틀린 것이라고 말하며 다음 단계의 스위치를 누르라고 강요합니다. 몇 명이나 이러한 상황에서 마지막 30단계의 스위치까지 눌렀을까요?

참가자의 65%가 이미 의식을 잃은 것처럼 보이는 학습자에게 최종 단계의 충격을 주는 스위치를 눌렀습니다.

사람들은 왜 그렇게 놀라운 수준의 맹종을 보였을까요?

우선 참가자들은 그 상황에서 탈출하는 방법을 몰랐다고 변명할 수 있을 것입니다. 타락한 교회 지도자들이 순진한 교인들을 몰아세우며 왜곡된 방식으로 권위를 내세울 때에 진리의 말씀으로 깨어있지 않으면 교회라는 조직, 공동체는 하나님의 방식이 아닌, 인간의 방식으로 운영되는 세상의 조직으로 전락하게 됩니다. 또한 참가자들이 처음에는 15볼트라는 가벼워 보이는 단계로 시작했다는 사실도 의미가 있습니다. 잘못된 지도자를 따라 악한 행위를 저지를 때에 그 일은 처음에는 사소해 보입니다. 하지만 "욕심이 잉태한즉 죄를 낳고 죄가 장성한즉 사망을 낳느니라"(약 1:15)는 말씀처럼 교회 공동체 내에 있는 교인이 삶의 작은 부분에서 타협한 것이 나중에는 점차 죄가 커지고, 급기야 자신이 하나님을 믿는다는 사실 조차도 의심하며 하나님을 떠나 영원한 형벌에 이를 수도 있는 것입니다.

인간 중심의 권위는 필연적으로 이기적인 인간의 본성에 의해 얼룩지고 왜곡될 수밖에 없습니다. 조직이라는 공동체를 이루는 목적은 하나님의 뜻을 더욱 규모있게, 효율적으로 수행하기 위함입니다. 하지만 조직의 리더가 악하고, 조직 구성원들이 진리를 알지 못하면 그 조직은 오히려 악한 세력의 조직이 되는 것입니다.

또한 작은 죄악에 타협하는 공동체는 사단의 도구가 되는 것입니다. 그러므로 조직을 통해 힘을 주시는 하나님을 바라보지 않으면 공동체는 변질되고 만다는 사실을 잊어서는 안 됩니다. 리더가 불완전한 인간임을 직시해서 구성원들이 힘을 합쳐 공동체를 지탱해야 합니다.

교단의 총회장이 모든 일을 하는 것이 아닙니다. 각 교회가 말씀을 붙들고 힘을 합쳐야 교단이 든든해집니다. 교회도 마찬가지입니다. 담임목사가 모든 일을 다 처리할 수도 없고, 해서도 안 됩니다. 모든 제직과 부교역자들과 협의하여 민주적으로 교회를 이끌어야 온전한 교회로 세워집니다. 신학교도 총장 혼자의 힘으로 운영할 수 없고, 교수와 학생들이 한마음으로 말씀 앞에 깨어 있어야 방향을 잃지 않습니다. 개인이든, 공동체를 이룬 조직이든, 결국 이 땅에서 선한 영향력과 온전한 리더십을 발휘하는 비결은 하나님과 올바른 관계를 맺고, 그분의 마음을 품는 것입니다. 말씀을 따라 하나님과 바른 관계를 맺은 개인이 모인 공동체는 놀라운 조직력을 발휘하게 마련입니다. 그러므로 리더와 구성원과의 관계도 중요하지만, 가장 중요하고 근본적인 관계는 리더와 하나님과의 관계, 그리고 구성원 개인과 하나님과의 관계인 것입니다. 하나님과의 온전한 관계는 예수 그리스도의 제자가 되어, 자기를 부인하고 자기 십자가를 지고(마 16:24) 하나님의 뜻을 이루게 하기 때문입니다.

10장

섬김의 리더십과 영적 지도력

미국의 경영컨설턴트 출신으로 리더십 서적의 베스트셀러 작가이자 경영연구소 소장인 제임스 콜린스(James Collins)는 좋은 것(good)은 위대한 것(great)의 적이라고 말하며, 최소한 15년 이상의 노력 끝에 좋은 회사에서 위대한 회사로 도약한 기업들의 리더십을 소개했습니다. 그는 그렇게 좋은 회사에서 위대한 회사로 도약한 기업들은 무엇을 해야할지가 아니라 무엇을 하지 말아야 할지를 살펴보며 선택과 집중의 전략을 활용했고, 기술이 아니라 변혁적 사고가 원동력이며, 상황이 아닌 의식적인 선택에 따라 그러한 성과를 이루었다고 결론을 내렸습니다(Collins, 2001).

그는 리더십을 5단계로 분류했는데, 고도의 역량을 갖춘 개인, 공헌하는 팀원, 경쟁력있는 관리자, 효과적인 리더, 그리고 마지막으로는 개인적 겸손과 직업적 의지를 갖춘 경영자의 순으로 단계를 이룬다는 것입니다. 콜린스는 리더십이 모든 것의 답이라는 식의 관점은 무지함의 소치이며, 왜 그러한 리더십이 발휘되었는지를 분석하는 작업이 필요하다는 것을 강조했습니다. 그는 위대한 기업들은 예외없이 "단계5"의 리더들을 보유하며, 그들의 특징은 겸손함과 직업의 의지를 역설적으로 조합하는 것이라고 지적했습니다(Collins, 2001, 20).

결국 섬김과 리더십의 균형있는 조합이 단순히 좋은 것을 넘어 위대한 결과를 낳게 하였다는 것입니다. 영적인 리더십 역시 마찬가지입니다. 하나님과 한마음이 되어 하나님의 눈으로 사람을 섬기는 과정에서 리더십은 더욱 빛을 발합니다. 단순히 섬기는 행위로 끝나는 것은 리더십을 발휘하지 못합니다. 하나님의 뜻을 따라 말씀의 원칙대로, 예수님의 가르침대로 섬기는 것이 영적 리더십을 발휘하는 것입니다.[1]

---

[1] 물론 섬김이란 말처럼 쉬운 것이 아니다. 이 세상에서의 삶을 통해 섬김의 본을 보여주셨던 예수님께도 섬김은 쉬운 것은 아니었다. 예수 그리스도의 섬김의 극치는 십자가 위에서 나타났다. 예수님은 십자가 위에서 당하는 고통이 두려운 것이 아니라 하나님과의 분리를 두려워하셨다. 그래서 예수님은 "나의 하나님, 나의 하나님, 어찌하여 나를 버리셨나이까"(마 27:46)고 울부짖으셨던 것이다. 오늘날의 영적 지도자에게도 자신의 십자가를 지는 그리스도인의 삶이란 곤고하며, 때로는 아무리 기도해도 응답하시지 않는 것 같은 하나님을 바라보며 원망이 나오고, 답답할 때가 있다. 그럴 때에도 예수 그리스도의 십자가는 변함없는 하나님의 사랑을 우리에게 일깨워주는 표지이다. 하나님으로부터 버림받은 것만 같은 어렵고 답답한 상황 속에서도 하나님께서는 변함없이 나의 삶을 주관하시고, 당신의 때를 따라 인도하신다는 확신은 예수 그리스도의 십자가 고난에 뒤이은 부활, 승리의 사건을 통해 새롭게 되기 때문이다. "현재의 고난은 장차 우리에게 나타날 영광과 비교할 수 없도다"(롬 8:18)는 사도 바울의 고백은 믿음으로 하루, 하루를 버티며 고난을 이겨내는 모든 그리스도인들의 고백인 것이다.

1. 섬김을 통해 이룬 꿈

하나님은 요셉이 17세가 되던 해에 두 가지 꿈을 꾸게 하셨습니다. 하나는 "형들이 묶은 곡식단이 자신의 곡식단을 둘러서 절을 하는 것"이고, 다른 하나는 "해와 달과 열한 별이 자신에게 절을 하는 것"이었습니다(창 37:5-11). 어린 요셉은 그 꿈을 꾼 후에 아마도 자랑하고 싶은 마음으로 가득했을 것입니다. 요셉이 그가 꾼 꿈을 형들에게 이야기 했을 때에 그 형들이 이전보다 "더욱" 그를 미워한 사실에서(창 37:5) 우리는 그가 예전부터 형들에게 자랑을 해왔다는 사실을 알 수 있습니다. 그는 채색 옷을 자랑하고, 형들의 잘못을 지적함으로써 형들에게 미움을 받아왔습니다(창 37:2-4). 게다가 요셉은 장차 위대한 지도자가 된다는 꿈을 꾼 후에는 마치 지금 그런 자리에 오른 것처럼 마음이 높아져 있었습니다. 들떠서 기뻐하였습니다.

그러나 요셉의 꿈은 마음이 높아진 상태에서는 이루어지지 않았습니다. 그가 형제들에게 배신을 당하고, 보디발 장군의 아내가 덮어씌운 누명으로 감옥 생활을 하면서 그의 마음이 낮아질 대로 낮아진 후에야 이루어졌습니다. 즉 자신의 꿈만을 바라보는 것이 아니라 그 꿈을 주신 하나님을 경외하는 겸손한 사람이 되자 요셉의 꿈이 이루어지기 시작했던 것입니다. 큰 꿈과 기도제목은 가져야 합니다. 그러나 그러한 큰 꿈을 가지고 있어도 마음만은 하나님 앞에서 낮추어야 합니다. 무슨 꿈을 품고, 무슨 일을 하든지 마음을 겸손하게 낮추지 않으면 결국 교만하게 되어 꿈꾸는 일들이 허사가 된다는 사실을 명심해야 합니다. 하나님은 부족하면 채워서 쓰시고, 교만하면 꺾어서 쓰시고, 낮아지면 높여서 쓰십니다.

모든 것을 주관하시는 하나님은 기가 막히게 요셉을 준비시키시고 죽음의 웅덩이에서, 감옥에서 애타게 하나님께 아뢰었던 그의 기도를 다 이루어 주셨습니다. 요셉은 보디발의 집에서 이집트 언어를 익히고, 시위대장의 큰 살림을 맡아 경영하는 수업을 받았습니다. 감옥에서 술 맡은 관원을 만나고 고위관직 출신의 여러 인사들을 만나며 궁중의 예법과 국가를 운영하는 안목을 길렀습니다. 고대근동의 문헌에 의하면 애굽에서 관직에 오를 수 있는 최소연령은 30세입니다. 요셉이 감옥에서 2년을 더 채우지 않고, 28세의 나이로 감옥에서 나갔으면 아무것도 아닌 인생이 되었을지도 모릅니다. 그러나 감옥에서 술 맡은 관원장과 떡 굽는 관원장의 꿈을 해석해 준 이후, 2년이라는 세월을 더 보낸 요셉이 30세가 되었을 때에, 비로소 그는 바로왕의 꿈을 해석하고 당대 최고의 국력을 자랑하는 애굽의 총리가 되었습니다. 하나님은 이미 움직이고 계셨으며, 하나님의 때에 요셉의 기도에 응답해 주셨던 것입니다.

이제 요셉은 자신의 가족들이 죽음의 기근에서 벗어나도록 하는 오아시스가 되었고, 이스라엘 족속이 고센 땅에 정착해서 큰 민족을 이루며, 하나님의 백성이 되는 기반이 되었습니다. 하나님께서 연단시키시고, 준비시키셔서 결국 애굽의 총리로 높여주신 요셉은 이스라엘이 가나안 땅에 입성해서 벌이는 영적 전쟁의 원동력이 되었던 것입니다. 하나님은 우리들 한 사람, 한 사람을 향한 가장 좋은 계획을 가지고 계십니다. 그러므로 영적 지도자는 하나님의 계획에 눈을 맞추며, 그 분의 뜻을 향한 믿음을 가지고 주어진 삶의 자리에서 섬김을 통해 오늘의 어려움을 이기고 승리합니다. 그러한 겸손과 섬김은 오히려 하나님의 손에 의해 위대한 지도자로 발돋움하는 기반이 되는 것입니다.

2. 섬김의 리더십[2]

1) 이론의 배경

1970년대에 들어 미국의 최고경영자 출신인 로버트 그린리프(Robert Greenleaf)에 의해 시작된 섬김의 리더십연구는 지난 40여 년 동안 리더십연구자들의 관심의 대상이었고, 특히 교회 지도자들에 의해 그 역할이 강조되어왔습니다. 그린리프는 통신사인 AT&T에 40여년 근무하고, CEO로 정년퇴임 후, 사회의 단체나 기관들이 어떻게 기능하는지를 탐구하였습니다(Greenleaf, 1970, 1972, 1977). 그는 1964년, "응용윤리센터"(Center for Applied Ethics)를 창설하였고, 이는 "그린리프 섬김의 리더십연구소"(Greeanleaf Center for Servant Leadership)로 개명되며 확장되었습니다.

그린리프는 헤르만 헤세(Herman Hesse, 1956)의 소설 『동방순례』(The Journey to the East)를 읽으며 섬김의 리더십에 대해서 깊은 관심을 가지게 되었습니다. 그는 순례단의 단원들을 위해 허드렛일을 하는 하인 레오가 사라지자 조직이 혼란에 빠지게 되었고, 따라서

---

[2] 섬김의 리더십이 교육을 통하여 구현되는 과정에 대해서는 최성훈, 『6하원칙을 통해 본 기독교교육』 (서울: 기독교문서선교회, 2016)의 "5장 교육리더십"을 참조하라.

헌신적인 보살핌을 통해 조직을 섬겼던 레오가 실질적인 조직의 리더로서 기능하였다는 점에서 영감을 얻고 섬김의 리더십을 공식적으로 발전시켰습니다.

2) 섬김의 의미

그린리프는 리더십의 본질이란 리더가 되기 이전에 섬기는 자가 되는 것이라고 주장했습니다(Greenleaf, 1970). 이것은 무조건 낮아지고 굴복하라는 의미가 아닙니다. 섬김의 의미는 조직의 목표가 아니라, 조직을 구성하는 사람에 초점을 맞추고 있습니다. 즉 조직 구성원을 우선적으로 고려해서 리더가 구성원들을 돌보고 보살피라는 뜻입니다.

따라서 섬김의 리더십은 기존의 비인격적 수직적인 위계에 반발하여, 그 대안으로서 수평적 관계를 제시하는 방편으로 섬김을 강조합니다. 인간 존중, 도덕적 권위와 양심, 인격적 가치에 집중함으로써, 효율성만을 강조하던 기존의 리더십 이론을 뛰어 넘는, 보다 본질적인 리더십의 차원을 강조하는 것입니다. 그러므로 섬김의 리더십이란 구성원들이 점점 더 인간다운 모습을 회복하며, 더 건강하고 자율성을 발휘하는지 여부와 그들도 다른 이들을 섬기는 자가 되려고 하는지를 통해 그 진정성이 판단됩니다.

섬김과 리더십이라는 두 개의 상충되는 단어가 결합하는 원리는 우선순위에 있습니다. 섬김을 핵심의 가치로 강조하기는 하지만, 그 기반이 되는 것은 리더십이므로 리더십을 전제로 해야 합니다. 효과적인 리더가 된다는 것은 먼저 구성원들로부터 리더로서 인성을 받는 것을 전제로 합니다.

따라서 영적 지도자에게 있어서 섬김의 리더십이란 하나님의 말씀에 대한 깊은 지식을 갖추고, 이를 섬김의 실천으로 연결하여 발휘할 때에 완성되는 것입니다. 리더로서의 기본 역량을 갖추는 것을 요구하는 이유는 섬김의 리더십이 일방적으로 희생하고 봉사하는 것이 아니라 조직 구성원들을 지도하며 이끌어 가는 능력을 전제하기 때문입니다. 그러므로 섬김의 리더십이란 영적 리더에게 요구되는 청지기 의식, 죄악에 단호히 맞서는 영적 전사의 모습, 하나님의 뜻을 품는 목자의 마음, 그리고 예수 그리스도를 따르는 제자도의 기반을 이룹니다.

3) 섬김의 리더십의 특성

섬김의 리더십의 가장 뚜렷한 특징은 조직의 목표보다 사람을 우선하는 것으로서, 섬김의 리더십의 모든 가치는 인간 중심적입니다. 변혁적 리더십, 정직한 리더십, 더 나아가서는 윤리적 리더십 등, 윤리적 차원을 포함하는 리더십 이론들이 있지만, 이타주의를 직접적으로 제시하는 리더십 이론은 섬김의 리더십뿐입니다. 섬김의 리더십은 다른 사람을 섬기고 싶다는 자연스러운 감정으로 시작하여 그 같은 감정을 가지고 다른 사람을 올바른 방향으로 인도하고 싶다는 의식적인 선택으로 이어집니다.

섬김의 리더십과 다른 리더십과의 차이점은 리더가 구성원들을 위한 봉사자로서 구성원들을 돌보고 살핀다는 데에 있습니다. 그러므로 섬김의 리더십에서 최선의 평가기준은 도움을 받고 있는 사람이 도움을 받는 동안에 그 잠재력을 실현하는 과정에서 성장하며, 더 성숙한 모습으로 자율적으로 다른 사람을 돕는 사람이 되는 것입니다. 섬김의 리더십에 관한 연구는 다양한 리더십의 특성들을 소개하고 있습니다. 학자들에 따라서 섬김의 리더십 구성요소로서 이타적 소명, 감정치유, 지혜, 설득적 구성력, 조직차원에서의 청지기 의식 등이 제시되기도 하고(Barbuto and Wheeler, 2006), 경청, 공감, 치유, 자각, 설득, 개념화, 선견지명, 청지기정신, 헌신, 공동체 구축 등 10가지의 특성들이 소개되기도 하며(Spears, 2002), 자발적 종속, 진실된 자아, 협약적 관계, 변혁적 영향력과 함께 "책임지는 도덕성"과 "초월적 영성"이라는 종교적 가치가 섬김의 리더십의 핵심요소로 소개됨으로써 주목을 끌기도 했습니다(Sendjaya et al., 2008).

이러한 모든 특성들은 사람 안에 내재된 잠재력 실현을 최우선으로 강조하는 공통점을 보이고 있습니다. 이를 위하여 섬김의 리더십은 상황적 리더십의 특성을 반영하는 측면을 보입니다(Liden et al, 2008). 리더가 구성원들의 잠재력 실현과 성장, 성숙을 위하여 섬긴다는 것은 자신이 활용하는 리더십 스타일에 대하여 유연성을 유지하는 것을 포함합니다. 동일한 리더십 스타일이라 하더라도 상황에 따라 효과적일 수도, 그렇지 못할 수도 있다는 것을 인식하고, 구성원들의 성숙도에 따라서 리더십 스타일에 변화를 주는 것이 필요한데, 이는 리더에게 총체적인 시각을 요구하는 것입니다.

섬김의 리더십은 리더십의 새로운 동향에 속하는 분산된 리더십, 민주적 리더십, 도덕적 리더십을 반영하기도 합니다. 섬김의 과정에서 리더십은 필연적으로 구성원들 사이에 분산되어 협응적

과정을 통하여 발휘되고, 섬김의 본질은 구성원으로서의 인간을 존중하며 권리를 인정하는 민주적 리더십의 원리를 반영하며, 도덕적 원리에 근거한 정직한 리더십에 근거하기 때문입니다.

4) 섬김의 리더십의 장·단점

윤리적 차원을 포함하는 다른 리더십 이론으로는 변혁적 리더십, 정직한 리더십 등이 있지만 섬김의 리더십은 리더십 이론들 가운데 유일하게 "이타주의"를 리더십의 중심 요소로 제시함으로써 차별화를 이루었습니다. 섬김의 리더십은 또한 권력과 영향력의 일반적 시각에서 벗어나 인격적이며, 어디에서나 유용한 것이 아니라는 상황적 요인을 인정함으로써 다원화된 사회내 조직의 모습을 반영하며 현대적 적용을 용이하게 하였습니다. 최근의 연구에서 "섬김의 리더십 설문지"(SLQ: The Servant Leadership Questionnaire)가 개발되어 그 타당성 검증이 이루어짐으로써 그 지평을 넓혔습니다(Liden et al., 2008).

그러나 섬김의 리더십에 대한 실증적 연구의 결과가 저명한 학술지에는 거의 실리지 않았고, 특히 기독교 내의 목회자들에 의해 이론적 요소보다는 사변적 논리를 정당화하는 도구로만 사용되었다는 비판이 일어났습니다. 또한 섬김의 리더십 관련 대부분의 저술은 어떻게 발휘되어야 하고, 어떠한 모습이어야 하는가에만 초점을 맞추는 규범적인 측면에 국한되었다는 점도 지적되었습니다(Van Dierendonic, 2011).

리더십의 초기 연구와 같이 리더의 특성(특성이론)과 행동유형에 초점을 맞추었다는 지적과 함께, 섬김과 리더십이라는 개념들이 상충되는 역설을 드러내는 명칭 자체의 오류도 빈번하게 제기됩니다. 또한 섬김의 영향력을 리더십 과정에 포함하지만, 섬김이 리더십의 일부로서 기능하는 메커니즘에 대한 설명이 부재하며, 따라서 리더십 핵심 차원이 무엇인가 하는 것을 설명하는데 부정확하다는 점도 비판을 받았습니다. 결국 섬김의 리더십의 이론적 틀이나 리더십 구성요소에 대한 공통된 정의가 부재하여 규범적, 유토피아적 이상주의에 불과하다는 것입니다.

3. 예수님의 가르침

1) 겸손한 섬김

빌립보서 2:5-11은 예수님께서 하나님의 본체시나 하나님과 동등됨을 취하지 않으시고 이 땅에 내려오신 겸손의 왕임을 나타냅니다. 이 땅에서도 예수님은 "나는 마음이 온유하고 겸손하니 나의 멍에를 메고 내게 배우라"(마 11:29)고 말씀하실 정도로 겸손하셨습니다. 신앙생활은 주님의 발자취를 따라 가는 것입니다. 즉 예수님이 이 땅에 내려 오셔서 보여주셨던 그분의 인격과 삶을 본받는 것입니다. 우리가 그분의 겸손한 말과 행동을 본받을 때에, 마치 빛이 임하면 어두움이 물러가듯이 교만은 자취를 감추게 됩니다. 그러므로 교만을 이기는 최상의 방법은 그리스도를 본받는 것입니다. 그리스도인의 삶은 하늘나라에 갈 때까지 영적 전쟁의 연속입니다.

그런데 모든 싸움에서 가장 힘든 상대는 교만이라는 적입니다. 왜냐하면 교만과의 싸움은 외부와의 싸움이 아니라, 가장 힘든 싸움인 자신과의 싸움이기 때문입니다.

또한, 교만과의 싸움은 영적인 싸움이기 때문에 힘이 듭니다. 이는 교만과의 싸움은 본질적으로 사탄과의 싸움이라는 것을 알려줍니다. 전투에 패한 자는 이긴 자의 종이 되는데, 교만과의 싸움에서 진다는 것은 곧 사탄과의 싸움에서 진다는 것을 의미하기 때문에 사탄의 종으로 살아갈 수밖에 없습니다. 사탄은 우리의 인생을 도적질하고 멸망시키러 왔기 때문에 사탄의 종이 되면 우리의 인생 역시 패망에 이르러 비참하게 끝나게 될 것입니다.

그리스도인의 가장 강력한 무기는 예수 그리스도를 본받는 겸손입니다. 그러한 겸손이 하나님의 능력이 나타나게 하는 통로이기 때문입니다. 그러므로 사탄은 자신을 낮추며 하나님의 능력을 의지하는 자 앞에서는 벌벌 떨지만, 자신을 자랑하고 높이며 자신의 능력만을 의지하는 자 앞에서는 눈 하나 깜짝하지 않습니다.

바벨론의 느부갓네살 왕은 갈대아 왕조의 가장 뛰어난 왕이었습니다. 그는 갈그미스 전투에서 애굽을 물리치고 팔레스타인 지역의 패권을 손에 쥐었고, 시리아와 북서부 아라비아의 아랍족들을 모두 쳐서 이겼습니다. 주전 586년에는 남아 있는 남왕국 유다를 멸망시키고, 백성들을 포로로 잡아갔습니다. 그는 뛰어난 왕이었지만 세계 최강대국의 왕이 된 후에 점차 교만해지기 시작했습니다. 느부갓네살은 그의 교만한 마음을 이렇게 드러냈습니다.

> 왕이 말하여 이르되 이 큰 바벨론은 능력과 권세로 건설하
> 여 도성으로 삼고 이것으로 위엄의 영광을 나타낸 것이 아
> 니냐 하였더니(단 4:30).

이 한 절에 느부갓네살왕의 교만한 마음이 모두 드러나 있습니다. 이 짧은 구절 안에 "나"라고 하는 표현이 네 번이나 반복되어 나타나고 있는데, 그의 마음은 역사의 주인이야 말로 바벨론 왕, "나" 느부갓네살이라고 하는 생각으로 가득 차 있었기 때문입니다. 교만한 느부갓네살을 하나님께서 치셔서 그는 7년 동안이나 사람에게서 쫓겨나서 들짐승과 함께 살면서 소처럼 풀을 먹게 되었습니다(단 4:32-33). 그렇게 함으로써 지극히 높으신 하나님께서 사람의 나라를 다스리시며, 당신의 뜻대로 그것을 누구에게나 주신다는 것을 깨닫게 하신 것입니다(단 4:32). 그렇게 어려움을 겪고 나서야 느부갓네살은 하나님께 대하여 겸손한 자로 서게 되어 "나 느부갓네살은 하늘의 왕을 찬양하며, 칭송하며, 경배하노니 그의 일이 다 진실하고 그의 행하심이 의로우시므로 교만하게 행하는 자를 그가 능히 낮추심이라"(단 4:37)고 고백했습니다.

신약성경에도 느부갓네살 왕처럼 그 속에 "나", "내 자신"이 가득 차 있었던 인물이 있습니다. 누가복음 12장에 등장하는 어리석은 부자 농부입니다. 그는 "곡식 쌓아 둘 곳이 없으니 어찌할까 하고 또 이르되 이렇게 하리라 곳간을 헐고 더 크게 짓고 모든 곡식과 물건을 거기 쌓아 두리라 또 내가 내 영혼에게 이르되 영혼아 여러 해 쓸 물건을 많이 쌓아 두었으니 평안히 쉬고 먹고 마시고 즐거워하자 하리라"(눅 12:17-19)고 말하며 자신의 재물을 의지했습니다.

이 구절 속에서도 "나"라고 하는 표현이 여섯 번이나 반복되어 나타납니다. 어리석은 부자 농부 역시 마음속에 "자기"라고 하는 교만이 꽉 차 있었습니다. 유한한 이 땅에서 이루어 놓은 것, 붙들 수 있는 것을 바라보다가 영원한 생명을 위하여는 아무런 준비도 하지 못했다는 사실을 깨닫지 못했던 것입니다. 자신의 힘으로 살 만하다 생각하고, 평안하다, 평안하다고 말했습니다. 하지만 주님은 그를 어리석다고 말씀하시며, "어리석은 자여 오늘 밤에 네 영혼을 도로 찾으리니 그러면 네 준비한 것이 누구의 것이 되겠느냐"(눅 12:20)고 책망하셨습니다. 자기를 위하여 재물을 쌓아 두고 하나님께 대하여 아무 것도 쌓아놓지 못한 자, 곧 자신을 의지한 교만은 하나님 앞에 심판을 받는다는 것입니다.

느부갓네살 왕이나 어리석은 부자 농부나 똑같은 착각을 했습니다. 그들은 자신들이 누리는 모든 것이 자신들이 잘 나서 얻은 것으로 생각 했습니다. 오늘날에도 많은 사람들이 그런 착각 속에 살아가고 있습니다. 그러나 하나님의 지혜를 받은 사람은 이들과 달리 역사와 인생의 주인은 "자신"이 아니라 "하나님"이심을 고백하고, 그 분 앞에 겸손한 마음을 가집니다. 하나님은 겸손한 자를 높이시고, 교만한 자를 낮추시는 분이심을 아는 것입니다.

열왕기상, 하에는 남유다의 20명의 왕이 소개됩니다. 그중 하나님 앞에 겸손하여 말씀에 순종한 왕 8명은 그 통치기간이 평균 33년이었습니다. 반대로 하나님 앞에 교만하여 우상을 섬기고 하나님을 떠났던 왕 12명은 통치기간이 평균 11년 밖에 되지 않았습니다. 하나님을 경외한, 하나님 앞에 겸손한 왕들의 통치기간이 3배나 길었던 것입니다.

영적 지도자는 주님의 나라가 임하기 위해서는 먼저 나의 나라가 사라져야 한다는 것을 깨달아야 합니다. 내 안에 그리스도의 나라가 임하기 위해서는 나의 나라가 먼저 내 밖으로 나가야 하고, 내 마음 속의 보좌를 우리 주 예수 그리스도께 내어 드려야 합니다. 왜냐하면 그것은 원래 주님의 것이기 때문이고, 사명을 위해 잠시 동안 나에게 맡겨놓은 것에 불과하기 때문입니다. 하지만 먼저 하나님의 나라와 그 의를 구하는 이에게는 하나님의 때가 이르면, 그 모든 것이 더해지는 은혜가 나타나는 것이 믿음의 역설입니다(마 6:33). 그러므로 믿음은 하나님을 기쁘시게 하며(히 11:6), 하나님께서 독생자를 보내셔서 이루시고, 또한 나에게 위탁하신 사람을 살리는 섬김의 사역을 가능케 하는 것입니다.

2) 실천으로 완성되는 섬김

예수께서 이 땅에 오신 것은 섬김을 받으려 함이 아니라 도리어 섬기려 하고 자기 목숨을 많은 사람의 대속물로 주려 하심이라는 말씀이 섬김의 원리를 잘 드러냅니다(마 20:28). 성경적인 섬김의 의미에는 "대속"이라는 사랑에 기반한 희생과 구원의 의미가 포함되어 있습니다. 또한 앞에서 살펴본 것처럼 예수의 섬김을 집약하여 소개하는 "비우심"(kenosis)을 설명하는 빌립보서 2장은 섬김이란 겸손한 마음으로 각각 자기보다 남을 낮게 여기는 것이라고 강조합니다(빌 2:3).

섬김은 단순히 자신을 겸비하는 태도인 겸손과 구별되어야 합니다. 섬김이란 그러한 태도를 넘어서 삶을 통한 실천(praxis)으로 구체화되는 것이기 때문입니다. 그러므로 섬김은 예수께서 하셨던 것처럼 제자들의 발을 씻어 주는 데에까지 나아가는 것을 포함하는 것입니다(요 13:1-11). 이러한 사랑의 실천으로서의 섬김을 통해 조직 또는 공동체의 구성원은 하나님의 형상으로서의 인간성을 회복하며, 더 나아가서 복음의 은혜, 즉 그리스도의 사랑에 매어 그리스도를 따라 그 사랑의 섬김을 나누는 자가 되려고 노력합니다. 그러므로 섬김의 실천은 사랑에 바탕을 두고 있습니다. 복음의 은혜를 체험하면 자신에게 주어진 은사와 힘이 청지기로서 사명을 담당하기 위해 주어졌다는 사실을 직시합니다. 목자로서 맡겨진 양들을 섬기는 직분에 집중하지만 복음에 대항하고 복음의 본질을 왜곡하는 공격에 대해서는 단호히 물리치는 영적 전쟁을 수행하는 것이 제자의 삶입니다.

예수님 역시 근본 하나님의 동체지만 인간의 몸을 입고 이 땅에 오셔서 목자없는 양들처럼 방황하는 사람들을 불쌍히 여기셔서 구원을 베푸셨고, 악하고 거짓된 이들에 대해서 단호히 꾸짖으시고 귀신을 쫓으셨기 때문에 그리스도를 따르는 그리스도인(Christian)은 청지기, 전사, 목자, 제자로서의 삶을 통해 섬김의 리더십을 발휘하는 것입니다. 그런 측면에서 사도 요한은 "우리가 말과 혀로만 사랑하지 말고 행함과 진실함으로 하자"(요일 3:18)고 권면했습니다.

예수님을 아는 것이 아름답고 귀한 일이지만 그것이 거저 주어지는 것은 아닙니다. 거기에는 반드시 대가가 따르지만 유감스럽게도 대부분의 그리스도인들은 이 대가를 지불하려고 하지 않습니다. 그렇기 때문에 그들은 그렇고 그런 수준에 머물러 있는 것입니다. 그러한 그리스도인들은 악한 것들을 삼가는 것으로 자기들이 해야 할 일을 다했다고 믿습니다. 더러운 것, 해로운 것, 추잡한 것들을 삼가는 것으로 만족하는 것입니다. 그러나 바울은 달랐습니다. 그는 나쁜 것들뿐만 아니라 좋은 것들도 버렸습니다.

바울은 "내가 팔일만에 할례를 받고 이스라엘의 족속이요 베냐민의 지파요 히브리인 중의 히브리인이요 율법으로는 바리새인이요 열심으로는 교회를 핍박하고 율법의 의로는 흠이 없는 자라 무엇이든지 내게 유익하던 것을 내가 그리스도를 위하여 다 해로 여길 뿐더러 또한 모든 것을 해로 여김은 내 주 그리스도 예수를 아는 지식이 가장 고상함을 인함이라"(빌 3:5-8)라고 말했습니다.

바울은 인간의 마음이 본질적으로 우상숭배를 좋아한다는 것을 알았기 때문입니다. 그는 자기가 소유한 것이면 무엇이든지 다 숭배하려는 경향이 인간에게 있다는 것을 꿰뚫어 보았습니다. 우리는 우리의 소유물, 지식, 외모, 능력을 자랑하지만 바울은 모든 것을 해로 여기고 모든 것을 잃어버리고 모든 것을 배설물로 여겼습니다. 우리 안에 잡다한 것들이 너무나 많기 때문에 하나님이 우리 안에 거하시지 못하고, 따라서 우리는 이 땅에서 영향력을 십분 발휘하지 못하는 것입니다.

인생의 강물이 깊은 것이 문제가 아닙니다. 파도가 높은 것이 문제가 아닙니다. 영적 지도자인 내가 수영을 하지 못해서, 파도를 헤치고, 그 물을 헤쳐 나가지 못하는 게 문제입니다. 우리 앞에 놓인 문제가 어려운 것이 아니라 그 문제를 풀 실력이 없는 것이 문제입니다. 영적 지도자는 다음과 같이 자신에게 질문해야 합니다.

나에게는 인생의 거센 파도를 헤쳐 나갈 능력, 믿음이 있는가? 날마다 부딪치며 경험하는 수수께끼같은 삶의 문제들, 그 문제들을 해결할만한 말씀의 지식이 내 안에 있는가?

그 깨달음을 위하여 나는 날마다 말씀의 자리를 지키고 있는가?

가정의 힘든 일들, 교회의 어려움, 날마다 마주치는 인생의 문제들을 대하며 하나님을 만나는 기도의 시간을 지키는가? 부족한 지체들을 보며 그들을 품고 기도하는 모습이 내 모습인가?

나 자신의 말씀과 기도의 자리뿐만 아니라 도움이 필요한 한 사람, 한 사람의 기도 제목을 매일의 기도제목으로 삼고 있는가?

이러한 질문들에 대하여 그렇다고 대답할 수 있다면 희망이 있습니다.

그런 사람에게 깊은 물은 오히려 자신의 지도력을 발휘하여 소명을 이루는 부력의 근원으로 작용할 것입니다. 더 깊은 바다, 망망한 대해에서 큰일을 감당하는 인물로 세워지는 계기가 될 것입니다. 문제가 어려울수록 그 문제를 풀고 난 후의 영광이 더 큰 것입니다. 예수님을 따라, 예수님의 마음을 품고 십자가의 길을 따라가는 제자가 되면 그 영광의 길에 들어선 것입니다. 내 뜻대로 섬기는 것이 아니라, 때로는 오해받고 고난 중에 있을지라도, 주님께서 가라고 하실 때에 가고, 서라고 하실 때에 멈추며, 마음의 깊은 심정을 예수님께만 아뢰는 제자는 예수 그리스도의 능력과 권세를 체험하게 되는 것입니다.

4. 감독과 집사의 직분 세우기

교회의 머리이신 그리스도의 몸된 교회를 이끌어 가기 위해서는 질서있는 조직 체계가 필요합니다. 바울은 목회서신, 즉 디모데 전, 후서와 디도서를 통해 감독과 집사라는 교회 지도자 직분에 적합한 요건을 제시했습니다. 특히 디모데전서 3:1-7과 디도서 1:5-9을 통해 감독에 대해서, 그리고 디모데전서 3:8-13에서는 집사의 직분에 관해 구체적으로 설명하였습니다.

1) 감독: 목사와 장로

감독이란 헬라어로 "에피스코포스"(ἐπίσκοπος)로서 "파수꾼, 보호자"라는 뜻입니다. 고대 그리스에서는 이 단어가 정부 관리들을 지칭하는 데 사용됨으로써 감독이 다스리는 직분임을 잘 나타냈습니다. 신약 시대에는 "프레즈비테로스"(πρεσβύτερος), 즉 장로가 감독과 같은 직책을 가리키는 용어로 사용되었습니다.[3] 오늘날 대부분의 개신교단들은 감독의 직분을 두 종류로 나누어, 전업사역자의 경우 목사로, 다른 직업을 가지면서 교회를 이끄는 이는 장로로 부릅니다. 하지만 교회를 이끌고, 교인들을 돌보는 역할에 있어서 그 본질은 같습니다.

감독의 직분, 즉 목사와 장로의 직분을 얻으려 하는 의도는 선한 일을 사모하기 때문입니다(딤전 3:1). 바울은 에베소 교회를 떠나

---

[3] 바울이 위대한 목자되신 예수 그리스도로 본을 삼아 양떼를 치는 목양의 역할을 담당하는 이를 동시에 장로와 감독으로 호칭했던 것과 같이(행 20:17; 28), 베드로 또한 장로들에게 양 무리를 치는 직분에 대해서 권면했다(벧전 5:1-2). 굳이 세분하자면, 장로라는 단어는 유대적 뿌리를 지녔는데, 각 회당에는 장로가 있었고 이는 성숙한 연장자가 지도자임을 나타냈다. 감독은 도시를 다스리는 관원을 지칭하는 헬라적 배경을 지닌 단어로서 보다 기능적인 면에 초점을 맞추고 있다.

며 교회의 지도자들에게 "여러분은 자기를 위하여 또는 온 양떼를 위하여 삼가라 성령이 그들 가운데 여러분을 감독자로 삼고 하나님이 자기 피로 사신 교회를 보살피게 하셨느니라"(행 20:28)고 권면했습니다. 그러므로 선한 일이란 성도들을 영적으로 돌보는 것을 의미합니다. 초대교회 시대에서 교회의 감독이 되는 것은 쉬운 일이 아니었습니다. 로마의 박해를 받았고, 순교하는 일도 비일비재했기 때문입니다. 또한 영적 지도자로서 정신적으로나 육체적으로 솔선수범하며 여러 가지 책임을 져야 합니다. 하나님의 마음을 품지 않고서는 그렇게 성가신 사역을 선한 일로 사모할 수 없는 것입니다.

바울은 개인적 성품(딤전 3:2-3), 가정생활(딤전 3:4-5), 그리고 교회와 세상에서 드러나는 삶의 모습(딤전 3:6-7)으로 나누어 감독의 직분을 설명했습니다. 우선 그는 감독은 책망할 것이 없으며, 한 아내의 남편이 되며, 절제하고 신중하며, 나그네를 대접하고, 가르치기를 잘해야 하는 것을 감독의 성품으로 제시했습니다(딤전 3:2). 책망할 것이 없다는 의미는 모든 삶의 모습이 완벽하거나 죄를 지어서는 안 된다는 것을 뜻하지 않습니다. 이는 오히려 개인의 영적 성숙도와 평판에 대한 전반적인 평가입니다. 즉, 한 사람의 그리스도인으로서 하나님의 말씀과 거룩하신 주님을 따라 흠없는 삶을 살려고 노력해야 한다는 뜻입니다. 이러한 성품은 가정생활, 교회생활, 그리고 사회생활을 온전히 영위하는 기반이 되기 때문입니다.

한 아내의 남편이 되어야 한다는 말은 그 직분이 반드시 남성만을 위한 것이라든지, 결혼을 해야만 얻을 수 있는 직분임을 뜻하지 않습니다. 여러 명의 여성들과 부적절한 관계를 맺는 당시 이방인들의 풍습을 좇아서는 안되며, 믿음을 바탕으로 배우자를 섬기는 데에 헌신하는 것을 의미하는 것입니다. 피 한방울 섞이지 않은 남녀가 만나 서로를 섬기고, 정절을 지키며 놀라운 사랑의 관계를 이루는 것은 믿음 안에서의 신비입니다.

그러한 일이 가능한 까닭은 그리스도인이 자기 사람들을 끝까지 사랑하신 예수님을 따라 사는 사람들이기 때문에 그렇습니다(요 13:1). 결혼 생활은 속사람의 진면목을 모두 드러내기 때문에 중요합니다. 그러므로 남편에게 인정받는 아내, 아내에게 존경받는 남편은 지도자가 될 자질을 갖춘 것입니다.

절제하는 것은 맑은 정신과 냉철한 신앙적 이성을 유지할 수 있도록 세상의 쾌락을 통제하는 것이며, 이로 인해 신중하고 단정할 수 있습니다. 하나님의 말씀을 따라 자신을 통제할 수 있는 사람은 영적 분별력을 갖춘 사람으로서 모든 일을 단정하게, 즉 질서정연하게 하는 사람입니다.[4] 그런 지도자는 하나님께서 교회에 주신 은사에 대해서도 모든 것을 품위있게 하고 질서있게 합니다(고전 14:40). 하나님의 마음을 품은 감독은 나그네를 보고 측은한 마음으로 대접하며, 가르치기를 잘하는데, 이는 말씀을 통해 하나님의 뜻을 깨닫고 그 깨달은 지식을 전달하는 능력이 있어야 합니다.

감독은 술에 얽매여 의존하지 않고, 쉽게 분을 내거나 폭력을 행사하지 않으며, 관용하고 다투지 않아야 하며, 하나님을 최우선

---

4 "단정하다"라는 헬라어 단어는 "코스미온"(κόσμιον)으로서 우주, 또는 세계를 의미하는 "코스모스"(κόσμος)에서 파생하였다. 이는 하나님께서 창조하신 세상의 질서와 일치하는 삶의 방식을 뜻한다.

으로 붙들기 때문에 돈을 사랑하지 않고, 불필요한 욕심을 내지 않아야 합니다(딤전 3:3). 이러한 성품을 내면에 갖춘 사람은 하나님의 뜻을 품고, 다른 사람들과 협력하고 화합하며 교회를 이끌어 갈 수 있습니다.

감독의 가정생활에 대하여 바울은 자신의 집을 잘 다스려 자녀들로부터 공손한 복종을 받는 것을 강조하며, 사람이 자기 집을 다스릴 줄 모르는데 어찌 하나님의 교회를 돌보겠느냐고 반문했습니다(딤전 3:4-5). 지도자의 내면을 확인하는 방법 중 가장 효과적인 것은 그(그녀)의 배우자와 자녀를 만나보는 것입니다. 감독의 영적인 자질은 그(그녀)가 이끄는 가정에서 가장 잘 드러나게 마련이기 때문입니다. 하지만 배우자가 감독의 후보를 절대적으로 존중하고 신뢰하며, 자녀들이 전혀 말썽을 부리지 않거나 지나치게 조숙한 모습을 보이는 것이 이상적인 것은 아닙니다.

일례로 너무 가부장적인 남편에 눌려 공손한 아내와 기가 죽은 자녀들의 모습은 강압의 폐단에 불과할 뿐입니다. 때로는 다투더라도 건강하게 감정을 정리할 수 있는 부부관계와 발달 단계에 따라 연령과 성별에 부합되는 일상적인 모습을 유지하는 가정이 건강한 가정인 것입니다. 사춘기 자녀가 때때로 통제력을 잃더라도 변함없는 사랑과 기대를 가지고 하나님의 청지기로서 자녀를 돌보며 바른 성품을 길러주기 위해 노력하는 부모이면 됩니다. 예를 들면 자녀가 좋은 학교에 진학했다는 결과적인 모습이 아니라 하나님께서 주신 은사를 활용할 수 있도록 부모와 자녀가 입시과정에서 함께 소통하고 협력하는 모습이 온전한 것입니다.

마지막으로 바울은 교회와 세상에서 드러나는 삶의 모습을 통해 감독의 직분을 가늠하라고 권했습니다. 세상 사람들이 기대하는 지도자의 윤리는 정직, 공정, 성실, 친절, 겸손 등, 감독의 내면적 기준에 부합되는 모습입니다. 그리스도인은 복음을 전하기 위해 지역 사회에서 좋은 평판을 얻어야 합니다. 그렇지 못하면 복음을 방해하는 악한 세력의 공격을 받습니다. 또한 새로 입교한 사람이 아무리 뛰어나더라도, 일정한 절차를 거쳐서 복음의 은혜를 깨닫고, 충분히 기존 교인들과 성숙하게 소통하며 영적인 상승효과를 발휘하는지 여부를 검증한 후에 세워야 감독으로 세워야 합니다. 그렇지 않으면 교만하여져서 정죄에 빠지고 불필요한 비방과 마귀의 올무에 지게 됩니다(딤전 3:7-8).

 하나님의 말씀을 통해 자신의 삶을 돌아보고 은혜를 깨닫는 체험을 한 사람을 세워야 겸손하게 섬기는 리더십을 발휘할 수 있습니다. 그렇지 않고 자신의 힘과 능력을 의지하는 사람을 지도자로 세우면 반드시 자고하여져서 스스로 무너지고, 다른 사람들에게 상처를 주게 됩니다. 이러한 맥락에서 교만의 반대는 겸손과 섬김이라는 것을 다시 한 번 강조해도 지나치지 않을 것입니다. 목사를 세울 때에는 교단의 노회에서 안수를 받고, 장로 임직을 할 때에도 교단에서 안수를 받습니다.

 교단마다 절차상 차이는 있겠지만 성경에서 감독을 임명하는 데 있어서 회중의 투표로 선출한 경우는 없습니다. 감독의 직분은 선출된 것이 아니라 임명되었습니다. 목사직은 신학대학원을 졸업하고 일정 요건을 갖춘 이를 교단에서 안수하면 될 것이고, 장로에 대하여는 다음과 같은 절충안을 생각해 볼 수 있습니다. 현대의 민주적인 의사결정 절차를 감안할 때, 당회가 충분히 기도하며 숙고

하는 과정을 거쳐서 후보자들을 임명하고, 교인들을 충분히 준비시켜서 교인 전체의 투표를 통해 최종적인 재가를 받음으로써 장로 직분을 세우는 것이 무난할 것입니다.

2) 집사

바울은 집사에 대해서도 감독에 대한 설명과 같은 분량을 할애하여 자세히 소개했습니다. 집사는 헬라어로 "디아코노스"(διάκονος)로 "종, 시중드는 사람"을 뜻합니다. 초대교회는 이렇게 비천한 용어를 교회 안에서 존경받는 직분을 지칭하는 데 사용했습니다. 이는 "너희 중에 큰 자는 너희를 섬기는 자가 되어야 하리라 누구든지 자기를 높이는 자는 낮아지고 누구든지 자기를 낮추는 자는 높아지리라"(마 23:11-12)는 예수님의 가르침을 반영한 것입니다. 또한 감독이든, 집사든, 교회의 영적 지도자는 낮아져서 섬길 것을 강조하는 이러한 가르침의 바로 앞에서 예수께서 말씀하신 "지도자라 칭함을 받지 말라 너희의 지도자는 한 분이시니 곧 그리스도시니라"(마 23:10)는 교훈으로 균형을 잡아야 합니다.

엄밀한 의미에서 교회 공동체 내에서 지도자란 존재하지 않습니다. 오직 예수 그리스도를 머리로 하는 그리스도인들이 예수님을 중심으로 모인 것뿐입니다. 하지만 예수 그리스도의 섬김은 자신을 위한 것이 아니라 나 자신을 위하고, 온 인류를 위한 것으로서 복음을 전하는 사역은 천사도 흠모하는 사역입니다(벧전 1:12). 그 일을 모든 그리스도인들에게 맡겨주시고, 교회의 직분자들은 그 일이 원활히 이루어지도록 섬김의 직분을 담당하게 하신 것입니다.

우선 바울은 집사에 대한 소개를 "호사우토스"(ὡσαύτως)라는 단어, 즉 "이와 같이"로 시작했습니다. 집사의 직분이나 감독의 직분이나 기본적인 자질과 품성에 있어서는 동일한 요건이 요구된다는 뜻입니다. 집사는 정중하고 일구이언을 하지 않고, 술에 인박히지 않으며, 더러운 이익을 탐하지 말아야 합니다. 감독의 직분에 필요한 절제, 신중, 단정, 돈을 사랑하지 않는 태도 등이 집사의 직분에도 똑같이 요구되는 것입니다. 이러한 모습들을 요약한 것이 깨끗한 양심과 믿음의 비밀을 가져야 한다는 조건입니다(딤전 3:9).

앞의 품성들은 믿음 가운데 은혜를 체험한 비밀을 간직하면, 깨끗한 양심으로 투명하게 교회를 운영하고 다스릴 수 있는 것입니다. 교회의 재정을 관리하고 운영하는 이들이 집사의 직분을 맡은 사람들이기 때문에 깨끗한 양심은 필수적입니다. 집사들은 다른 직분을 가진 이들보다 더욱 직접적으로 교회의 손과 발이 되어 섬깁니다. 그러므로 믿음의 비밀을 가지고 섬김의 삶을 통해 복음을 전할 수 있어야 하는 것입니다.

예수님의 제자였던 가룟 유다는 깨끗한 양심을 가지지 않았음이 마리아가 예수님의 발에 향유를 부었던 사건에서 드러났습니다. 마리아가 값비싼 향유인 나드 한 근을 가져다가 예수님의 발에 붓고 자신의 머리털로 발을 닦아 드리는 모습을 보고 유다는 "이 향유를 어찌하여 삼백 데나리온에 팔아 가난한 자들에게 주지 아니하였느냐"(요 12:5)고 말했습니다.

얼핏 들으면 그럴듯한 말입니다. 하지만 성경은 유다의 그동안의 행실과 성품을 낱낱이 드러냈습니다. 그렇게 말한 이유는 유다가 가난한 사람들을 생각한 것이 아니라, 그가 평소에 재정을 맡아 거기에서 자신을 위해 돈을 훔쳐갔었기 때문이라는 것입니다(요 12:6). 만약 마리아가 향유를 팔아 가난한 사람들에게 나누어 주라고 예수님께 드렸다면 유다는 중간에 착복할 돈이 더욱 많아지는데, 그렇지 않고 예수님의 발에 향유를 부어버렸기 때문에 그가 중간에 큰 돈을 가로챌 기회를 놓쳐버렸음을 한탄한 것입니다.

그러므로 집사의 직분을 맡기기 전에 반드시 그 사람을 살펴보고 책망할 것이 없음을 확인한 후에야 집사로 세워야 합니다. 감독 직분의 경우와 마찬가지로 책망할 것이 없다는 뜻은 신앙생활에 있어서 어떠한 고난과 어려움이 있더라도 하나님께만 의지하며 믿음으로 승리하는 모습이 있어야 한다는 의미입니다. 개인적인 뒷조사를 한다거나, 임의로 판단한다는 것이 아니라 신앙의 비밀, 즉 믿음 안에서 온전한 삶의 모습을 확인하고자 하는 것입니다.

바울은 여 집사들에 대하여도 간단히 언급했습니다. 이는 오늘날의 시각으로 바라보면 성 차별로 오해할 수도 있지만 여성을 사람의 수를 세는 데에도 포함하지 않고, 집안의 가장인 남성이 모든 가족들의 생사여탈권을 쥐고 있는 고대 사회에서 여성 집사들을 언급한 것은 여성을 존중하는 모습인 것입니다. 여성 집사들에 대한 요구사항도 감독이나 남 집사들에 대한 것과 별반 다르지 않습니다. 남성에게 정중함을 요구했다면, 여성에게는 정숙함을 요구했을 뿐이고, 남 집사에게 요구한 일구이언을 하지 않는 것은, 여 집사에게는 모함하지 않는 것, 남성에 대한 술에 인박히지 않을 것의 요구는 여성에게는 절제로, 남성에게 더러운 이를 탐하지 말아야 한다는 요구는, 여성에 대하여는 모든 일에 충성된 자라야 한다는 유사한 말로 균형을 이루었습니다(딤전 3:11). 감독이 한 아내의 남편이 되어 자신의 집을 잘 다스리듯이, 여성 집사도 한 아내의 남편이 되어 자녀와 자기 집을 잘 다스려야 합니다(딤전 3:12).

마지막으로 바울은 집사의 직분을 잘 감당한 사람들은 아름다운 지위와 그리스도 예수 안에서 믿음에 큰 담력을 얻는다고 그 유익을 피력했습니다(딤전 3:13). 이것은 세상의 기준과 확연히 대비되는 부분입니다. 세상에서는 아무런 보답을 기대하지 않고 자신을 희생하며 섬기는 사람을 나쁘게 보지는 않지만, 어리석게 보거나, 최소한 그 섬김에 상을 주지는 않습니다. 하지만 하나님 나라의 원리는 다릅니다. 예수께서 섬김을 받으려 한 것이 아니라 섬기기 위해서 이 땅에 오셨기 때문에 예수님을 구원자요 주님인 그리스도로 따르는 그리스도인은 종이 되어 섬기는 것입니다(마 20:26-28).

그리스도를 따라 섬기는 영적 지도자는 이 세상의 보상에는 전혀 관심이 없습니다. 하나님의 마음을 품고 예수 그리스도의 복음을 온전히 전하는 일에만 신경을 쓸 뿐입니다. 그렇게 묵묵히 자신의 삶의 자리에서 섬김의 직분을 다하는 종에게 예수님은 마지막 날에 두 팔을 벌려 맞아주시며 "잘하였도다 착하고 충성된 종아 네가 적은 일에 충성하였으매… 네 주인의 즐거움에 참여할지어다"(마 25:21, 23)라고 칭찬해 주실 것입니다. 하나님의 뜻을 따라, 예수 그리스도의 복음 안에서 하나님의 나라를 소망하며 한 영혼을 품고 섬기는 영적 지도자에게는 이 땅에서도 하늘로부터 은혜가 임하며, 영원한 하나님의 나라에서는 하나님의 크신 위로와 사랑이 임할 것입니다.

참고문헌

〈국내서적〉

강준만. 『미국사 산책 5: 혁신주의와 재즈 시대』. 서울: 인물과 사상사, 2010.
김남수. 『하나님의 사랑과 치유 사역』. 서울: 서로사랑, 2006.
미우라 아야꼬. 『기도해 보시지 않을래요』. 김갑수 역. 서울: 홍성사, 1988.
사토 다다유키. 『미국 경제의 유태인 파워』. 여용준 역. 서울: 가야넷, 2002.
양병무. 『숙명여대를 혁신으로 이끈 이경숙의 섬김 리더십』. 파주: 21세기 북스, 2008.
오초록. 『이성계』. 충북: 도서출판 도디드, 2015.
이덕일. 『부자의 길: 이성계와 이방원』. 고양: 도서출판 옥당, 2014.
자오위펑(趙玉平). 『판세를 읽는 승부사 조조』. 박찬철 역. 경기: 위즈덤 하우스, 2014.
정토웅. 『세계전쟁사 다이제스트 100』. 서울: 가람기획, 2010.
최성훈. 『6하 원칙을 통해 본 기독교교육: 성경본문과 교육이론의 만남』. 서울: 기독교문서선교회, 2016a.
____. 『성경가이드: 개인성경공부에서 소그룹인도까지』. 서울: 기독교문서선교회, 2016b.

〈국외서적〉

Adler, N., and Bartholomew, S. "Managing Globally Competent People." *Academy of Management Executive 6(3)*, (1992): 52-65.

Asch, Solomon E. "Studies of Independence and Conformity: A Minority of One against a Unanimous Majority." *Psychological Monographs 70(9)*, (1956): 1-70.

Atwater, L., and Carmeli, A. "Leader-Member Exchange, Feelings of Energy, and Involvement in Creative Work." *Leadership Quarterly 20(3)*, (2009): 264-275.

Avolio, B., Walumbwa, F., and Weber, T. "Leadership: Current Theories, Research, and Future Directions." *Annual Review of Psychology 60(1)*, (2009): 421-449.

Avolio, B., Waldman, D., and Yammarino, F. "Leading in the 1990s: The Four I's of Transformational Leadership." *Journal of European Industrial Training 15(4)*, (1991): 9-16.

Ayman, R., Korabik, K., and Morris, S. "Is Transformational Leadership Always Perceived as Effective? Male Subordinates' Devaluation of Female Transformational Leaders." *Journal of Applied Social Psychology 39(4)*, (2009): 852-879.

Badaracco, J. "The Discipline of Building Character." *Harvard Business Review 76(2)*, (1998): 114-124.

Barbuto, J., and Wheeler, D. "Scale Development and Construct Clarification of Servant Leadership." *Group and Organizational Management 31(3)*, (2006): 300-326.

Barge, J. "Leadership Skills and the Dialectics of Leadership in Group Decision Making." In *Communication and Group Decision Making*, 2nd ed, eds. R. Y. Hirokawa and M. S. Poole: 301-342. Thousand Oaks, CA: Sage, 1996.

Barrick, M., and Mount, M. "The Big Five Personality Dimensions and Job Performance: A Meta-Analysis." *Personnel Psychology 44(1)*, (1991): 1-26.

Barth, K. *Church Dogmatics, Vol. IV.2: The Doctrine of Reconciliation*. eds. G.

W. Bromiley and T. F. Torrance. Peabody, MA: T. & T. Clark Ltd. (Original work published 1958), 2004.

Bass, B., and Riggio, R. *Transformational Leadership*. 2nd ed. Mahwah, NJ: Lawrence Erlbaum, 2006.

Bass, B., and Steidlmeier, P. "Ethics, Character, and Authentic Transformational Leadership." *Leadership Quarterly 10(2)*. (1999): 181-227.

Belbin, M. *Management Teams: Why They Succeed or Fail*. 2nd ed. Burlington, MA: Butterworth-Heinemann, 2004.

Bennis, W., and Nanus, B. *Leaders: Strategies for Taking Charge*. 3rd ed. New York, NY: HarperCollins Publishers Inc., 2007.

Blackaby, H., and Blackaby, R. *Spiritual Leadership: Moving People on to God's Agenda*. rev. and expanded ed. Nashville, TN: B & H Books, 2011.

Blair, T. *A Journey: My Political Life*. New York, NY: Vintage Books, 2011.

Blake, R., and McCanse, A. *Leadership Dilemmas: Grid Solutions*. Houston, TX: Gulf Publishing Company, 1991.

Blake, R., and Mouton, J. *The Managerial Grid*. Houston, TX: Gulf Publishing Company, 1964.

_____. *The New Managerial Grid*. Houston, TX: Gulf Publishing Company, 1978.

_____. *The Managerial Grid III*. Houston, TX: Gulf Publishing Company, 1985.

Blanchard, K. *SLII: A Situational Approach to Managing People*. Escondido, CA: Blanchard Training and Development, 1985.

Blanchard, K., Zigarmi, P., and Zigarmi, D. *Leadership and the One Minute Manager: Increasing Effectiveness through Situational Leadership* II. updated ed. New York, NY: William Morrow, 2013.

Blanchard, K., Lacinak, T., Tompkins, C., and Ballard, J. *Whale Done: The Power of Positive Relationships*. New York, NY: The Free Prees, 2002.

Bonhöeffer, D. *The Cost of Discipleship*. trans. R. H. Fuller. New York, NY: Touchstone.(Original work published 1937), 1995.

Bowles, H. Babcock, L., and Lai, L. "Social Incentives for Gender Differences in the Propensity to Initiate Negotiations: Sometimes It Does Hurt to Ask." *Organizational Behavior and Human Decision Processes 103(1),* (2007): 84-103.

Bowles, H., and McGinn, K. "Claiming Authority: Negotiating Challenges for Women Leaders." In *The Psychology of Leadership: New Perspectives and Research,* eds. D. M. Messick and R. M. Kramer: 191-208. Mahwah, NJ: Lawrence Erlbaum, 2005.

Burton, T. *Serpent Handling Believers.* Knoxville, TN: University of Tennesse Press, 1993.

Bush, G. *Decision Points.* New York, NY: Crown Publishers, 2010.

Carlyle, T. *On Heroes, Hero Worship, and the Heroic in History.* New Haven, Yale University Press (Original work published 1841), 2013.

Chan, A. "Authentic Leadership Measurement and Development: Challenges and Suggestions." In *Authentic Leadership Theory and Practice: Origins, Effects, and Development Vol. 3,* eds. William L. Gardner, Bruce J. Avolio, and Fred O. Walumbwa: 227-251. Oxford, UK: Emerald Group Publishing Limited, 2005.

Chevalier, M., and Mazzalovo, G. *Luxury Brand Management: A World of Privilege.* 2nd ed. Singapore: John Wiley & Sons, 2012.

Colbert, A., Kristof-Broiatn, A., Bradley, B., and Barrick, M. "CEO Transformational Leadership: The Role of Goal Importance Congruence in Top Management Teams." *Academy of Management Journal 51(1),* (2008): 81-96.

Collins, J. *Good to Great: Why Some Companies Make the Leap... and Others Don't.* New York, NY: HarperCollins Publishers, 2001.

Dansereau, F., Graen, G., and Haga, W. "A Vertical Dyad Linkage Approach to Leadership in Formal Organizations." *Organizational Behavior and Human Performance 13(1),* (1975): 46-78.

Diamond, S. *Getting More: How You Can Negotiate to Succeed in Work and Life.* New York, NY: Three Rivers Fress, 2010.

Dunkan, K. *The Amazing Law of Influence.* Gretna, LA: Pelican Publishing, 2001.

Dunn, P., and Baker, R. *The Firm of the Future: A Guide for Accountants, Lawyers, and Other Professional Services.* New York, NY: Wiley, 2003.

Eagly, A., Carli, L. *Through Labyrinth: The Truth about How Women Become Leaders.* Boston, MA: Harvard Business School Press, 2007.

Eagly, A. "Achieving Relational Authenticity in Leadership: Does Gender Matter?" *Leadership Quarterly 16(3)*, (2005): 459-474.

Eagly, A., and Johnson, B. "Gender and Leadership Style: A Meta-Analysis." *Psychological Bulletin 108(3)*, (1990): 233-256.

Engen, M., der Leeden, R., and Willemsen, T. "Gender, Context and Leadership Styles: A Field Study." *Journal of Occupational and Organizational Psychology 74(5)*, (2001): 581-598.

Engen, M. and Willemsen, T. "Sex and Leadership Styles: A Meta-Analysis of Research Published in the 1990s." *Psychological Reports 94(1)*, (2004): 3-18.

Fiedler, F. "A Contingency Model of Leadership Effectiveness." In *Advances in Experimental Social Psychology Vol.1*, ed. Leonard Berkowitz: 149-190. New York, NY: Academic Press, 1964.

_____. *A Theory of Leadership Effectiveness.* New York, NY: McGraw-Hill, 1967.

Fiedler, F., and Garcia, J. *New Approaches to Leadership: Cognitive Resources and Organizational Performance.* New York, NY: John Wiley & Sons, Inc., 1987.

Fleagle, A., and Lichi, D. *Broken Windows of the Soul: A Pastor and Christian Psychologist Discuss Sexual Sins and the Prescription to Heal Them.* Wingspread Publishers (online), 2011.

Galton, F. *Hereditary Genius: An Inquiry into Its Laws and Consequences.* London, UK: Forgotten Books. (Original work published 1869), 2012.

Gardner, W., Avolio, B., Luthans, F., May, D., and Walumbwa, F. "Can You See the Real Me? A Self-Based Model of Authentic Leader and Follower Development." *Leadership Quarterly 16(3)*, (2005): 343-372.

George, B. *Authentic Leadership: Rediscovering the Secrets to Creating Lasting Value*. San Francisco, CA: Jossey-Bass, 2003.

Goldin, C., and Rouse, C. "Orchestrating Impartiality: The Impact of Blind Auditions on Female Muscians." *American Economic Review 90(4)*, (2000): 715-741.

Graeff, C. "Evolution of Situational Leadership Theory: A Critical Review." *Leadership Quarterly 8(2)*, (1997): 153-170.

Graen, G. "Role-Making Processes within Complex Organizations." In *Handbook of Industrial and Organizational Psychology*, ed. Marvin D. Dunnette: 1202-1245. Chicago, IL: Rand McNally, 1976.

Graen, G., and Uhl-Bien, M. "Relationship-Based Approach to Leadership: Development of Leader-Member Exchange (LMX) Theory of Leadership over 25 Years: Applying a Multi-Level, Multi-Domain Perspective." *Leadership Quarterly 6(2)*, (1995): 19-247.

_____. "The Transformation of Professionals into Self-Managing and Partially Self-Designing Contributions: Toward a Theory of Leadership Making." *Journal of Management Systems 3(3)*, (1991): 33-48.

Greenleaf, R. *The Servant as Leader*. Westerfield, IN: The Greenleaf Center for Leadership, 1970.

_____. *The Institution as Servant*. Westerfield, IN: The Greenleaf Center for Leadership, 1972.

_____. *Servant Leadership: A Journey into the Nature of Legitimate Power and Greatness*. New York, NY: Paulist Press, 1977.

Gudykunst, W., and Ting-Toomey, S. *Culture and Impersonal Communication*. Newbury Park, CA: Sage, 1998.

Harris, K., Wheeler, A., and Kacmar, K. "Leader-Member Exchange and Empowerment: Direct and Interactive Effects on Job Satisfaction, Turnover Intentions, and Performance." *Leadership Quarterly 20(3)*, (2009): 371-382.

Herodotus. *Herodotus: The Persian Wars, Books V-VII*. trans. A. D. Godley. Boston, MA: Harvard University Press. (Original work published B.C.

440), 1922.
Hiebert, Paul G. *Anthropological Insights for Missionaries.* Grand Rapids, MI: Baker Books, 1986.
Hofstede, G. *Culture's Consequences: International Differences in Work-Related Values.* Beverly Hills, CA: Sage, 1980.
_____. *Culture's Consequences: Comparing Values, Behaviors, Institutions, and Organizations across Nations.* Thousand Oaks, CA: Sage, 2001.
Homer. *The Iliad.* ed. Bernard Knox, trans. Robert Fagles. New York, NY: Penguin Books, 1998.
House, R. "Path-Goal Theory of Leadership: Lessons, Legacy, and a Reformulated Theory." *Leadership Quarterly 7(3),* (1996): 323-352.
House, R., Hanges, P., Javidan, M., Dorfman, P., and Gupta, V. *Culture, Leadership, and Organizations: The GLOBE Study of 62 Societies.* Thousand Oaks, CA: Sage, 2004.
House, R., and Javidan, M. "Overview of GLOBE." In *Culture, Leadership, and Organizations: The GLOBE Study of 62 Societies*, eds. R. J. House, P. J. Hanges, M. Javidan, P. W. Dorfman, V. Gupta, and Associates: 9-28. Thousand Oaks, CA: Sage, 2004.
Howell, J., and Avolio, B. "The Ethics of Charismatic Leadership: Submission or Liberation?" *Academy of Management Executive 6(2),* (1993): 43-54.
Hoyt, C., and Chemers, M. "Social Stigma and Leadership: A Long Climb up a Slippery Ladder." In *Leadership at the Crossroads: Leadership and Psychology Vol. I,* eds. C. L. Hoyt, G. R. Goethals, and D. R. Forsyth: 165-180. Westport, CT: Praeger, 2008.
Ilgen, D., Hollenbeck, J., Johnson, M., and Jundt, D. "Teams in Organizations: From Input-Process-Output Models to IMOI Models." *Annual Review of Psychology 56,* (2005): 517-543.
Katz, R. "Skills of an Effective Administrator." *Harvard Business Review 33(1),* (1955): 33-42.
Kindlon, D. *Alpha Girls: Understanding the New American Girl and How She Is Changing the World.* New York, NY: Rodale Books, 2006.

Kindlon, D., and Thompson, M. *Raising Cain: Protecting the Emotional Life of Boys*. New York, NY: Ballantine Books, 2000.

Kirkpatrick, S., and Locke, E. "Leadership: Do Traits Matter?." *The Executive* 5, (1991): 48-60.

Kotter, J. *A Force for Change: How Leadership Differs from Management*. New York, NY: Free Press, 1990.

Lasto, F., and Larson, C. *When Teams Work Best: 6,000 Team Members and Leaders Tell What It Takes to Succeed*. Thousand Oaks, CA: Sage, 2001.

Levine, M. *Broken Windows, Broken Business: How the Smallest Remedies Reap the Biggest Rewards*. New York, NY: Time Warner Book Group, 2006.

Liden, R., Wayne, S., Zhao, H. and Henderson, D. "Servant Leadership: Development of a Multidimensional Measure and Multilevel Assessment." *Leadership Quarterly 19(2)*, (2008): 161-177.

Liden, R., Wayne, S., and Stilwell, D. "A Longitudinal Study on the Early Development of Leader-Member Exchange." *Journal of Applied Psychology 78*, (1993): 662-674.

Lowe, K., and Gardner, W. "Ten Years of the Leadership Quarterly: Contributions and Challenges for the Future." *Leadership Quarterly 11(4)*, (2001): 459-514.

MacArthur, J. *The MacArthur Bible Commentary*. Nashville, TN: Thomas Nelson, 2005.

Mann, R. "A Review of the Relationship between Personality and Performance in Small Groups." *Psychological Bulletin 56*, (1959): 241-270.

Milgram, S. "Behavioral Study of Obedience." *The Journal of Abnormal and Social Psychology 67(4)*, (1963): 371-378.

Mousourakis, G. *Roman Law and the Origins of the Civil Law Tradition*. New York, NY: Springer, 2015.

Mumford, M., Zaccaro, S., Harding, F., Jacobs, T., and Fleishman, E. "Leadership Skills for a Changing World: Solving Complex Social Problems." *Leadership Quarterly 11(1)*, (2000): 11-35.

Niebuhr, R. *The Nature and Destiny of Man: A Christian Interpretation, Vol.1: Human Nature*. Louisville, KY: Westminster John Knox Press, 1941.

Niebuhr, H. R. *Christ and Culture*. New York, NY: Harper & Row, 1951.

Northhouse, P. *Leadership: Theory and Practice*. 7th ed. Thousand Oaks, CA: Sage Publications, 2016.

Paton, J. *Missionary Patriarch: The True Story of John G. Paton*. San Antonio, TX: Vision Forum, 2001.

Pearse, C., Manz, C., and Sims, H. "Where Do We Go from Here? Is Shared Leadership the Key to Team Success?" *Organizational Dynamics 38(3)*, (2009): 234-238.

Pfeffer, J. *Competitive Advantage through People: Unleashing the Power of the Work Force*. Boston, MA: Harvard Business Review Press, 1996.

Phillip, K. *A Shepherd Looks at Psalm 23*. Grand Rapids, MI: Zondervan Publishing House, 1970.

Porter, G., and Beyerlein, M. "Historic Roots of Team Theory and Practice." In *Work Teams: Past, Present, and Future*, ed. Michael Beyerlein: 3-24. Dordrecht, Netherlands: Kluwer Academic Publishers, 2000.

Powell, G. "One More Time: Do Female and Male Managers Differ?" *Academy of Management Executive 4(3)*, (1990): 68-75.

Powell, G., and Grave, L. *Women and Men in Management*. 3rd ed. Thousand Oaks, CA: Sage, 2003.

Rost, J. *Leadership for the Twenty-First Century*. New York, NY: Praeger Publishers, 1991.

Rudman, L., and Glick, P. "Prescriptive Gender Streotypes and Backlash toward Agentic Women." *Journal of Social Issue 57(4)*, (2001): 743-762.

Sanders, J. *Spiritual Leadership: Principles of Excellence for Every Believer*. Chicago, IL: Moody Publishers, 2007.

Schultz, H., and Joanne, G. *Onward: How Starbucks Fought for Its Life without Losing Its Soul*. New York, NY: Rodale Books, 2011.

Scott, S. *Fierce Conversations: Achieving Success at Work and in Life, One Conversation at a Time*. New York, NY: The Berkley Publishing

Group, 2004.
_____. *Fierce Leadership: A Bold Alternative to the Worst "Best" Practices of Business Today*. New York, NY: The Berkley Publishing Group, 2009.
Sendjaya, S., Sarros, J., and Santora, J. "Defining and Measuring Servant Leadership Behavior in Organizations." *Journal of Management Studies 45(2)*, (2008): 402–424.
Shamir, B., and Eilam, G. "What's Your Story? A Life–Stories Approach to Authentic Leadership Development." *Leadership Quarterly 16(3)*, (2005): 359–417.
Sherif, M. *The Psychology of Social Norms*. New York, NY: Harper, 1936.
Spears, L., and Lawrence, M. *Focus on Leadership: Servant-Leadership for the 21st Century*. New York, NY: John Wiley & Sons, 2002.
Stogdill, R. "Personal Factors Associated with Leadership: A Survey of the Literature." *Journal of Psychology 25*, (1948): 35–71.
_____. *Handbook of Leadership: A Survey of Theory and Research*. New York, NY: Free Press, 1974.
Swindoll, C. *The Tale of the Tardy Oxcart and 1,501 Other Stories*. Nashville, TN: Word Publishing, 1998.
Terry, R. *Authentic Leadership: Courage in Action*. San Francisco, CA: Jossey–Bass, 1993.
Thoits, P. "Identity Structures and Psychological Well–Being: Gender and Marital Status Comparisons." *Social Psychology Quarterly 55(3)*, (1992): 236–256.
Trompenaars, F. *Riding the Waves of Culture*. New York, NY: Irwin, 1994.
Van Dierendonck, D. "Servant Leadership: A Review and Synthesis." *Journal of Management 37(4)*, (2011): 1228–1261.
Wageman, R., Nunes, D., Burruss, J., and Hackman, J. *Senior Leadership Teams*. Boston, MA: Harvard Business School Publishing, 2008.
Walumbwa, F., Avolio, B., Gardner, W., Wernsing, T., and Peterson, S. "Authentic Leadership: Development and Validation of a Theory–Based Measure." *Journal of Management 34(1)*, (2008): 89–126.
Weber, M. *The Theory of Social and Economic Organization*. trans. A. M.

Henderson and Talcott parsons. London, UK: William Hodge and Co., 1947.
Weimerskirch, H., Martin, Y., Alexandre, P., and Jiraskova, S. "Energy Saving in Flight Formation." *Nature 413(6857)*, (2001): 697-698.
Wesley, J. *The Journal of John Wesley*. Chicago, IL: Moody Press, 1951.
Wilson, J., and Kelling, G. "Broken Windows: The Police and Neighborhood Safety." *The Atlantic Monthly 249(3)*, (1982): 29-39.
Woolley, A., Chabris, C., Pentland, A., Hashmi, N., and Malone, T. "Evidence for a Collective Intelligence Factor in the Performance of Human Groups." *Science 330(6004)*, (2010): 686-688.
Yukl, G. *Leadership in Organizations*. 8th ed. New York, NY: Pearson, 2012.
Zaccaro, S., Heinen, B., and Shuffler, M. "Team Leadership and Team Effectiveness." In *Team Effectiveness in Complex Organizations: Cross-Disciplinary Perspectives and Approaches*, ed. E. Salas, G. F. Goodwin, and C. S. Burke: 83-111. New York, NY: Taylor & Francis Group, 2009.
Zaccaro, S., Kemp, C., and Bader, P. "Leader Traits and Attributes." In *The Nature of Leadership*, eds. John Antonakis, Anna T. Cianciolo, and Robert J. Sternberg: 101-124. Thousand Oaks, CA: Sage Publications, Inc., 2004.
Zalenznik, A. "Managers and Leaders: Are They Different?" *Harvard Business Review 55*, (1997): 67-78.

〈웹사이트(Websites)〉

교육통계연보. www.kess.kedi.re.kr
에듀진. www.edujin.co.kr.
통계청. www.kostat.go.kr.

리더†십: 리더십 이론의 성경적 적용

Leader†Ship : The Biblical Application of Leadership Theories

2016년 08월 30일 초판 발행

지 은 이 | 최성훈

편　　집 | 변길용, 정희연
디 자 인 | 이수정, 박슬기
펴 낸 곳 | 사)기독교문서선교회
등　　록 | 제16-25호(1980. 1. 18)
주　　소 | 서울시 서초구 방배로 68
전　　화 | 02) 586-8761-3(본사) 031) 942-8761(영업부)
팩　　스 | 02) 523-0131(본사) 031) 942-8763(영업부)
홈페이지 | www.clcbook.com
이 메 일 | clckor@gmail.com
온 라 인 | 기업은행 073-000308-04-020, 국민은행 043-01-0379-646
　　　　　예금주: 사)기독교문서선교회

ISBN 978-89-341-1572-4 (93230)

* 낙장·파본은 교환해 드립니다.

이 도서의 국립중앙도서관 출판시 도서목록(CIP)은 서지정보유통지원시스템 홈페이지(http://seoji.nl.go.kr)와 국가자료공동목록시스템(http://www.nl.go.kr/kolisnet)에서 이용하실 수 있습니다. (CIP제어번호: CIP2016018467)